股市逻辑思维

势、道、术

许玉道◎著

清华大学出版社
北京

内 容 简 介

本书从大势研判、股价规律和操作技巧三个层次系统地总结了股票投资的一整套思维框架。主要介绍了如何判断股票市场的大趋势，有哪些通俗易懂的指标，怎么理解价值投资，买"便宜"的股票是否能赚钱，选"低价股"是不是更好，公司的成长性和股价关系怎么样，价值投资是否需要止损止盈，如何止损止盈，哪些资金坚决不可以进入股市等内容，这些都是长期困扰投资者的实际问题。

本书旨在帮助读者建立对股市的"动态感知系统"，使读者形成自己简单易行的方法论，遵守知进知退的投资纪律，并最终养成不断优化的良好投资习惯，可作为大众投资者的参考书。

图书在版编目(CIP)数据

股市逻辑思维：势、道、术 / 许玉道著. —北京：清华大学出版社，2023.1
ISBN 978-7-302-62027-3

Ⅰ.①股… Ⅱ.①许… Ⅲ.①股票投资—基本知识 Ⅳ.①F830.91

中国版本图书馆 CIP 数据核字(2022) 第 189444 号

责任编辑：王　定
封面设计：周晓亮
版式设计：孔祥峰
责任校对：马遥遥
责任印制：朱雨萌

出版发行：清华大学出版社
　　　　　网　　　址：http://www.tup.com.cn，http://www.wqbook.com
　　　　　地　　　址：北京清华大学学研大厦 A 座　　　　邮　　编：100084
　　　　　社 总 机：010-83470000　　　　　　　　　　邮　　购：010-62786544
　　　　　投稿与读者服务：010-62776969，c-service@tup.tsinghua.edu.cn
　　　　　质 量 反 馈：010-62772015，zhiliang@tup.tsinghua.edu.cn
印 装 者：北京博海升彩色印刷有限公司
经　　销：全国新华书店
开　　本：170mm×240mm　　印　　张：16　　　字　　数：305 千字
版　　次：2023 年 1 月第 1 版　　印　　次：2023 年 1 月第 1 次印刷
定　　价：99.80 元

产品编号：096975-01

许玉道，青年学者，《财经》杂志特约专家，"道哥道金融"创始人，长期从事经济研究、金融分析和大众投资者教育工作。

曾于2005-2010年，连续6年担任国务院发展研究中心金融所主办的"中国金融改革高层论坛""中国金融市场分析年会"和"国际金融市场分析年会"的秘书长。2005-2017年负责国务院发展研究中心金融所领导的"中国注册金融分析师培养计划"，为各类主流金融机构培养金融分析师中高端专业人才万余名。

2017年至今，主要从事大众投资者教育工作，在网络平台开设的财经专栏影响较大，如"大数据真相，2019抄底A股"(2019年1月)，"选最好的资产，做时间的朋友"(2020年2月)，"穿越危机，抓住资产布局的新机会"(2020年3月)，"抄底碳中和核心资产，静待花开"(2021年3月22日)，"布局涨价资产，收割通胀红利"(2021年4月1日)，"读懂中国股市：势、道、术"(2022年2月)，"否极泰来，抄底2022"(2022年4月28日)，多次成功预见市场的机会转折。

2021年、2020年蝉联百度平台付费专栏年度"状元作者"；2019年被评为今日头条财经栏目"最具人气创作者"，2018年被评为今日头条"最具影响力财经创作者"；在百度、今日头条、微信、喜马拉雅、蜻蜓FM、企鹅号等平台的原创财经作品，累计获得超过2亿人次阅读/播放，超过200万人次点赞。

出版著作有《股市逻辑思维：势、道、术》《跨越中产三部曲：房子、股票和基金》。

所有资产的价格都是波动的，任何投资都有潜在的风险。每位读者朋友，请认真阅读以下声明：

1. 本书目的在于为读者提供思想启发，但不构成任何具体的投资建议。

2. 本书涉及的数据、案例、研究方法和样本可能会有一定的时效性和局限性，据此得出的观点和结论仅供读者学习参考。

3. "投资有风险，入市需谨慎"，在任何情况下，每位读者都需要对自己的投资决策承担100%的风险和责任，作者不会因为读者阅读本书而对读者的任何潜在投资损失承担连带责任。

看多中国，做理性的价值投资者

兵无常势，水无常形，股票市场更是变幻莫测。

截至2022年初，中国A股市场个人投资者已超过2亿名。统计数据显示，无论在牛市还是熊市，绝大多数个人投资者都远远跑输了市场。从长周期来看，个人投资者靠博弈赚钱的比例更是微乎其微。

整体来看，个人投资者的投资是随机波动、情绪驱动的，是没有"章法"的。在工作和生活中，很多事情是静态的，可以做到熟能生巧。但股市却有很大的不同，投资者如果不静下心来系统地学习和总结，即使长期不断付出代价，投资业绩也未必能有改观。因为在股票市场，无论是投资的公司还是交易对手，抑或是行业竞争态势、金融市场环境、宏观经济政策和全球突发事件等都是动态的，是不断变化的，这些变化可能是扇动股价的翅膀，也可能是压垮股价的稻草。

个人投资者需要建立对股市的"动态感知系统"，形成简单易行的方法论，遵守知进知退的投资纪律，最终养成良好的投资习惯。

近年来，个人投资者对股市的学习和认知主要来自以下几个途径：①经济学和金融学本科、研究生的专业书本知识；②华尔街舶来的投资理念和技术分析方法；③证券、基金等专业金融机构研究员、分析师的研究报告；④一些财经"大V"和股评家大胆出位的股市热评；⑤理财客服和亲朋好友的转发推荐。我认为，通过这些途径能获得一些股市的基本常识和数据，但如果投资者对股票投资是认真的，那这些途径就显得比较苍白，因为它们要么脱离市场，要么脱离国情，要么过于碎片化，要么有太多陷阱。

2005—2017年，我有幸负责国务院发展研究中心金融所领导的"中国注册金融分析师培养计划"，为中国主流金融机构培养了上万名金融分析专业骨干。金融分析师的知识体系侧重于在量化分析的基础上权衡风险和收益，建立资产的投资组合，准确地说，就是基金经理的典型思维方法。一次偶然的机会，我看到《上海证券交易所统计年鉴》的报告，发现个人投资者的规模如此之大，但其业绩却大幅度跑输市场，于是我决定转向大众投资者教育，因为这是一个让我充满好奇心、具有使命感和成就感的事业。

近年来，我在金融分析师知识体系的基础上，结合大量原创的数据分析和实证研究，加上之前在政策研究部门工作，对政策具有较强的敏感性，通过"道哥道金融"等平台为大众投资者提供了丰富、系统的原创专栏内容，得到了读者和听众的支持和鼓励。专栏超过2亿人次阅读/播放，超过200万人次点赞，近10万人订阅，并蝉联2020年、2021年百度平台付费专栏"状元作者"，获得2018年今日头条"最具影响力财经作者"及2019年今日头条财经栏目"最具人气创作者"。

基于对中国股市的研究和思考，我逐渐形成了"股市逻辑思维：势、道、术"的知识体系，面向大众投资者，立足操作实践，汇集成书。为了让大众投资者能够看得懂、有启发、用得上，本书在写作过程中力求做到以下几点：

(1) 用大众看得懂的语言来表达。我在负责国务院发展研究中心金融所的论坛和研讨会的组织与主持工作时，发现有很多专家和分析师水平很高，但讲的话要么模棱两可，要么满口专业术语，很多听众听不懂。因此本书尽量回避了金融分析师常用的"有效市场""贴现估值法""阿尔法策略""夏普比例"等专业术语。

(2) 坚持用数据说话。这一点主要是金融分析师知识体系和分析方法带给我的启发。校园书本教育、研讨会等常常过于侧重理论讲解、定性讨论，不具体、不生动、缺乏说服力、可行性差。在金融分析师的知识体系中，所有的投资决策都建立在定量分析的基础上，这也是现代金融分析的一个基本特征。

(3) 坚持实证分析。经济学和金融学理论已经形成了自洽的体系，即使秉持同样的理论，对具体的金融市场往往也会得出完全不同的分析判断。我认为，金融学是一门实践型的学科，例如，应该买"低市盈率"的股票还是"高市盈率"的股票，应该买"大公司"的股票还是"小公司"的股票……虽然对这些重要问题的判断是概率性事件，但都要经过实证分析的验证，而不是空谈理论。

(4) 为大众投资者提供一个系统的投资决策框架。在互联网时代，知识碎片化呈现，优点是获取极其便利，缺点是无法形成完整的知识体系。股票投资不是赌大小，也不是一次短跑冲刺，而是一场没有尽头的接力赛、马拉松，投资者必须有一套完整的分析框架和决策系统才能在周期兴替中活下去，生生不息。结合金融分析师的知识体系和中国股票市场的实证研究，以价值投资的基本理念为核心，我通过本书帮助大众投资者建立了一个适合中国股市、适合个人的投资决策框架。这个决策框架可以根据今后市场的变化，随着投资者的投资经验和知识的丰富而不断完善。

2022年3月底，在我写这本书的时候，中国经济增速正面临回调的压力，新冠肺炎疫情仍在持续，美联储已经开始新一轮加息，俄乌冲突增加了全球地缘政治的风险，沪深300指数和创业板指数从2021年的高点调整到目前已经超过20个百分点，有许多投资者对未来充满了悲观情绪。

登高望远，预计在下一个10年，中国将成为全球最大的经济体、全球最大的消费市场、全球最大的中产群体、全球重要的金融中心。随着人民币国际化的推进，中国A股的优质上市公司也将成为全球资本争夺的核心资产。否极泰来，我恰恰认为此时是从战略上看多中国、做多中国的新机遇。如果说过去的20年，财富主赛道是房地产，那么在未来的20年，中国将进入高收入国家行列，新的财富赛道大概率将会是以股票和基金为代表的权益资产。

十年磨一剑，谨以此书，献给怀揣梦想的亿万大众投资者，献给这个伟大的新时代！

2022年4月30日

CONTENTS 目 录

第一部分
大道至简，顺势而为

第二部分

君子爱财，取之有道

第三部分

术业专攻，知进知退

大道至简，顺势而为

每个时代有每个时代的命题，每一粒尘埃都是时代的印记。

如果说21世纪初的20年，房子是财富的主赛道，那么在接下来的20年，财富的主赛道极大概率将切换到以股票和基金为代表的权益资产。这既是大国崛起的必由之路，也是从全面小康阶段到高收入国家阶段私人财富的升级转换。

投资讲求顺势而为，投资的逻辑越简单、越清晰，投资越有生命力。但凡把一件简单的事情搞成云山雾罩的分析，基本上都是不靠谱的，因为其中的假设条件太多了，每多一个环节就有无数的新增变量，最终的结论常常已离题千里。

中国的股市到底有没有未来？股票市场大道至简的逻辑是什么？股市周期波动如四季轮回，最大的幕后推手是谁？面对指数调整后的哀鸿遍野，如何判断否极泰来的市场大转折？在大宗商品价格上涨、强势板块调整等明显的市场信号下，如何把握机会和风险？面对几千家上市公司，到底选择传统蓝筹还是科技成长的方向？……

与趋势为伍，事半功倍。本部分内容将通过案例和数据分析，聚焦讨论股票市场这些大是大非、大方向的问题。

内容聚焦

股市"势"不可挡，顺势而为

投资的最高境界是顺势而为，每个时代的财富故事都有明显的时代烙印。例如，从2009年到2020年的这10多年时间，中国家庭财富增长和分化主要是由于房价上涨，其实，购房者买入房子之后大多数只是享受家庭温暖，其他什么也没有做，但房价大多增长了2~5倍。同一时期，在大洋彼岸的美国，绝大多数中产家庭只是购买了共同基金或者大胆一点的把钱放进股市，然后也是什么都没做，这10多年时间标普500指数涨幅超过400%，纳斯达克指数涨幅将近9倍！

今天，在我国从全面小康阶段走向高收入国家阶段的大背景下，越来越多的城镇家庭拥有了房产。中国经济增长的新模式是什么？未来人们不断增长的财富往哪里安放？每个投资者都要读懂这些"大趋势"，在下一个10年，努力在战略上做到顺势而为，与趋势为伍，才能在财富的赛道上事半功倍。

中国的股市已蓄"势"待发、"势"不可挡，让我们从这里开始这本书的旅程吧！

一、历次造富运动的启发：时势造英雄

时势造英雄，任何一个阶段涌现的大机会、大英雄和财富人物，都是时代的产物。

第一次造富运动发生在改革开放后，尤其是邓小平南方谈话后的20世纪90年代，人们的创造热情被激发了。一部分公职人员扔掉铁饭碗，开始创业；一部分农村青年第一次背井离乡，到大城市闯荡，中国第一批富起来的人大多数都有这个时代的烙印。

第二次造富运动发生在中关村、国企改制、国际贸易和重化工业等代表性领域。21世纪的第一个10年是一个多重机遇交织的年代，包括海归引领的受过高等教育的知识分子科技创业热潮，遍及大江南北的地方国有企业改革、改制大潮，中国

加入世界贸易组织(WTO)后参与国际贸易的进出口大潮,以及中国城镇化和重化工业的发展大潮,等等。这个阶段中国的财富故事大多发生在以上这些时势创造的领域。

第三次造富运动发生在房地产、互联网平台经济和资本市场的一级市场。

2008年美国次贷危机后,中国经济增速明显放缓,为了刺激经济增长,整体来看,这个阶段的货币政策、信贷政策是最宽松的,甚至在2009年、2015年国家都直接把房地产作为刺激经济增长、改善民生的主要抓手,所有买房的家庭都成了财富的赢家。

随着互联网尤其是4G通信的快速发展,中国的网络用户数量爆发性增长,互联网思维如雨后春笋般引领各领域的创新应用,如零售、金融、婚恋服务、房产中介、交通出行、知识变现等领域;大量传统线下"生意模式"被颠覆,大的网络平台利用资本、人才和生态等绝对优势开始裂变式生长,股权激励和资本市场等现代工具的普遍应用成就了一批亿万富翁。

2010年创业板成立,2019年科创板成立,企业上市门槛不断降低,股票市场的定价机制更是鼓励了企业家、PE等产业资本;企业经营本来已经通过宽松的信贷政策加了杠杆,上市后又通过资本市场的估值体系把企业的价值放大了几十倍、上百倍,财富以几何级数向少数人聚集。

从解决温饱到全面小康,再到共同富裕,始终不乏早起者、聪明人,但每一阶段的财富故事、英雄人物都具有鲜明的时代主题。

二、资本市场迎来战略机遇期

中国资本市场正在进入一个全新的时代,既关系经济增长方式转变、大国崛起这些宏大的时代命题,又密切联系着从全面小康走向共同富裕的亿万大众投资者的财富梦想。每个人都要打起精神,走近它、认识它、读懂它,顺势而为,切勿错过这片遍地黄金的沃野千里。

(一) 债务融资推动的经济增长方式不可持续

21世纪的前20年,中国经济增长的重要模式是出口拉动、投资拉动,2008年和2010年先后发生的美国次贷危机和欧元区的欧债危机,使海外主要发达国家的市场购买力受到沉重打击,对外出口这个引擎表现乏力,中国经济增长不得不依赖投资这个引擎。那么,投资的资金从哪里来呢?主要是靠借钱,即不断扩张债务。

1. 家庭债务杠杆急速膨胀

2009年至2015年，为了"稳增长"，我国各地都不约而同把促进房地产投资和消费作为主要抓手，在房价持续上涨的背后是家庭债务杠杆率的快速提高。中国家庭部门债务杠杆率走势如图1-1所示。

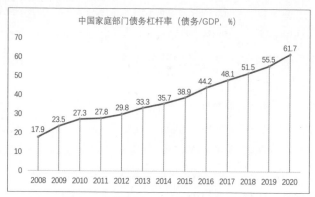

中国家庭部门债务杠杆率（债务/GDP，%）

图1-1　中国家庭部门债务杠杆率走势

数据来源：国际清算银行(BIS)

2008年，中国家庭部门的债务杠杆率只有17.9%，2010年则快速提高到27.3%。也就是说，这两年时间，国家为刺激经济增长鼓励家庭买房投资和消费，使家庭部门的债务规模占GDP的比例提高了将近10个百分点。同样，2015年国家再次出台政策鼓励大家买房投资和消费，到2017年，两年时间家庭部门债务杠杆率又提高了将近10个百分点。

根据国家统计局的数据，2008年中国的GDP规模大约为32万亿人民币，2020年大约为101万亿人民币，这也是中国经济从高速增长阶段逐渐回落到中速增长阶段的时期，但放眼全球，中国这一阶段的经济增速在世界主要国家中仍然是最快的。从图1-1的数据可以看出，我国家庭部门债务杠杆率从2008年的17.9%提高到2020年的61.7%，也就是说，债务规模在12年的时间里从5.72万亿人民币增加到62.3万亿人民币。虽然中国家庭部门债务杠杆率并不是全球最高的，但这个杠杆率的增速和债务规模的增速在全世界都是最高的！

近年来，家庭部门债务规模的快速增长在一定程度上抑制了家庭部门的消费能力，靠家庭部门增加债务推动经济增长的方式遇到了瓶颈。

2. 企业债务水平全球领先

2021年以来，以华夏幸福、恒大、泛海、佳兆业等集团为代表的一线房地产企业纷纷陷入几十年罕见的债务兑付危机，这清楚地警示我们：企业债务是经济发展的隐患，是潜在危机的导火索。如今，中国非金融企业部门的债务水平、债务负担也处在历史高位。

根据财政部2021年1月公布的《2020年1—12月全国国有及国有控股企业经济运行情况》,截至2020年12月末,全部国有企业资产负债率为64.0%,较2019年同期提高了0.2个百分点,其中中央直属国有企业资产负债率为66.7%,地方国有企业资产负债率为62.2%。最新的数据显示,截至2021年10月末,全部国有企业资产负债率为64.3%,其中中央直属国有企业资产负债率为67.0%。如果追溯到2008年,根据财政部的数据,当时国有企业的资产负债率只有58.0%左右。美国次贷危机以来,企业部门的债务水平整体大幅度上升。

根据国际清算银行(BIS)的数据,2008年美国次贷危机后,中国非金融企业部门的债务增长规律和家庭部门非常类似:一是增速快,从2008年到2020年的12年时间,中国非金融企业部门债务杠杆率从93.9%增长到160.6%,提高了近70个百分点;二是每当经济增速下降时,中国非金融企业部门债务杠杆率都会有一轮新的增长。中国非金融企业部门债务杠杆率走势如图1-2所示。

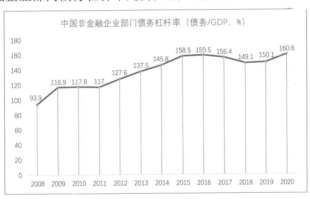

图1-2 中国非金融企业部门债务杠杆率走势

数据来源:国际清算银行(BIS)

只看图1-2的数据走势,也许您对中国非金融企业部门债务问题的理解还不太具体,下面我们来看一下世界其他主要经济体的非金融企业债务杠杆率水平,通过对比,也许会有一个更清晰的认知。

根据国际清算银行(BIS)的数据,2020年底,全球所有提供数据报告的经济体的非金融企业部门债务杠杆率平均水平是110.0%,其中新兴经济体的平均水平是119.9%,发达经济体的平均水平是103.8%,世界上最大的20个经济体(G20)的平均水平是109.2%,中国非金融企业部门债务杠杆率水平远远超过全球的平均水平。

我们再来看一下几个主要的发展中国家和发达国家的非金融企业部门债务杠杆率数据,其中,2020年金砖国家的巴西是54.0%、印度是57.5%、俄罗斯是87.7%、南非是36.9%;发达国家的美国是84.7%、英国是78.2%、日本是115.7%、德国是

72.5%、法国是170.6%、加拿大是132.9%、意大利是76.7%。通过对比可以看出，中国的160.6%远远高于其他金砖国家和绝大多数发达国家。全球主要经济体非金融企业部门债务杠杆率对比见表1-1。

表1-1　全球主要经济体非金融企业部门债务杠杆率对比

主要经济体	历年非金融企业部门债务杠杆率水平(%)				
	2016	2017	2018	2019	2020
阿根廷	14.7	17.8	22.4	22.6	24.1
澳大利亚	77.0	72.8	73.2	72.2	71.6
奥地利	91.8	92.0	93.0	93.1	100.1
比利时	170.5	157.3	151.2	151.1	154.8
巴西	46.6	44.5	46.0	47.0	55.3
加拿大	109.7	110.1	113.2	116.3	131.7
智利	100.2	93.5	97.3	105.6	110.3
中国大陆	159.5	156.4	149.1	150.1	160.8
哥伦比亚	38.0	35.4	34.3	31.6	34.9
捷克	56.9	57.1	59.9	54.6	55.9
丹麦	125.6	120.6	123.3	136.6	132.3
芬兰	115.3	122.4	122.0	117.9	122.6
法国	142.4	142.4	146.1	151.6	173.2
德国	64.2	64.8	67.4	68.5	74.4
希腊	65.9	62.4	60.5	54.7	65.6
中国香港	238.5	272.5	262.4	267.6	292.3
匈牙利	69.7	65.1	64.4	63.8	70.4
印度	57.5	58.3	48.9	54.5	59.3
印度尼西亚	26.1	24.9	26.1	26.0	26.4
爱尔兰	251.3	222.7	224.0	197.5	181.6
以色列	69.9	69.0	68.9	68.4	70.7
意大利	73.8	71.4	69.7	68.2	76.5
日本	95.6	95.6	97.8	101.2	115.8
韩国	94.3	92.5	95.6	101.3	110.3
卢森堡	316.8	312.1	315.7	333.1	347.0
马来西亚	67.5	66.5	68.5	68.5	73.4
墨西哥	26.9	26.5	25.7	25.1	27.0
荷兰	175.4	168.1	161.5	151.4	149.7
新西兰	85.1	83.2	81.6	78.6	76.8
挪威	154.6	143.2	133.6	143.8	167.0
波兰	50.0	46.9	46.5	44.1	45.6

(续表)

主要经济体	历年非金融企业部门债务杠杆率水平(%)				
	2016	2017	2018	2019	2020
葡萄牙	111.7	107.6	101.0	97.4	107.0
俄罗斯	84.0	83.0	80.4	77.0	91.8
沙特阿拉伯	53.4	49.3	43.1	49.4	69.4
新加坡	136.2	137.5	137.4	150.8	171.4
南非	38.5	38.1	37.3	37.5	36.9
西班牙	104.7	98.7	94.6	92.4	107.0
瑞典	150.2	153.4	153.0	162.2	171.7
瑞士	115.3	122.3	116.2	132.5	134.2
泰国	77.0	74.8	75.6	74.4	85.9
土耳其	67.1	67.1	68.1	65.1	72.1
英国	73.8	76.2	71.3	71.0	78.7
美国	72.7	74.7	75.7	76.2	84.8
备注：					
欧元区	108.6	105.8	104.8	104.4	114.0
基于按市场汇率换算成美元的汇总数据					
G20 (总量)	91.5	96.8	91.2	94.7	109.6
所有报告经济体	92.4	97.8	92.0	95.9	110.7
发达经济体	86.5	92.1	88.3	91.1	104.1
新兴市场经济体	102.4	106.9	97.9	103.4	121.2
基于购买力平价(PPP)换算成美元的汇总数据					
G20 (总量)	93.7	92.9	90.9	92.3	102.2
所有报告经济体	93.7	93.0	91.1	92.5	102.2
发达经济体	90.5	90.6	90.5	91.4	100.8
新兴市场经济体	96.5	95.2	91.6	93.5	103.4

数据来源：国际清算银行(BIS)

3. 全社会债务水平触及天花板

债务是需要刚性兑付的，今天的过度负债会影响到未来的支出能力。如果说家庭部门的债务杠杆率水平和社会消费潜力关系密切，企业部门的债务杠杆率水平影响着未来全社会持续投资的增速，那么，国家的全社会债务杠杆率水平则影响着整个国家的经济增长潜力和增长方式。

下面我们来看一下中国全社会债务杠杆率的走势(图1-3)，即整个社会的宏观债务规模占同期GDP的比例是怎样变化的。

图1-3　中国全社会债务杠杆率走势

数据来源：国际清算银行(BIS)

从2008年到2020年的12年时间里，主要由于家庭部门和企业部门的债务规模快速增长，中国全社会的债务杠杆率从139.0%快速提高到289.6%，增长了一倍。另外一组来自国际清算银行的全球主要经济体全社会债务杠杆率对比的数据(表1-2)，可以让我们清楚地看到中国的债务水平在当今世界处于什么位置。

表1-2　全球主要经济体全社会债务杠杆率对比

经济体	历年全社会债务杠杆率水平(%)				
	2016	2017	2018	2019	2020
阿根廷	76.4	83.9	117.6	120.4	136.4
澳大利亚	240.2	236.1	235.4	233.3	256.2
巴西	155.8	159.5	162.7	168.0	188.9
加拿大	302.5	298.2	299.9	304.7	359.6
智利	167.4	163.8	173.0	191.0	202.5
中国	252.0	256.2	254.3	263.0	289.6
法国	311.8	311.3	313.3	323.3	372.7
德国	192.3	186.8	184.4	184.7	206.0
印度	160.7	157.4	156.1	159.1	181.3
印度尼西亚	71.5	71.3	72.7	73.1	83.4
意大利	264.4	258.7	251.8	257.8	298.5
日本	366.8	366.8	371.8	379.4	420.2
韩国	219.4	217.8	224.1	235.4	258.2
俄罗斯	115.8	114.8	112.2	111.2	130.2
南非	123.0	123.2	125.3	130.6	144.7
土耳其	112.8	112.5	111.6	111.4	128.9

（续表）

经济体	历年全社会债务杠杆率水平(%)				
	2016	2017	2018	2019	2020
英国	270.6	270.9	262.2	263.6	303.5
美国	251.3	251.1	250.6	254.9	296.1
欧元区	269.6	261.9	256.8	257.1	288.4
不同类型经济体汇总(参考美元市场汇率)(%)					
G20国家	237.3	248.0	236.4	246.7	291.4
所有提供数据报告的经济体	235.8	246.6	234.7	245.3	289.4
发达经济体	264.5	276.4	264.1	273.1	320.3
新兴经济体	187.1	199.1	188.5	201.7	240.5

数据来源：国际清算银行(BIS)

2020年，中国全社会债务杠杆率基本上和G20国家的平均水平291.4%相当，稍低于发达国家的平均水平320.3%，但高于发展中国家的平均水平240.5%，甚至略高于欧元区的平均水平288.4%。在金砖五国中，中国的债务水平明显比其他四个国家高，如印度全社会债务杠杆率是181.3%，巴西是188.9%，俄罗斯是130.2%，南非是144.7%；另外几个比较大的发展中国家阿根廷是136.4%，智利是202.5%，印度尼西亚是83.4%，土耳其是128.9%。

2020年，受新冠肺炎疫情的影响，全球主要经济体为了刺激经济增长，不同程度地实行了相对宽松的财政和货币政策，西方发达国家尤为明显。我们看到，2020年全球的债务水平和2019年相比普遍出现了大幅度提高，其中美国、英国、日本、法国、德国、意大利、加拿大等主要发达国家提高得更加明显。

今天，全球的债务水平已达到有统计以来的最高纪录，美国的债务杠杆率已远远超过2008年次贷危机时的水平(240.2%)，欧元区也大幅超过2010年欧债危机爆发前的水平(252.0%)。从债务水平来看，不排除全球正在酝酿一个比此前美国次贷危机、欧债危机更大的新的金融危机。

无论从经济安全，还是从经济的可持续发展考虑，中国都必须尽快控制债务规模的持续扩大，过去依靠债务扩张推动经济增长的方式已经遇到了瓶颈，发展资本市场直接融资成为推动经济增长的战略性选择。

（二）资本市场改革释放长期红利

中国股市于20世纪90年代初诞生，至今只有30多年的时间，这30多年中国股市的特点可以用六个字来概括：问题多、发展快。2020年，最新修订的《中华人民共和国证券法》(以下简称《证券法》)开始实施，使历史上市场制度层面的很多重要问题得到了解决，一个健康、有效、活跃的股票市场将释放长期红利。无论是中国企业的发展，还是亿万大众投资者的财富创造，都将驶入快车道。

1. 资本市场长期的沉疴痼疾

中国的资本市场在过去相当长的一个时期内缺乏财富效应，这也是全社会资金不断涌向房地产的重要原因，这与资本市场的制度不完善有密切的关系，资本市场制度的不完善表现在以下三个方面。

(1) 融资导向的市场定位。

在比较长的时期内，中国资本市场的定位是服务于国有企业改制、服务于企业融资，没有把投资者的权益放在重要的位置。企业上市圈钱不但可以降低企业债务杠杆、解决经营资金的需求问题，还可以通过资本市场的"市盈率"魔法，把企业价值放大几十倍、上百倍，甚至几百倍。由于上市的回报远远超过经营企业本身，大多数企业为了上市进行了不同程度的"梳妆打扮"，一些上市公司呈现在公众面前的面貌已经与其真实面目全然不同，但实际上做的还是那些事儿，做事儿的还是那些人。这就不难理解为什么有不少在创业板上市的企业过了一两年财务就"变脸"。

部分上市的国有企业拥有众多的兄弟公司，在"父母"的组合包装下达到上市的标准，但上市之后，还要在"父母"的安排下，通过关联交易、担保背书、资金占用等不同的方式帮扶、补贴未上市的兄弟公司，导致上市公司长期缺乏成长性，投资者长期缺乏回报。比如，最近20年，中国的基础设施建设、房地产建设是全世界现象级的，建筑规模爆发性增长，但多数上市的建筑类企业并没有给股东创造持续增长的回报，背后的原因值得思考。

(2) 行政化的发行机制。

在2000年之前，中国的股票发行长期实行审批制，股票审批上市是一种金融政策倾斜，或者帮扶安排，或者政府部门完全掌握发行指标，当然也决定谁可以发行、谁不能发行。在2019年之前，股票发行实行核准制，由证监会发审委开会讨论表决股票发行。曾经排队等待发审委开会讨论的企业一度达到上千家之多。其实，现在想一想，虽然核准制比审批制已经有很大进步，但在制度安排上对发审委委员的专业能力、道德操守、时间精力给予了不合理的期待，其意图保护投资人的初衷也在后来居高不下的股票发行价格下打了不小的折扣。

(3) 缺乏有效的退市制度。

我们知道，企业都是有生命周期的，如果企业已经或未来不可能为投资者持续创造价值，而只是一个靠不断融资支撑生命的"僵尸"，那么它是需要从市场中及时清退的。根据Choice数据，我国股市在2020年之前只有不到150家企业退市，其中还有近30家企业是由于上市公司之间的吸收合并而退市，也就是说，近30年时间里，真正由于经营不善而退市的企业不足120家，还不及美国股市一年退市企业的平均数量。

无论是站在社会资源配置的角度，还是站在保护投资者的角度，一个健康有效的股票市场一定是一个有进有出、保持良性新陈代谢的市场。企业是有生命周期的，如果市场长期只进不出，就像池子里的水，日积月累就失去了活性，污染面积也越来越大。

除了以上这些大的制度缺陷外，企业退市还有其他一些问题，如定价机制、违法成本、信息披露、缺乏做空机制、市值管理、独董制度、信托责任等。

2. 新证券法释放制度红利

2020年3月1日，《证券法》开始施行，此前诸多制度缺陷得到了根本性的改善和纠正，大幅度提高了资本市场的吸引力。从投资人的角度来看，与2005年的版本相比，新修订的《证券法》有以下重大变化值得我们关注。

(1) 全面推行证券发行注册制度。

2019年成立的科创板的试点实施了注册制发行制度，2020年成立的创业板全面实施了注册制发行制度，根据2021年12月中央经济工作会议的部署，我国将在A股市场全面实行注册制改革。发行制度的改革，整体上意味着发行方式的市场化，企业上市的门槛降低了，更多的企业可以通过资本市场融资做大做强，也为投资者提供了更多的选择。

最近10年(2012年1月—2022年1月)，A股上市公司从2352家增加到4615家，增加了2263家，其中从2019年7月科创板首批公司实行注册制发行上市以来的2年4个月的时间里，A股市场新增加了近1000家上市公司，发行节奏明显加快。2005—2021年A股新增上市公司数量变化如图1-4所示。

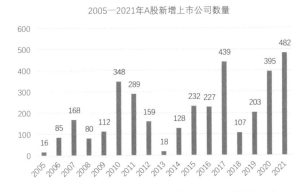

图1-4　2005—2021年A股新增上市公司数量变化

数据来源：上海证券交易所、深圳证券交易所实践证明，市场不仅能够接受、消化这样的发行节奏，而且保持了最近10年来不多的持续3年牛市的气氛。

(2) 保护投资者利益，提高违法成本。

《证券法》对于欺诈发行行为，从原来最高可处募集资金5%的罚款，提高至募集资金的一倍；对于上市公司信息披露违法行为，从原来最高可处以60万元罚款，提高至1000万元；对于发行人的控股股东、实际控制人组织、指使从事虚假陈述行为，或者隐瞒相关事项导致虚假陈述的，规定最高可处以1000万元罚款；等等。此外，《证券法》还明确了发行人的控股股东、实际控制人在欺诈发行、信息披露违法中的过错推定、连带赔偿责任等。

在《证券法》实施之前的2019年，证监会共开出136张行政处罚单，罚没总金额约35亿元；2020年证监会及其派出机构共开出327张行政处罚单，罚没总金额高达51.87亿元。其中，2020年6月，证监会对汪耀元、汪玎玎父女内幕交易"健康元"股票案开出了创纪录的36亿元罚单。

截至2022年1月12日，2021年证监会及地方分局共开出5271张罚单，交易所(上交、深交)开出4462张罚单，中国银行间市场交易商协会开出168张罚单。对金融机构开出罚单的监管部门主要为证监会，累计罚金超29亿元，其中被处罚的多数为上市公司或交易个人，但不乏部分非银机构。

(3) 完善投资者保护制度。

《证券法》对普通投资者和专业投资者进行区分，分别实行对应的投资者权益保护制度，建立普通投资者与证券公司纠纷的强制调解制度，完善上市公司现金分红制度，确立中国版的集体诉讼制度——投资者保护中心的代表人诉讼制度。

2021年3月26日，广州市中级人民法院发布康美药业普通代表人诉讼权利登记公告，投资者服务中心发布接受投资者委托的说明并通知上市公司。4月8日，投资者服务中心根据50名以上投资者的特别授权，向广州市中级人民法院提交了依法转为特别代表人诉讼的申请。4月16日，广州市中级人民法院发布案件转为特别代表人诉讼的公告。11月12日，广州市中级人民法院对康美药业特别代表人诉讼案做出一审判决。12月23日，中证中小投资者服务中心(以下简称"投服中心")发布《首单特别代表人判决执行后答投资者问》，广州市中级人民法院做出特别代表人诉讼一审判决，投服中心代表原告方胜诉，52 037名投资者共获赔约24.59亿元。根据相关法律法规，投服中心决定对康美药业特别代表人诉讼一审判决不予上诉。12月21日，投服中心首单特别代表人诉讼判决开始执行，投资者将陆续收到判赔款项。

(4) 更严厉的退市制度。

《证券法》取消暂停上市环节，对触发条件的企业直接退市，并优化有关上市条件和退市情形的规定，使企业退市更加容易。

《证券法》实施之后，2020年有17家企业退市，2021年有21家企业退市，与此前相比，退市节奏明显加快。退市制度实际上是一种对投资人的保护，尤其是对大众投资者的保护。历年A股市场退市企业数量如图1-5所示。

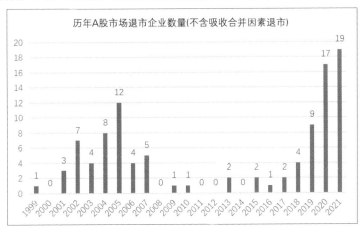

图1-5 1999—2021年历年A股市场退市企业数量(不含吸收合并因素退市)

数据来源：Choice数据

(三) 做多中国，财富效应显现

1. 市场交易量不断增加

最近10年，尤其是新《证券法》实施以来的两年时间，虽然股票市场有波动，但"做多中国"逐渐成为多方面资金在博弈中达成的共识。我们先看一下A股市场最近几年(2016—2021年)每年的成交金额：2016—2019年，A股市场每年的交易额在130万亿元以下，2020年突破200万亿元，2021年更是突破250万亿元。这说明最近两年市场交易资金活跃、交易资金量不断增加。2016—2021年A股市场每年成交金额如图1-6所示。

2. 公募基金为代表的机构投资者规模日益壮大

自从中国股票市场成立，"散户化"一直是市场的主要弊病。这样的市场缺乏价值投资的发现和引领，喜欢概念炒作，过度追涨杀跌，市场波动性通常比较大，总体上表现为"牛短熊长"。

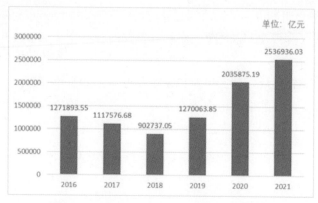

图1-6　2016—2021年A股市场每年成交金额

数据来源：Choice数据

一个健康的A股市场迫切需要增强专业机构的力量。根据乌龟量化的数据，10年前的2012年底股票型和混合型公募基金合计净值只有1.7万亿元，到2021年第三季度，股票型和混合型公募基金合计净值已经超过8万亿元，尤其是最近两年增速明显。股票型和混合型公募基金净值统计如图1-7所示。

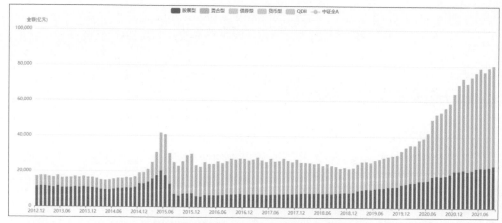

图1-7　股票型和混合型公募基金净值统计

数据来源：乌龟量化数据

3. 以北上资金为代表的外资持续流入，做多中国势头明显

2014年11月沪股通开通，2016年12月深股通开通，自此，外资购买A股的通道更加畅通了。A股市场对外开放既是人民币国际化的一个重要举措，也是通过对外开放建立一个更有活力、更健康的股票市场的需要。

截至2018年1月19日，A股市场北上资金累计净流入不足10.5亿元，截至2022年1月17日，北上资金累计净流入已经达到12 781亿元，4年时间增长了1270倍，做多

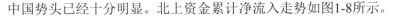

中国势头已经十分明显。北上资金累计净流入走势如图1-8所示。

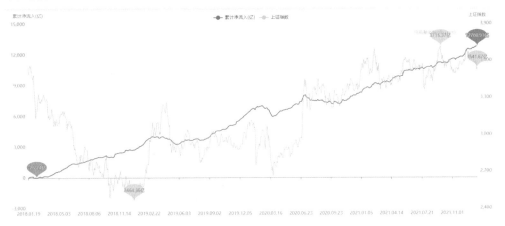

图1-8　北上资金累计净流入走势

数据来源:乌龟量化数据

从图1-8可以看出,伴随着北上资金的持续大幅度流入,以上证指数为代表的大盘指数出现了趋势性的大幅度上涨,一个日益规范化的A股市场开始成为全球投资者争夺的核心资产。

4. 中国城镇居民家庭可支配收入持续较快增长

除了机构资金和外资之外,国内庞大的股票市场投资者群体也是股票市场的根基。根据国家统计局的数据,2019年中国人均GDP达到1万美元,开始进入全面小康阶段;2021年中国人均GDP按年均汇率折算大约为1.25万美元,预计中国人均GDP在2025年"十四五"结束时将会达到1.5万美元左右,进入高收入国家行列。根据2035年远景目标,到2035年中国将达到中等发达国家水平,人均GDP有望达到2.5万美元。

小康意味着人们每年的收入在满足衣食住行基本的消费支出外,会有越来越多的留存收益用来投资,除了劳动薪酬之外,投资性收益占家庭年收入的比例会越来越高。

根据国家统计局的数据,2012年中国城镇居民人均可支配收入是24 564元,2016年是33 616元,到2021年达到47 412元。城镇居民人均可支配收入提高的背后是中产群体的崛起。中国城镇居民人均可支配收入数据如图1-9所示。

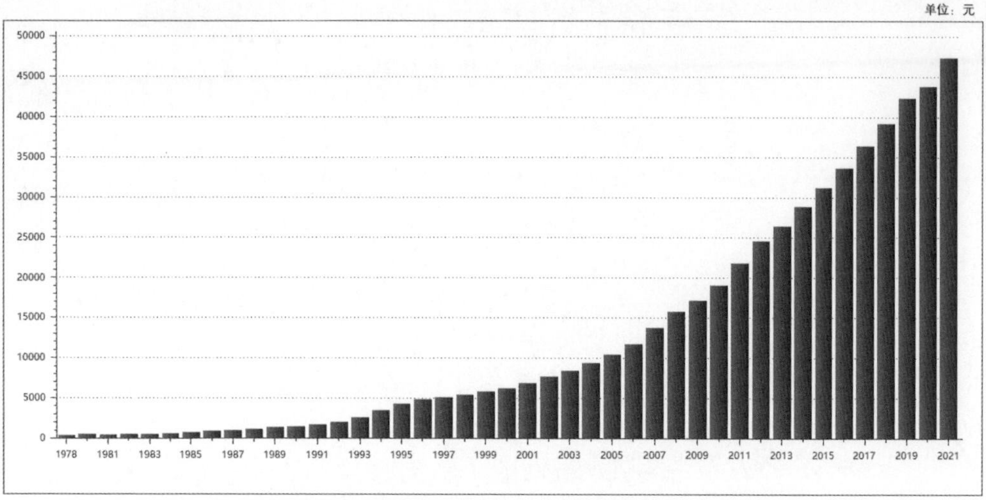

单位：元

图1-9　中国城镇居民人均可支配收入

数据来源：国家统计局、Choice数据

5. 家庭资产配置开始从房产转向资本市场

在城镇化和房地产市场化的双轮驱动下，房地产在过去的20年时间里成为家庭财富的主赛道，购买房产的绝大多数家庭都成了财富的赢家。是否买房？买多少房产？是否使用杠杆？这些都成为十几年来社会家庭财富加速分化的主要因素。

中国人民银行调查统计司城镇居民家庭资产负债调查课题组2020年3月份在《中国金融》上发表了《2019年中国城镇居民家庭资产负债情况调查报告》。该调查于2019年10月中下旬在全国30个省(自治区、直辖市)对3万余户城镇居民家庭开展，是目前为止国内关于城镇居民资产负债情况比较完整、专业、翔实的调查。该调查用量化数据揭示了城镇居民家庭的资产情况，非常有启发性。2019年中国城镇居民家庭资产结构如图1-10所示。

调查报告显示，截至2019年，中国城镇居民家庭资产中金融资产占比20.4%，股票和基金占家庭金融资产的10%左右，即占全部家庭资产的2%左右；房产(住房+商铺)占家庭总资产的65.9%。城镇居民家庭住房拥有率为96.0%，收入最低的20.0%家庭的住房拥有率也有89.1%。在拥有住房的家庭中，有一套住房的家庭占比为58.4%，有两套住房的家庭占比为31.0%，有三套及以上住房的家庭占比为10.5%，户均拥有住房1.5套。

从以上数据可以看出：

(1) 当前绝大多数城镇常住居民家庭在城镇已经拥有房产。

(2) 对城镇家庭来说，房子的投资需求开始明显减缓，金融资产的配置需求开始快速增加。

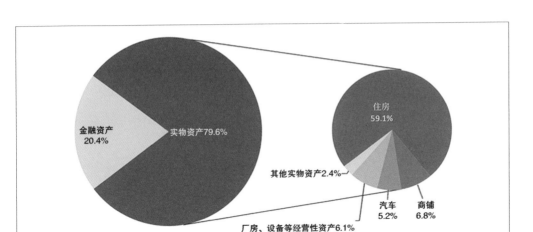

图1-10　2019年中国城镇居民家庭资产结构

数据来源：《中国金融》

(3) 在全球通胀的背景下，预计股票、基金等风险资产的配比会明显提高，以求跑赢通胀。

6. 资本市场显示财富效应，大幕刚刚拉开

在以上诸多因素的推动下，最近几年资本市场已经开始表现出明显的财富效应，从投资回报率的角度来看，其已经开始领跑大类资产。

沪深300指数和创业板指数分别代表价值投资风格的大盘蓝筹和高成长、高风险风格的科技股。以沪深300指数和创业板指数为例，我们看一下最近三年A股大盘指数走势(截至2022年1月18日)，如图1-11所示。

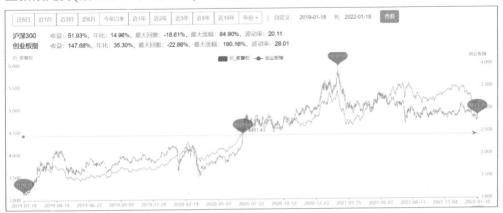

图1-11　2019/01/18-2022/01/18沪深300(红线)和创业板指数(蓝线)走势

数据来源：乌龟量化

图1-11左上角的数据显示，从2019年1月18日到2022年1月18日，沪深300指数累计涨幅为51.93%，年化涨幅为14.96%；创业板指数累计涨幅为147.68%，年化涨幅为35.30%。无论是沪深300指数还是创业板指数，最近三年的涨幅与全球金融市场对比都毫不逊色，尤其是创业板指数的回报率甚至领涨全球主要股票市场指数。在国内市场，这两个代表性指数的回报率也明显跑赢了同期绝大多数城市房价的涨幅。

未来已来，资本市场创造财富的大幕刚刚拉开，股市蓄"势"待发、"势"不可挡，我们需要顺势而为！

抄底 A 股的勇气从哪里来

股票投资讲求"顺势而为",对市场的大致走势做出正确的判断,胜过不分青红皂白地一头扎进具体行业赛道和上市公司。

股票市场每天都在波动,无论是金融学理论还是市场的操作实践,目前都没有有效的方法可以对这些波动的方向做出比较准确的判断,但因为这些波动振幅的区间通常都比较有限,所以从实际操作来看,除了遵守设定的投资纪律外,并没有必要每天研究、判断市场方向。

"覆巢之下,安有完卵"这句话告诉我们,如果股票市场出现大的趋势性调整,绝大部分股票都会受到牵连,这时候最好的策略也许就是顺势而为,离场观望,个人投资者尤其要慎重做左侧抄底。然而,整个市场出现趋势性反转时就不一样了,如果能够通过科学的方法,提前敏锐地捕捉到反转的机会,就会带来显著的投资回报。

下面引用我在2018年年底、2019年1月份准确判断"2019抄底A股"的案例,介绍了一种判断市场底部的方法,对判断今后类似的市场情形仍然有意义。

一、2019年抄底A股

2017—2018年的两年时间,我将较多的研究精力放在了房地产领域,一方面是因为资本市场缺乏财富效应和吸引力;另一方面,对于绝大多数家庭来说,房地产领域是这个阶段最关注的核心资产,问题较多,国家的相关政策也让人眼花缭乱。从大众投资者教育的需求角度看,这时候房地产领域更有研究价值。

2018年12月底,我参加了今日头条七天"年终直播大赛",在对中国和全球的各大类资产一年的表现做盘点研究准备工作时,A股市场有几个重要的数据让我眼前一亮。正是基于这几个重要的数据判断,我将2018年12月31日最后一场跨年直播的题目临时改成了"中国A股市场:冰冷数据背后的春意",旗帜鲜明地讲了"经济的寒冬，正是家庭资产配置最好的春天"。为此，我获评2018年今日头条财经栏目"最有影响力创作者"大奖。

2019年1月12日，在北京举行的线下新年分享会上，我和在场的朋友们分享了这一重要的研究发现。2019年春节前，我在今日头条开设了《大数据真相：2019抄底A股》的付费专栏(图2-1)，幸运地预见了2019年春天的牛市。

图2-1   大数据真相：2019抄底A股

数据来源   今日头条"道哥道金融"

二、大道至简，估值预见大势

您可能想知道，在2018年底股票市场跌得寒彻心扉、一片悲鸣的时候，我到底看到了哪几个数据后斗胆讲出"正是家庭资产配置最好的春天"，甚至旗帜鲜明地开设专栏《大数据真相：2019抄底A股》。

2022年1月19日，我找到了三年前的研究档案，下面把其中几张最重要的数据分析的PPT一字不改地罗列出来，以供大家参考讨论。

截至2019年1月24日，A股几个主要指数近10年市盈率水平在2019年1月份到达了底部。在另外两次市盈率水平接近后不到一年时间，大盘都出现了大幅度上涨。A股平均市盈率走势如图2-2所示；A股市盈率的启示如图2-3所示。

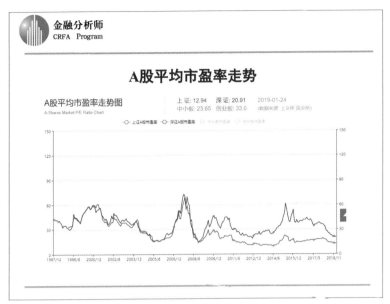

图2-2 A股平均市盈率走势图

数据来源：上海证券交易所、深圳证券交易所

图2-3 A股市盈率的启示

截至2019年1月24日，从A股几个主要指数近10年市净率水平及当时分析的2019年1月整个市场的市净率来看，大盘已经触底。在另外两次大盘指数市净率水平接近后不到一年时间，大盘都出现了爆发性上涨。A股市净率走势如图2-4所示，

A股市净率的启示如图2-5所示。

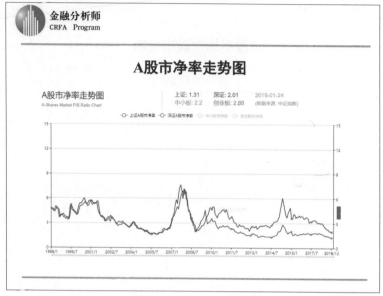

图2-4　A股市净率走势图

数据来源：中证指数

从大势看机会：A股市净率的启示

◆ 2019年1月25日，上证A股平均市净率1.31倍，深证A股平均市净率2.01倍。

◆ 历史上，上证市净率低于1.31倍的只有一次，2014年8月，上证市净率1.3倍，这个时期的上证指数在2000点左右。到2015年6月，也就是10个月时间，上证综指涨到了5170点，上涨了158%。

◆ 另一次市净率接近今天这个水平的是2005年6月，市净率在1.67倍，2年零4个月之后，也就是2017年10月，上证指数从1000点涨到了6100点，涨幅510%！

图2-5　A股市净率的启示

截至2019年1月24日，从A股市场股价跌破净资产的股票数量历史统计分析来看，在近10年的时间里，只有两次市场破净率的水平和2019年1月的情况相似，此后不到一年时间，大盘都出现了爆发性上涨。A股破净股数量历史统计走势如图2-6

所示，破净率的启示如图2-7所示。

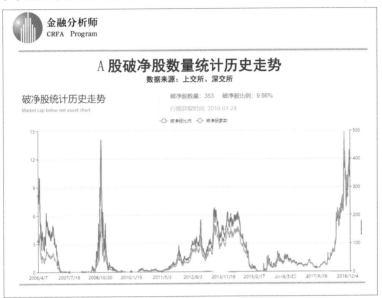

图2-6　A股破净股数量历史统计走势

数据来源：上海证券交易所、深圳证券交易所

从大势看机会：破净率的启示很重要

◆ 2018年12月18日，A股有444只破净，破净率12.5%；截止到2018年12月28日，426只股票股价跌破净资产，破净率达到11.94%。未来一年呢？

◆ 最近十年，出现了两次破净率的高峰。

　1. 2008年11月5日，224只破净，破净率14.11%；上证指数从1660点涨到了2009年8月4日的3480点，9个月涨幅110%。

　2. 2014年1月13日—6月24日，160只左右破净，破净率6%左右；截至2015年6月12日，一年时间，上证指数从2000点涨到5170点，涨幅158%。

图2-7　A股破净率的启示

三、为什么估值能穿云破雾，预见未来

无论是对于实体经济来说，还是对于资本市场的投资者来说，2018年都是极度压抑的一年。从2018年3月特朗普第一次通过推特表达了对中美贸易关系的不满之后，中美贸易战陆续爆发，到了2018年年底，中美贸易关系仍然阴云密布。另外，我们来看中国2018年之前GDP增长趋势(图2-8)：2018年中国GDP增速只有6.6%，是2000年以来最低，表示中国经济增速下行压力较大。

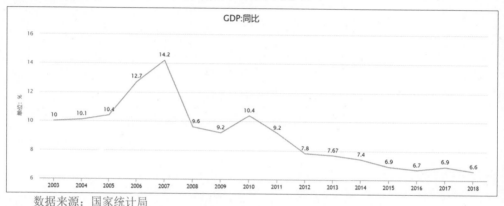

数据来源：国家统计局

图2-8 中国2018年之前GDP增长趋势

再来看资本市场，2018年是中国A股市场十几年以来最"熊"的一年，上证指数跌幅为25.59%，沪深300跌幅为25.31%，深成指跌幅更是高达34.42%。即使站在2022年1月回头看，这几个大家耳熟能详的大盘指数在当年的跌幅都是自2010年以来最高的。2018年底，整个股票市场情绪极度悲观。当年股票型基金也全军覆没，据说排名第一的基金经理是因为刚刚募集结束还没有来得及建仓，而以近乎0的收益率侥幸排名第一。

上证指数和沪深300指数2010年以来历年的涨跌幅如图2-9所示。

为什么在GDP增速下滑"压力山大"、中美贸易关系阴云密布、大盘指数"跌跌不休"、股票市场极度冷清的情况下，通过以上"大盘指数市盈率""大盘指数市净率""大盘指数破净率"三个普通的数据就能判断出市场将要否极泰来呢？对于判断大盘走势，尤其是反转走势这么大的难题，难道就不用点"更高级"的工具和方法吗(如列一些相关性因子的回归分析方程式，说一些模棱两可的可能性系数)？

区间	收益率(%)		RPS (%)		波动率(%)	
	上证指数	沪深300	上证指数	沪深300	上证指数	沪深300
2021	4.80	−5.20	46.48	32	13.72	18.26
2020	13.87	27.21	62.33	71.62	20.47	22.44
2019	22.30	36.07	57.03	70.08	17.73	19.42
2018	−24.59	−25.31	69.37	67.88	19.36	21.04
2017	6.56	21.78	71.68	79.68	8.52	9.95
2016	−12.31	−11.28	50.03	52.42	22.91	22.05
2015	9.41	5.58	14.43	12.13	38.46	39.02
2014	52.87	51.66	64.31	63.1	16.88	18.8
2013	−6.75	−7.65	24.28	23.24	18.07	21.81
2012	3.17	7.55	60.01	67.13	17.01	19.93
2011	−21.68	−25.01	72.85	67.6	18.03	20.29
2010	−14.31	−12.51	26.33	28.85	22.21	24.76

图2-9　A股大盘指数历年涨跌幅

数据来源：乌龟量化

我们知道，市盈率、市净率常常用来判断股价的相对估值，应用很普遍，但也仅是一个参考而已，还需要其他多个指标来辅助判断。那么，这些指标在什么时候作用会更大，甚至会成为决定性的参考依据呢？恰恰不是平时，而是在判断市场"极值"和"拐点"的时候，尤其对于大盘指数来说，它甚至会成为关键时刻最重要的风向标。

在判断市场触底会有大级别趋势性反转的时候，三个指标中的"破净率"指标最重要，其次是"市净率"指标，相对来说，"市盈率"指标也很重要，但仅供参考。实际上让我在2019年1月决心专门开设《大数据真相：2019抄底A股》专栏的最重要的底气，是看到了"破净率"这个异乎寻常的指标亮起了红灯。

我们知道，为了防止国有资产流失，在国有资产的并购重组中，其中一个估值的底线就是交易价值不能低于公司的净资产，这意味着在并购的一级市场，净资产是一家公司价值的底线。在A股市场，国有企业构成了市场指数的最重要权重，如果说二级市场个别公司的股价跌破每股净资产是可以理解的，那么如果超过10%的股票都跌破了净资产，就说明市场的整体估值已经触及了金融定价常识和国有资产监管的底线，参考历史上的类似情况，市场无一例外都迎来了一轮暴涨。

判断大盘走势，尤其是趋势性的大反转，常常大道至简，指标一定不能太复杂，对于大众投资者来说更是如此。在今后的投资实践中，如果大盘指数调整出现了类似以上情况的三个指标同时亮起红灯，那么大胆抄底大概率仍然是正确的，让我们拭目以待。

通常来说，股票市场热点行业赛道波动性都比较大，有的行业在概念炒作下会出现短期大幅上涨，但一旦出现调整，就会长时间起不来；但有的行业赛道炙手可热，在持续的大幅上涨之后，每当出现大幅调整，都是难得的抄底机会窗口，都是一个"黄金坑"。

那么，如何预判市场调整之后的"黄金坑"呢？

2021年3月下旬，A股市场经历了一个月的大幅调整，大盘蓝筹股纷纷出现机构"踩踏"，调整惨不忍睹。我预判"碳中和"核心资产大跌之后已经出现"黄金坑"，并于3月20日在百度百家号、今日头条、微信等平台及时开设了《抄底碳中和核心资产，静待花开》专栏。这个专栏的重要判断被半年后的市场完美应验。

机遇总是可遇而不可求的，能在股市发现"黄金坑"并能果断抄底是非常幸运和美妙的。下面就以"抄底碳中和核心资产"为案例，分享一下当时的背景和我对"黄金坑"进行判断的依据和逻辑。这些分析判断的方法和经验在今后的股票市场大概率还有机会用到。

一、货币政策转向，股市调整踩踏

(一) 货币政策转向，股市成惊弓之鸟

2021年2月初是两会之前政策讨论比较热烈的一段时间，和资本市场关系密切的讨论除了"十四五"规划之外，就是关于货币政策的转向。

　　2020年，突如其来的新冠肺炎疫情对经济造成了较大冲击。为了应对挑战，全球主要经济体都实行了宽松的货币政策，以美国为代表的西方发达经济体货币政策的宽松程度要比中国大很多，但中国在货币发行量、信贷增量方面与2019年相比也有较明显的放松。众所周知，在宽松货币政策的推动下，中国的经济在全球率先出现强劲反弹。2020年第三季度，中国的GDP同比2019年增速达到4.9%，到了第四季度同比增速更是达到6.5%。从2020年第三季度开始，越来越多的主流经济学家预测中国的经济增速已经回归到常态，这意味着货币政策也有回归到常态的需求。

　　果不其然，从2020年第四季度开始，央行前行长周小川和财政部前部长楼继伟曾先后在权威刊物和公开论坛发表类似的观点：对于货币政策的松紧程度，不能单纯盯着"通货膨胀"这个指标，还需要考虑"资产价格泡沫"。这看似是学术观点，实则影响巨大。这个观点传递了三个重要信号：①"资产价格泡沫"已经引起货币政策制定者的重点关注；②全国一、二线城市房价开始明显上涨，股市全年大幅度上涨的现象，预示着货币政策将要收紧；③发言人身份特殊，其观点显然不同于普通学者、教授的理论探讨，市场自然会有政策联想。

　　2021年1月，我做了相关的专题分享，其中有两个专题反映了当时的背景，分别是《关于货币政策调整的讨论：周小川》(图3-1)和《关于货币政策调整的讨论：楼继伟》(图3-2)。

关于货币政策调整的讨论：周小川

◆ 2020年11月27日，中国金融学会会长、央行前行长周小川在央行政策研究专栏发表的题为《拓展通货膨胀的概念与度量》的文章中称：

➤ "特定的收入能购买到什么样的生活水准？通过工作赚取特定收入的代价是十分艰辛、疲惫呢，还是较为从容、轻松甚至愉快？这种综合又有模糊性的概念在影响着人们对未来的预期，对未来是乐观还是悲观。

➤ 传统的通胀度量会面临几个方面的不足和挑战。其中之一是较少包含资产价格带来的失真，特别是长周期失真的累积影响。

➤ 通胀在长期度量上存在问题，特别是资产价格如何反映到生活质量、支出结构上。

➤ 此外还有长期投资回报应折现入当期通胀的问题。

➤ 资产价格不纳入通胀考虑已不行了，怎么纳入还需研究。

➤ Dr.Richard C.Koo(辜朝明，《大衰退年代：宏观经济学的另一半与全球化的宿命》作者，日本野村证券研究院的首席经济学家)在最近的一次访谈中说道：近几年主要发达经济体的经历与实践显示，低通胀对央行货币政策操作和理论框架提出了挑战，也动摇了通胀目标制的理论基础。通胀目标制现在基本上没有用了，甚至可能带来资产泡沫。

图3-1　关于货币政策调整的讨论：周小川

关于货币政策调整的讨论：楼继伟

◆ 2020年12月12日，全国政协外事委员会主任、财政部前部长楼继伟在"三亚·财经国际论坛"上表示：

➢ 货币政策放水、放出流动性，给金融机构互加杠杆提供了巨大的空间，首先表现为金融资产价格上涨，然后就是房地产价格上涨，不反映为一般货物和服务的价格上涨。

◆ 2020年12月20日，楼继伟在中国财富管理50人论坛年会上表示：

➢ 目前，我国在控制疫情和恢复经济方面取得了令人瞩目的成绩，成为全球唯一的实现经济正增长的主要经济体，非常时期的财政货币政策正在考虑有序退出。我再次强调是考虑有序退出，不是立即退，而是逐步退。这样宏观杠杆率可以稳住并逐步下降。其原因有以下几个方面。

➢ 一是治理金融乱象虽取得了重大的成果，但还未成功，资金池的清理、资产净值化、取消刚兑、高风险机构的排查清理等还需要继续。

➢ 二是美国、欧洲的主要国家的宏观政策的外溢性明显，特别是美国，全球金融市场波动的风险加大，而我国正在扩大金融开放，需要保持战略定力，办好自己的事。

➢ 去杠杆治理乱象的方向不能动摇。

图3-2　关于货币政策调整的讨论：楼继伟

2021年1月底，这样的讨论进一步升温，在1月26日上午由中国财富管理50人论坛(CWM50)主办的"中央经济工作会议解读与当前经济形势分析"专题研讨会上，央行货币政策委员会委员马骏博士的观点在市场中引起巨大的反响。他的核心观点是："货币政策如果不转向，会导致中长期更大的经济、金融风险，当然货币政策转向不能太快。"当然媒体报道的时候"当然，货币政策转向不能太快"这句话就不是重点了。股票市场在1月26日下午开盘时开始调整，持续了近两周时间，这说明股票市场经过2020年的大涨之后，已经成为货币政策转向的惊弓之鸟。关于马骏博士的观点，请参考图3-3。

关于货币政策调整的讨论：马骏

◆ 2021年1月26日上午，中国人民银行货币政策委员会委员、清华大学金融与发展研究中心主任马骏在近日由中国财富管理50人论坛（CWM50）主办的"中央经济工作会议解读与当前经济形势分析"专题研讨会上如此表示：货币政策如果不转向，会导致中长期更大的经济、金融风险，当然货币政策转向不能太快。

➢ 从今年开始应该永久性取消GDP增长目标，而把稳定就业和控制通货膨胀作为宏观政策最主要的目标。所有的发达国家和绝大部分中等收入国家都已经放弃了GDP增速作为宏观调控的目标。

➢ GDP的数字可以作为一个预测，财政部门可以将其作为一个基础来进行财政收支的预测，投资部门可以将其作为基础来测算投资行为，但不应该将其作为考核地方政府官员业绩的指标。因为：地方习惯性层层加码，把地方的GDP目标定得很高，从而加大隐性债务的金融风险。因为靠借钱来实现投资拉动GDP比其它办法都容易；强调GDP考核，不可避免地出现一些地方虚报经济增长速度的问题。

➢ 一方面就是杠杆率上升得非常快，要求货币政策开始调整，2020年前三个季度，中国宏观杠杆率上升了25个百分点，是2009年以来升幅最大的一次，自然会导致未来更大的金融风险。此外，有些领域的泡沫已经显现。去年我国几个主要的股市指数都大幅上升，接近30%。在经济增速大幅下降的情况下出现如此大牛市，不可能与货币无关。另外，近期上海、深圳等地房价涨得不少，这些都与流动性和杠杆率的变化有关。

图3-3　关于货币政策调整的讨论：马骏

(二) 估值触及天花板，市场雪崩

市场原本希望在2021年3月的两会期间，关于"十四五"规划和2035年远景目标的相关政策文件能够为资本市场注入动力，虽然市场在此后曾经亢奋上攻，但"货币政策转向"的阴影始终挥之不去，尤其是在2019年、2020年连续两年沪深300累计涨幅超过64.0%，创业板指数涨幅更是累计超过137.0%的情况下，市场获利盘众多，估值处于高位。通常情况下，当货币政策收紧成为市场担忧的时候，估值过高的股票调整压力会更大。

2021年2月18日，春节后市场第一个交易日指数大跌，由此开启新一轮大调整。市场对2021年货币政策转向充满忧虑，大盘指数的估值触及天花板，成为市场坍塌的导火索。

我们先来看一下沪深300指数的估值走势图(图3-4)。2021年2月18日，沪深300指数加权TTM市盈率是17.56倍，处于近10年99.32%的估值百分位，已经触及天花板，很显然，沪深300所代表的白马蓝筹股已经太贵了！

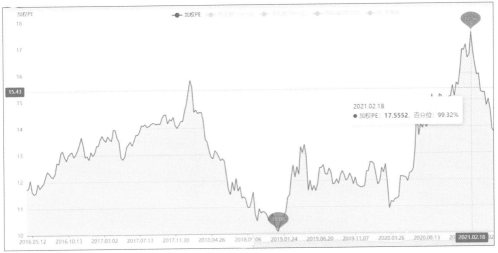

图3-4　沪深300指数估值水平走势

其实，2021年2月18日，创业板指数的估值水平也已经突破90%的"高度泡沫化"危险区。从创业板指数估值水平走势(图3-5)可以看出，2021年2月18日创业板指数的加权TTM市盈率是73.3倍，处于近10年90.74%的估值百分位。在2020年7月中旬创业板指数经历此前大幅上涨之后，也是处于92%左右的估值百分位，开启长达近半年的横盘消化，这次创业板市场调整又是进入"90%估值百分位泡沫化"危险区。

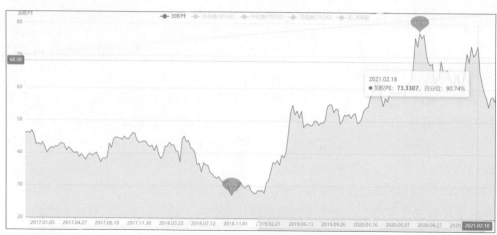

图3-5　创业板指数估值水平走势

从2021年2月18日到3月25日，沪深300指数跌幅13.25%，创业板指数跌幅更是高达22.2%，远远超过沪深300指数调整幅度。这再次表明：在"货币政策转向"的市场忧虑下，当市场估值触及天花板的时候，"杀估值"是调整的主要逻辑。

股票投资就是这样，"机会总是跌出来的"。每当市场调整、哀鸿遍野的时候，常常意味着真正的机会来了，投资者需要打起精神。尤其要关注那些行业景气度高、成长确定性强、企业基本面没有被破坏、内生性增长强劲，但股价调整比较充分的赛道和核心资产。

二、预判超级风口"黄金坑"

（一）既是战略机遇，又是超级风口

在2021年"2.18"市场调整之前，我实际上已经关注"碳中和"概念有一段时间了，通过翻阅大量报告和资料并进行分析研究，初步判断：①"碳中和"是中国大国崛起、能源安全和产业自主可控的战略性机遇；②"碳中和"是一个长周期"超级风口"。只是因为股价涨幅较大，估值水平普遍较高，所以时机不是很成熟，需要等待机会。可以参考我在2021年3月份的一个分析讨论中的两页PPT：《"碳中和"是新一轮全球能源革命，是中国的战略机遇》(图3-6)，《"碳中和"成为全球一致行动路线图，这是一个超级风口》(图3-7)。

"碳中和"是新一轮全球能源革命，是中国的战略机遇

◆ 中国当前发展面临的挑战和瓶颈

  ➤ 过度依赖煤炭能源，空气、土壤污染和人们生活水平提高之后对生活环境质量更高要求的矛盾；

  ➤ 石油、天然气过度依赖进口，资源供应受制于全球地缘政治变化、国际航运安全、国际贸易体系和美元计算体系的无形制约；

  ➤ 对于传统围绕燃油发动机形成的汽车、飞机等运输工具，中国由于在核心技术方面长期处于追赶状态，甚至面临壁垒，在国际竞争中更多地表现为市场优势，而技术上处于劣势。

◆ 碳中和是中国难得的战略机遇

  ➤ 全球几乎所有国家的难得的共识，意味着一个具备几十年成长潜力的巨大未来市场空间；

  ➤ 全球光伏太阳能上游核心产业链（硅料、硅片、电池组件、玻璃等）80%以上在中国，中国的核心技术处于领跑位置，龙头企业主要在中国；

  ➤ 全球风电40%以上的产能在中国，龙头企业核心技术基本上与全球竞争对手处于同一起跑线；

  ➤ 全球动力电池一半产能在中国，中国的龙头企业占据半壁江山，核心技术自主可控且处于第一梯队；

  ➤ 工业节能减排和环保事业的发展，既符合社会的呼声，又能成为不受制于人的新发展机遇和增长点。

图3-6 "碳中和"是新一轮全球能源革命，是中国的战略机遇

"碳中和"成为全球一致行动路线图，这是一个超级风口！

◆ "碳中和"逐渐成为国际社会共识，路线图跨越30年。

  ➤ 截至2021年3月初，全球共计约 37 个国家及地区正式设立"碳中和"目标，发达经济体占20个，其中20%提出领先于世界平均水平的"碳中和"时间目标。

  ➤ 主要经济体的碳中和时间承诺：在欧洲，欧盟2050年，英国2050年，瑞典2045年，奥地利、冰岛2040年，芬兰2035年；在美洲，美国、加拿大、智力、阿根廷、哥伦比亚、巴拿马等2050年，乌拉圭2030年，巴西2060年；在大洋洲，新西兰、斐济、马绍尔群岛2050年；南非2050年；在亚洲，中国2060年，日本、韩国、尼泊尔2050年，**马尔代夫2030年，不丹现在已经是负碳排放的国家！**

  ➤ 各个国家"碳中和"的国际谈判和承诺之所以艰难，是因为协议承诺具有法律意义，可核查，可量化，执行机制路线图、资金、阶段目标透明化。这意味着在未来相当长的时间内，减排二氧化碳、发展绿色可再生能源成为全球一致行动计划。这将创造持续的强大需求，是一个超级风口！

图3-7 "碳中和"成为全球一致行动路线图，这是一个超级风口

    能源消耗是二氧化碳排放的一个最主要的来源。中国和全球绝大多数经济体的可再生能源在全部能源消费中的比重还是很低的，未来如果实现"碳中和"就需要可再生能源对传统石油、天然气、煤炭等化石能源的长期巨量的替代性发展，电力的需求也将会大幅增加。

中国在2020年12月份的"联合国气候雄心峰会"上郑重承诺：2030年实现"碳达峰"，2060年实现"碳中和"。这意味着，中国在2025年一次能源的消耗中可再生能源消耗的占比要从2019年的15%提高到20%，2030年进一步提高到25%，2050年达到50%以上。这个目标可以进一步分解成中国"十四五"期间风光新能源每年新增装机规模保持15%~20%的年化增长，2030年的装机容量比2020年增加4倍以上！

新能源汽车也类似，2020年全球新能源汽车销售渗透率为3%左右，中国市场大约为5%。根据主要国家公布的"汽车零排放时间表"，大多数国家在2030—2040年将完全停止为新的汽柴油汽车发放牌照，如果倒推的话，意味着在2030年之前，全球的新能源汽车大约呈现年化36%的销售增速。当然，也许有的年份会更快一点，过程会有波动，但市场的需求空间是可以量化的，是巨大的。

在2021年3月份的两会上，"碳达峰""碳中和"等任务被清晰地写进了"十四五"规划中。会后，我们看到一些地方政府、行业协会、大型企业第一时间开始制定相应的目标和任务规划。

在现实生活中，我们遇到的很多行业要么增速比较慢，如消费类；要么周期性非常强，如大宗商品类；要么是核心产业链缺乏话语权，如半导体和电子类。真正在资本市场找到具备"高增长、长周期、话语权"潜质的行业的机会还是很少的。

很大的概率，"碳中和"会是一个超级风口！

（二）成本优势驱动，市场蓄势待发

除了战略定位、政策宣示、发展规划、政策补贴等这些必不可少的发展政策环境外，一个行业赛道是否真正有前途，能够真金白银地为股东创造长期回报，要看市场层面是否具备成本竞争优势。

2020年之前，光伏太阳能发电、风力发电、新能源汽车这些行业的发展，很大程度上是长期依靠政策补贴。但随着技术的突飞猛进，2020年是新能源发展的一个重要的分水岭，主要表现在：

(1) 2020年是太阳能发电补贴的最后一年，这意味着2021年开始新增的太阳能发电项目将告别中央财政补贴，进入市场化平价时代。

(2) 2020年是陆上风力发电新增上网项目补贴的最后一年，2021年是海上风力发电项目中央财政补贴的最后一年，这意味着风力发电很快进入平价时代。

(3) 根据当时披露的政策文件，2022年新能源汽车购车补贴退坡30%，2023年将告别补贴，开启平价销售时代。

如果陆续进入平价时代，那么这些可再生能源未来有竞争力吗？我当时查询到了2020年6月份美国*Energy Intelligence*(能源情报)期刊关于主要能源发电成本的预测数据，从数据可以看到未来光伏太阳能、风力发电的成本下降空间巨大，而传统能源如煤炭、天然气、核电、水力发电的成本并没有太大的弹性下降空间，甚至有的还会上涨。具体参见《美国传统发电每度电的成本变化展望》(图3-8)和《美国新能源发电每度电的成本变化展望》(图3-9)。

图3-8　美国传统发电每度电的成本变化展望

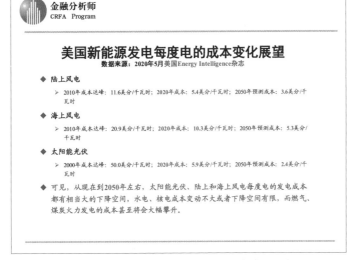

图3-9　美国新能源发电每度电的成本变化展望

按照国家能源局和国际可再生能源署的划分，水力发电、核电也是新能源。当时没有把它们纳入新能源，主要考虑的是光伏发电、风力发电不单纯是"可再生能源"，还是"新兴能源"。但是，以上数据让我看到了光伏发电、风力发电的未来市场化成本竞争优势。

这里补充一组后来跟踪的一些更权威的关于可再生能源发电成本的数据资料。这些核心数据来自2021年6月23日国际可再生能源署发布的《2020年可再生能源发电成本》的报告，对理解"碳中和"的投资逻辑具有重要的参考意义。2010—2020年主要新能源发电成本对照如图3-10所示，2010—2020年新能源发电成本变化趋势如图3-11所示。

图3-10　2010—2020年主要新能源发电成本对照

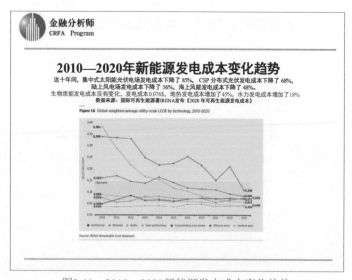

图3-11　2010—2020新能源发电成本变化趋势

（三）"碳中和"跳水，砸出黄金坑

2021年初，对于"碳中和"概念最直接的受益行业，市场认知主要集中在光伏、风电和新能源汽车。这次股市调整，机构抱团的"碳中和"相关赛道的龙头企业股价也都出现了较大回调，估值泡沫得到了一定程度的释放。"碳中和"核心资产"2.18"股价调整幅度见表3-1。

表3-1 "碳中和"核心资产"2.18"股价调整幅度

公司名称	2021年2月18日		2021年3月25日		股价调整幅度(%)(均前复权)
	股价(元)	TTM市盈率	股价(元)	TTM市盈率	
通威股份	53.76	65.38	30.47	37.06	43.50
隆基股份	87.16	56.59	54.87	35.63	36.87
阳光电源	115.3	109.7	62.67	59.64	47.29
明阳智能	21.86	36.47	17.88	31.03	10.47
金风科技	15.21	24.36	13.06	20.92	12.26
宁德时代	396.8	207.7	291.4	152.5	29.35
亿纬锂能	103.6	149.5	69.14	99.8	32.32
先导智能	58.61	111	46.77	88.5	22.76

无论是资本市场行业指数权重，还是实体产业所在赛道的位置，以上8家企业都分别是光伏太阳能、风电和新能源汽车锂电池领域有代表性的核心优质资产，也是在2020年第四季度机构投资者抱团的白马股。我们看到，从2021年2月18日到3月25日一共26个交易日，这些"碳中和"的龙头纷纷出现大幅调整，其中光伏太阳能和新能源汽车锂电池大多数龙头股票的价格跌幅远远超过大盘指数，估值泡沫得到修复。

经过前期跟踪分析，我认为市场遇到了"碳中和"超级风口的"黄金坑"！

事后证实，在2021年3月22日《抄底"碳中和"核心资产，静待花开》专栏开设后的大约半年时间里，"碳中和"主题再度成为市场热点和主线，相关行业细分赛道龙头都出现大幅上涨，有的甚至涨幅超过100%。《抄底"碳中和"核心资产，静待花开》专栏开设半年内核心资产表现见表3-2。

表3-2 《抄底"碳中和"核心资产，静待花开》专栏开设半年内核心资产表现

公司名称	2021年3月25日股价(元)(前复权)	此后半年内最高股价(元)(前复权)	半年内最大涨幅(%)
通威股份	30.48	62.77	106
隆基股份	54.88	98.58	80
阳光电源	62.67	180.16	187

(续表)

公司名称	2021年3月25日股价(元)(前复权)	此后半年内最高股价(元)(前复权)	半年内最大涨幅(%)
明阳智能	17.87	28.48	59
金风科技	13.06	19.65	50
宁德时代	291.40	582.2	100
亿纬锂能	69.14	131.5	90
先导智能	46.77	84.05	80

那么，超级风口"黄金坑"有哪些特点？通过本案例背景和过程分析复盘，简单总结归纳如下：

(1) 宏观政策环境友好，有严肃的长期政策承诺和可量化的路线图；

(2) 除了政策因素，市场化成本优势驱动力日渐强劲，关系到人类更美好的未来；

(3) 行业仍处在发展的初期阶段，市场空间广阔，未来年化成长速度快；

(4) 中国市场在全球占比较高，中国企业在全球有话语权；

(5) 大盘指数出现大幅调整，行业龙头股票出现机构"踩踏"，估值回归到最近三年估值中位数水平。

市场不会简单重复，再次遇到完全一样的超级风口"黄金坑"也许并不容易，但以上这些分析的思路仍然对今后判断"黄金坑"有所帮助。

根据传统认知，通货膨胀是社会大众财富的粉碎机，关于这方面的历史故事和经济学的道理我们听得太多了。所以，每当通货膨胀发生，大众投资者总是充满了焦虑、恐惧。在金融市场和金融工具越来越完善的今天，每一种经济现象背后都孕育着机会，包括通货膨胀。对于社会大众来说，改变对通货膨胀的刻板印象，能够洞察其中的机遇，这个理念在今天和未来都很重要，从某种意义上说，这也是经济现象背后的金融规律。

正是由于以上的基本金融理念，2021年初，我发现一轮特殊的全球性通货膨胀正在袭来。说它特殊，是因为它和我们传统意义上消费者价格指数的上涨有差别，主要表现为全球大宗商品原材料价格的上涨。2021年4月1日，我在百度百家号、今日头条和微信开设了一个新的专栏《布局"涨价"核心资产，收割通胀红利》(图4-1)。这个重要的判断在此后的半年时间内在资本市场获得了很好的验证。

当前我们正处在一个全球"高通胀"时代，这里把《布局"涨价"核心资产，收割通胀红利》作为一个案例，将当时的背景和分析判断的逻辑与大家分享，其中对趋势的分析判断和资产布局的思路对我们今后应对通胀仍然会有实际的操作意义。

图4-1 《布局"涨价"核心资产，收割通胀红利》专栏

一、全球低利率，酝酿通胀风暴

（一）全球经济深陷疫情危机

2020年全球深陷新冠肺炎疫情危机，人口、物资流动和产业链供应受到沉重打击，当年全球经济的增长陷入几十年来的低谷。

根据国际货币基金组织网站2020年4月份的数据，2020年全球经济增长-3.3%，其中发达经济体经济同比增长-4.7%，新兴市场和发展中经济体同比增长-2.2%。全球经济增长面临的挑战甚至比2008年美国次贷危机的时候更加严重，无论是全球的经济增长速度，还是发达国家、发展中国家的经济增长速度均创造了1980年以来的最低纪录。如图4-2所示。

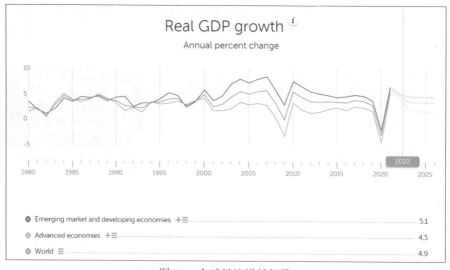

图4-2 全球经济增长纪录

数据来源：国际货币基金组织IMF

2021年4月国际货币基金组织《世界经济展望》数据显示，2020年中国经济增长2.3%，是改革开放40多年以来最低的一年，但在全球主要经济体中是最高的，如图4-3所示。从图中可以看出，作为全球经济规模排名第一的美国，GDP同比增长-3.5%，欧元区(包括德国、法国、意大利和西班牙)同比增长-6.6%，日本同比增长-4.8%，英国同比增长-9.9%，加拿大同比增长-5.4%。在发展中国家中排名靠前的"金砖国家"经济增速也大幅回落，其中印度GDP同比增长-8%，俄罗斯同比增长-3.1%，巴西同比增长-4.1%，南非同比增长-7%。毫无疑问，全球经济已陷入危机。

实际GDP，年百分比变化	2020	预测值 2021	2022
世界产出	-3.3	6.0	4.4
发达经济体	-4.7	5.1	3.6
美国	-3.5	6.4	3.5
欧元区	-6.6	4.4	3.8
德国	-4.9	3.6	3.4
法国	-8.2	5.8	4.2
意大利	-8.9	4.2	3.6
西班牙	-11.0	6.4	4.7
日本	-4.8	3.3	2.5
英国	-9.9	5.3	5.1
加拿大	-5.4	5.0	4.7
其他发达经济体	-2.1	4.4	3.4
新兴市场和发展中经济体	-2.2	6.7	5.0
亚洲新兴市场和发展中经济体	-1.0	8.6	6.0
中国	2.3	8.4	5.6
印度	-8.0	12.5	6.9
东盟五国	-3.4	4.9	6.1
欧洲新兴市场和发展中经济体	-2.0	4.4	3.9
俄罗斯	-3.1	3.8	3.8
拉丁美洲和加勒比	-7.0	4.6	3.1
巴西	-4.1	3.7	2.6
墨西哥	-8.2	5.0	3.0
中东和中亚	-2.9	3.7	3.8
沙特阿拉伯	-4.1	2.9	4.0
撒哈拉以南非洲	-1.9	3.4	4.0
尼日利亚	-1.8	2.5	2.3
南非	-7.0	3.1	2.0
备忘项			
新兴市场和中等收入经济体	-2.4	6.9	5.0
低收入发展中国家	0.0	4.3	5.2

来源：国际货币基金组织《世界经济展望》，2021年4月。
注：印度的数据和预测值是按财年汇总的，财年2020/2021为2020年4月开始。基于日历年，2020年印度的经济增速预测值为-7.1%，2021年为11.3%。

图4-3　2020年世界经济最新增长

国际货币基金组织在2021年4月初还预测2021年全球经济将走出衰退，世界经济同比2020年增长6%，但是2022年增速将明显回落到4.4%。

关于2020年全球经济增长和各主要经济体经济增长的具体数据，可以参考来自国际货币基金组织的官方报告和数据。

(二) 低利率酝酿高通胀

当经济陷入增长危机的时候，几乎所有国家都会采取积极的财政政策和宽松的货币政策。积极的财政政策主要包括主动扩大政府财政赤字、减税、发放现金补贴、发放消费券等，其主要目的是减少危机对弱势群体生命生活的冲击、刺激消费和减轻困难企业的负担。宽松的货币政策主要包括增加货币供应、增加信贷投放、降低利率水平以及央行直接通过市场购买金融资产，其影响常常具有全局性，给全社会资金成本和资产价格都会带来比较直接的影响。

从2020年第一季度新冠肺炎疫情危机在全球爆发开始，截至2021年3月底，全球主要发达经济体的利率都保持在极低的水平，这个水平只有在2008年美国次贷危机的时候出现过。我在2021年4月初整理的关于全球主要发达国家利率水平的资料如图4-4所示。

图4-4　2021年3月底全球发达经济体利率水平

数据来源：Trading Economics

从图4-4可以看出，虽然发达国家采取了近乎"0利率"的货币政策，但这些国家在2021年3月传统的通货膨胀率都处在2%以下的水平，应该说这个时候还没有出现通货膨胀的问题，但是以下大宗商品价格的涨幅透露了潜在通胀。2021年4月初的相关分析资料如图4-5、图4-6所示。

图4-5　大宗商品价格普遍上涨：贵金属和能源化工

数据来源：Wind资讯

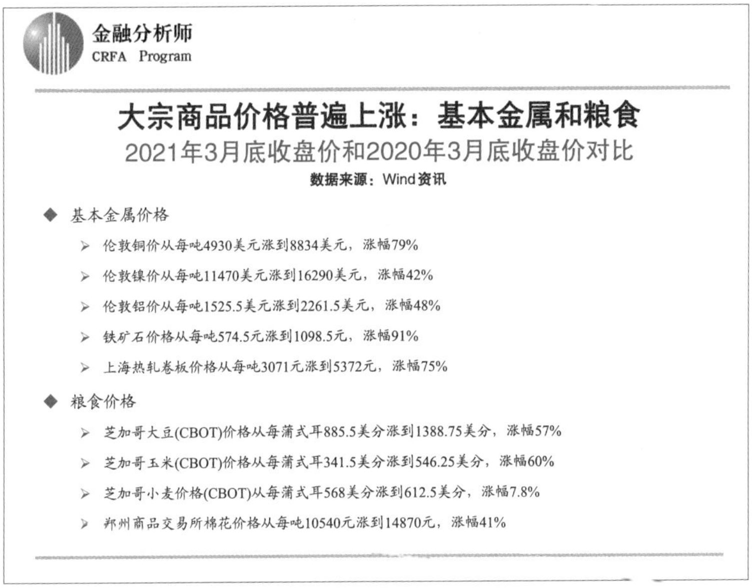

大宗商品价格普遍上涨：基本金属和粮食

2021年3月底收盘价和2020年3月底收盘价对比

数据来源：Wind资讯

◆ 基本金属价格

➢ 伦敦铜价从每吨4930美元涨到8834美元，涨幅79%

➢ 伦敦镍价从每吨11470美元涨到16290美元，涨幅42%

➢ 伦敦铝价从每吨1525.5美元涨到2261.5美元，涨幅48%

➢ 铁矿石价格从每吨574.5美元涨到1098.5美元，涨幅91%

➢ 上海热轧卷板价格从每吨3071元涨到5372元，涨幅75%

◆ 粮食价格

➢ 芝加哥大豆(CBOT)价格从每蒲式耳885.5美分涨到1388.75美分，涨幅57%

➢ 芝加哥玉米(CBOT)价格从每蒲式耳341.5美分涨到546.25美分，涨幅60%

➢ 芝加哥小麦价格(CBOT)从每蒲式耳568美分涨到612.5美分，涨幅7.8%

➢ 郑州商品交易所棉花价格从每吨10540元涨到14870元，涨幅41%

图4-6 大宗商品价格普遍上涨：基本金属和粮食

数据来源：Wind资讯

从以上数据可以看出，相比疫情初期的2020年3月，2021年3月全球主要大宗商品价格无论是贵金属、工业金属、能源化工价格还是粮食价格均出现了普遍明显的上涨。根据基本经济规律，对于作为原材料的大宗商品来说，个别商品出现价格波动说明不了太大的问题，但如果普遍出现价格明显上涨，一般来说在一个完整的经济周期中，这些价格作为成本传递到下游的工业品并最终传递到终端的消费品，只是时间的问题。

二、布局涨价核心资产，收割通胀红利

面对以上经济和金融市场的基础数据，大众投资者该怎么办呢？是持有现金防守等待？还是进入期货市场大胆做多？还是撸起袖子进入股市？在投资的时候应该有一个什么样的策略呢？我的总体判断是：布局涨价核心资产，收割通胀红利。这个判断取决于对以下几个重大趋势问题的分析判断。

(一) 低利率货币政策不会反转

欧、美、日等主要发达经济体普遍实行的"0利率"货币政策以及疫情导致的全球供应链不畅是大宗商品价格上涨的主要原因。这种低利率的货币政策会转向

吗？有两组核心数据告诉我们，发达国家宽松的货币政策仍将持续：失业率和通货膨胀率。图4-7为2021年3月全球发达经济体失业率水平。

图4-7　2021年3月全球发达经济体失业率水平

数据来源：Trading Economics

根据Trading Economics的数据，在2020年全球新冠肺炎疫情爆发之前，美国的失业率水平在3.6%左右，欧元区在7.5%左右，日本在2.3%左右，英国在4%以下，加拿大在5.5%左右，澳大利亚在5%左右。从当时的分析文件可以看出，美国、欧元区、加拿大、英国、澳大利亚等主要发达经济体2021年3月的通货膨胀率仍然明显高于2020年疫情之前的正常水平。

除了失业率居高不下外，主要发达经济体当时的通货膨胀率整体来看仍然处于比较低的水平，普遍低于1%，美国的通货膨胀率比较高，但也只有1.7%。图4-8所示为2021年3月主要发达经济体通货膨胀率水平。

发达经济体货币政策的主要目标是促进充分就业和保持物价稳定。在所有这些经济体中，美国的货币政策最关键，因为一方面美国是全球最大的单一经济体，发达国家的货币政策一定程度上受到美联储政策的影响；另一方面，美元是全球贸易、投资和金融市场最主要的货币，也是大部分国际大宗商品定价的货币。显然，无论从"失业率"数据还是从"通货膨胀率"数据来看，发达经济体都必须在较长时间内维持低利率水平。

图4-8　2021年3月主要发达经济休通货膨胀率水平

数据来源：Trading Economics

（二）“美林时钟”的启示

从前面的背景分析我们可以看出一个清晰的逻辑框架：疫情导致经济深陷危机，为了刺激经济，各主要经济体尤其是发达国家采取了极度宽松的货币政策，在低利率货币政策的滋润下，美元有贬值压力，以大宗商品为代表的资产价格出现明显上涨。由于欧美的失业率仍然处于高位，消费者价格指数仍然处于低位，发达经济体仍然不具备收紧货币政策的条件，推动这些资产价格上涨的逻辑仍然会持续起作用。

把逻辑想清楚了，就会发现通货膨胀并没有那么可怕，同时，如果及时布局上游涨价的核心资产，还可以收获通货膨胀带来的资产价格泡沫的红利。

根据著名的“美林时钟”投资周期理论(图4-9)，在“经济上行、通胀上行”的阶段，由于物价上涨，企业基本面快速改善，但经济仍然在恢复中，货币政策暂不会收紧，以股票和大宗商品为代表的风险资产此时处于超配的黄金周期。从背景资料我们可以看到，大宗商品的价格已经出现了明显的上涨，但中国股市刚刚经历2021年2月底到3月底的调整，股票市场的泡沫得到修复，这时候布局上游涨价资产对应龙头企业的股票岂不是最优的策略？

图4-9 "美林时钟"投资周期理论

循着这个思想，我们只需要把黄金、铜、铝、锡、煤炭、钢材、涤纶、纯碱、玻璃、造纸、锂、钴、硅料、种子等对应大宗商品的龙头企业找出来，做进一步的研究，选择布局价格涨幅明显、企业利润改善明显、股价相对处于低位的企业，就是一个最优的策略。从2021年4月专栏开设之后不到半年时间，以上涨价商品对应的龙头企业股价涨幅大多都在40%以上，甚至有个别涨幅实现了翻番。

需要特别说明的是，这些涨价的上游原材料商品涉及周期性极强的行业，来得快，走得快。这一轮价格上涨的原因是全球主要经济体普遍宽松的货币政策、疫情导致的国际供应链体系的紊乱以及市场对未来经济复苏需求增长的预期的共同推动，其中货币政策是主因。如果经济增速恢复常态(表现为失业率恢复正常水平)，消费者价格指数出现恶性上涨，货币政策就会出现反转的预期，大宗商品价格有可能快速回落，这就需要在货币政策收紧预期刚出现的时候及时离场。当然，具体投资的交易策略也需要遵守止损、止盈的投资纪律。

通过这个案例的分析，我们可以看到通胀并不可怕，如果您有充分的数据判断当前经济仍然在复苏的道路上，货币政策仍将宽松，那么此时在股票市场布局商品价格处于上涨阶段的资产，不但能够跑赢通胀，甚至还可以让通胀为自己的财富插上翅膀。当然，最重要的是，这个阶段来得快，走得也快，周期性很强，一定要遵守投资纪律。以上所总结的经验和逻辑在今后的股票市场中还会经常用到。

05 | 科技成长，资本市场的最大希望

投资是风险和收益之间的平衡，对每个人都会有适合的平衡点。不过必须承认，对于绝大多数大众投资者来说，投资的目的是赚钱，而并不是单纯地避险，否则就不用花心思选择各种金融资产，只需要老老实实把钱存入银行。

当您在股票市场准备以某个价格买入一只股票的时候，不知道您有没有思考过：您到底购买的是公司的什么？是资产？利润？分红？成长？预期还是价差？

打开股市的门，几千家上市公司的股票摆在您的面前，您有没有一种简单易行的方法论，可以直接找到最有可能给您带来长期回报的那一个？

下面将用大数据揭示股市大道至简的真相，希望这个发现能像指南针、启明星一样给您的股市旅程带来指引和启发。

一、到底多少股票有财富效应

根据东方Choice的数据，截至2022年1月24日，A股市场共有超过4706家上市公司。其中，上证A股2041家(包括科创板384家)，深证A股2581家(包括创业板1098家)，北证A股84家。A股总市值94万亿人民币，排名中位数市值60.93亿人民币，其中自由流通总市值42.8万亿人民币，中位数自由流通市值30亿人民币。

对于一个普通投资者来说，从股票市场这4700多家上市公司的股票中寻找到能够给自己带来长期回报的股票实际上并不是一件容易的事情。下面我分别对照市场对比基准标杆，从企业利润复合增长率和股价涨幅两个维度来看企业的投资回报率，看完之后您也许会惊出一身冷汗。

(一) 市场对比基准标杆

分析样本数据之前，先看几个对比基准。

第一组是关于GDP累计增速的基准。全国GDP累计增速可以理解为全社会创造

财富增长的其中一个指标。2016年全国名义GDP为74.4万亿，2021年为114.4万亿，5年累计增长53.8%，平均年化增速8.99%。图5-1为2016—2021年全国名义GDP增长趋势。

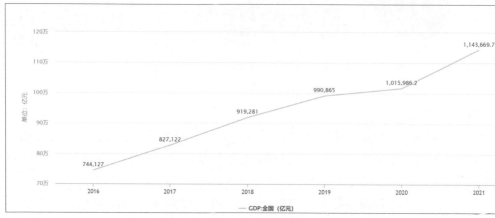

图5-1　2016—2021年全国名义GDP增长趋势

数据来源：国家统计局、前瞻数据库

第二组是关于通货膨胀的基准。从2017年1月到2021年12月，通货膨胀CPI累计涨幅为10%，年化复合增速为1.92%。图5-2为2017—2021年通货膨胀CPI涨幅。

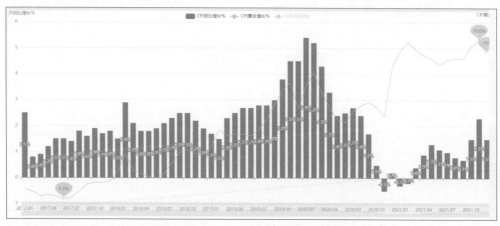

图5-2　2017—2021年通货膨胀CPI涨幅

数据来源：国家统计局、乌龟量化

第三组是关于大盘指数涨幅的基准，我们这里选取沪深300指数。从2017年1月25日到2022年1月25日，沪深300指数累计涨幅为38.6%。图5-3为2017—2021年沪深300指数涨幅。

图5-3　2017—2021年沪深300指数涨幅

数据来源：Wind资讯、乌龟量化

(二) 只有少数公司有投资价值

也许您知道A股有如下特点：一是公司在二级市场IPO的时候，绝大多数公司的股价会一炮打到天上，很难在二级市场以合理的价格买到；二是公司为了IPO一般都要"梳妆打扮"，对公司上市后第一年的利润做出提前安排，所以很长一段时间内屡屡出现公司从上市第二年开始财报迅速变脸的情况。

为了规避以上原因导致的统计数据失真，反映二级市场A股上市公司中长期利润、股价给投资者带来的真实回报，我们这里做一个策略性样本选择，在分析最近5年上市公司中长期样本表现的时候，屏蔽所有最近5年内陆陆续续上市的"新公司"，只考虑5年前已经上市的A股公司，这样更能够代表市场存量上市公司的中长期真实表现。

截至2022年1月24日，2017年1月24日之前上市的A股公司共有3023家。下面我们分别从5年中长跑利润复合增速、股价累计涨幅两个维度看一下这3023家公司最近5年(2017年1月24日—2022年1月24日)的回报率表现。

股票投资根据策略的不同，对公司预期回报率关注的指标也会有差别，其中一种投资理念是中长期价值投资的思想，这是站在股东的角度思考问题，我们今天买入股票，实际上购买的是公司的利润和未来利润的增长预期。最近5年上市公司年化利润复合增速表现见表5-1。

表5-1 最近5年上市公司年化利润复合增速表现

全样本 算术平均值	全样本 中位数	增速大于"0" 比例	增速大于5年GDP年化 增速(8.99%)比例
-25.7%	7.5%	60.7%	47.6%

数据来源：Choice数据

根据Choice数据，所选取的3023个样本上市公司的年化利润增速的中位数每年大约是7.5%，说明超过一半的上市公司中长期的利润增速高于社会平均融资成本(5%左右)。名义GDP的增速代表全社会价值创造的整体增速，也包含通货膨胀的因素，样本上市公司中有将近一半(47.6%)公司的年化利润增长超过5年GDP年化增速(8.99%)，说明有将近一半的企业具有内生性的成长性。

进一步观察可以发现，只有约60%的上市公司最近5年时间保持了利润的正增长，说明还有约40%的上市公司利润是负增长，完全没有成长性。另外，最近5年全部样本的利润复合增速平均值是-25.7%，说明上市公司在最近5年时间里业绩增长呈现了明显的两极分化，有不少公司表现出衰退的迹象。试想，从投资的角度来说，如果面对的是这40%的未来5年没有利润成长性的公司，风险是不是很大？

当然，对绝大部分投资者来说，购买股票并不是想长期做公司的股东，而是获得股价上涨和分红所带来的投资回报。下面我们来看一看5年的时间内样本公司股价的涨幅如何，到底有多少公司能够跑赢市场标杆。最近5年上市公司股价累计涨幅见表5-2。需要特别说明的是，样本数据选取的是"前复权"股价，考虑了分红等因素对股价涨幅隐含的影响。

表5-2　最近5年上市公司股价累计涨幅

全样本算术平均值	全样本中位数	涨幅大于"0"比例	跑赢通胀CPI比例	跑赢沪深300指数比例
11.2%	-24.6%	33.9%	29.1%	19.7%

数据来源：Choice数据

根据Choice数据，全部3023家样本上市公司的5年累计股价涨幅中位数是-24.6%，说明超过一半的公司5年累计让投资者亏损超过25%；能够在5年时间内为投资者带来"正回报"的股票数量不足34%，也就是说，即使持有5年时间，也只有约1/3的股票能为投资者带来回报。

如果把通货膨胀当成一个对比标杆，这5年时间只有约29%的公司股价能够跑赢通胀，这恐怕比很多人想象中的要少了很多。如果选取一个股票市场的大盘指数作为对比标杆，则只有不足20%的样本公司能够跑赢沪深300指数。这说明对于上市5年以上的A股公司，在最近5年的中长期观察中，只有少数公司有较明显的财富效应。

用同样的方法分析，您会发现把周期拉长到10年或者更长的时间，道理大体上是相同的。

二、哪些风格和赛道最有希望

(一) 市场分类指数的启发

股票市场每天都有价格波动，但通过以上数据我们可以看到，大多数公司并不能给投资者带来丰厚的回报。高回报的公司大体上具备什么特点呢？下面我们首先用股票市场基准指数的涨跌幅表现来揭示股市背后的奥秘。沪深市场基准指数最近10年(2011年12月31日—2021年12月31日)涨跌幅见表5-3。

表5-3 沪深市场基准指数最近10年涨跌幅

排名	证券代码	证券名称	区间涨跌幅 [起始交易日期]2011-12-31 [截止交易日期]2021-12-31 [单位]%
1	801005.SWI	申万创业	408.0686
2	399102.SZ	创业板综	405.5289
3	910076.EI	创新层	359.1720
4	399006.SZ	创业板指	355.4699
5	910073.EI	创新层做市	206.4763
6	399101.SZ	中小综指	195.2807
7	399100.SZ	新指数	193.9937
8	399106.SZ	深证综指	191.9445
9	399107.SZ	深证A指	191.9436
10	399004.SZ	深证100R	185.6741
11	800001.EI	东方财富全A(非金融石油石化)	185.4345
12	399372.SZ	大盘成长	172.3317
13	801002.SWI	申万中小	172.1113
14	399344.SZ	深证300R	165.4855
15	800000.EI	东方财富全A	149.6490
16	801001.SWI	申万50	146.8831
17	801003.SWI	申万A指	140.8513
18	399376.SZ	小盘成长	137.5473
19	399008.SZ	中小300	137.0330
20	399005.SZ	中小100	132.4501
21	399314.SZ	巨潮大盘	130.5854
22	399316.SZ	巨潮小盘	130.5761
23	000905.SH	中证500	125.2807
24	399373.SZ	大盘价值	124.8022

(续表)

排名	证券代码	证券名称	区间涨跌幅 [起始交易日期]2011-12-31 [截止交易日期]2021-12-31 [单位]%
25	399377.SZ	小盘价值	121.9628
26	801300.SWI	申万300	114.4055
27	000903.SH	中证100	114.0162
28	399374.SZ	中盘成长	113.5980
29	399293.SZ	创业大盘	110.9050
30	000300.SH	沪深300	110.6103
31	399108.SZ	深证B指	107.0077
32	CN2293.SZ	创业大盘全收益	104.1544
33	000016.SH	上证50	102.4168
34	000010.SH	上证180	102.2339
35	399315.SZ	巨潮中盘	101.2296
36	399375.SZ	中盘价值	89.0476
37	399001.SZ	深证成指	66.5843
38	000002.SH	A股指数	65.5427
39	000001.SH	上证指数	65.4882
40	000017.SH	新综指	65.2761
41	000688.SH	科创50	39.8194
42	000003.SH	B股指数	32.7950

数据来源：Choice数据

以上是2011—2021年沪深市场42个分类基准指数的涨跌幅情况。根据排名前五的数据，您会发现，在10年的周期里，能够给投资者带来突出回报的是创业板和新三板创新层。

自港沪通、港深通实施以来，A股市场最近5年时间更加开放。我们索性看一下最近5年各类市场基准指数的涨跌幅，看市场风格有没有发生新的变化。沪深市场基准指数最近5年(2016年12月31日—2021年12月31日)涨跌幅见表5-4。

表5-4　沪深市场基准指数最近5年涨跌幅

排名	证券代码	证券名称	区间涨跌幅 [起始交易日期]2016-12 [截止交易日期]2021-12 [单位]%
1	399293.SZ	创业大盘	110.9050
2	CN2293.SZ	创业大盘全收益	104.1544
3	399004.SZ	深证100R	103.4301

(续表)

排名	证券代码	证券名称	区间涨跌幅 [起始交易日期]2016-12-31 [截止交易日期]2021-12-31 [单位]%
4	801001.SWI	申万50	91.4246
5	399372.SZ	大盘成长	87.5482
6	910076.EI	创新层	79.9874
7	399006.SZ	创业板指	69.3463
8	399344.SZ	深证300R	67.3199
9	399314.SZ	巨潮大盘	59.0806
10	801300.SWI	申万300	58.4138
11	399005.SZ	中小100	54.2859
12	000903.SH	中证100	52.9110
13	000300.SH	沪深300	49.2524
14	399374.SZ	中盘成长	47.5563
15	399001.SZ	深证成指	45.9875
16	800001.EI	东方财富全A (非金融石油石化)	45.5478
17	000016.SH	上证50	43.1774
18	800000.EI	东方财富全A	41.2772
19	399102.SZ	创业板综	41.0733
20	000010.SH	上证180	40.2219
21	910073.EI	创新层做市	40.0231
22	000688.SH	科创50	39.8194
23	801005.SWI	申万创业	37.7927
24	399100.SZ	新指数	35.1078
25	399008.SZ	中小300	32.9024
26	399107.SZ	深证A指	28.5334
27	399106.SZ	深证综指	28.4913
28	801003.SWI	申万A指	27.4655
29	399373.SZ	大盘价值	26.6318
30	399101.SZ	中小综指	26.5304
31	399315.SZ	巨潮中盘	24.8405
32	801002.SWI	申万中小	17.7129
33	000905.SH	中证500	17.4943
34	000017.SH	新综指	17.4028
35	000002.SH	A股指数	17.3777
36	000001.SH	上证指数	17.2745

（续表）

排名	证券代码	证券名称	区间涨跌幅 [起始交易日期]2016-12-31 [截止交易日期]2021-12-31 [单位]%
37	399377.SZ	小盘价值	15.1817
38	399376.SZ	小盘成长	9.6621
39	399316.SZ	巨潮小盘	8.9830
40	399108.SZ	深证B指	4.0877
41	399375.SZ	中盘价值	3.4001
42	000003.SH	B股指数	−16.3663

数据来源：Choice数据

显然，最近5年沪深市场回报率最高的分类基准指数的逻辑与最近10年大体呈现出类似的特征：代表科技成长的创业板表现最出色。

（二）高科技行业赛道

从大盘分类基准指数我们可以看到哪些类型、风格的股票财富效应更出色，具体到行业赛道的选择，可以看到哪些处在繁荣景气的周期里。

根据申万宏源证券最新行业划分，当前一共有29个一级行业，104个二级行业。根据Choice数据，我们分别看一下最近10年、最近5年回报率最高的前25个二级行业，尤其是前10个二级行业。申万(新)二级行业最近10年(2011年12月31日—2021年12月31日)涨跌幅TOP25见表5-5，申万(新)二级行业最近5年(2016年12月31日—2021年12月31日)涨跌幅TOP25见表5-6。

表5-5　申万(新)二级行业最近10年涨跌幅TOP25

排序	证券代码	证券名称	区间涨跌幅 [起始交易日期] 2011-12-31 [截止交易日期] 2021-12-31 [单位]%	市盈率PE百分位(TTM) [起始交易日期]2011-12-31 [截止交易日期]2021-12-31 [交易日期]2021-12-31 [剔除规则]不调整
1	842035.EI	饮料制造	883.5174	0.9049
2	842069.EI	旅游综合	729.6053	0.6560
3	842048.EI	医疗服务	482.0234	0.5169
4	842087.EI	电源设备	387.0506	0.7732
5	842016.EI	化学纤维	368.5247	0.2276
6	842024.EI	半导体	358.5034	0.1576
7	842028.EI	电子制造	330.4762	0.2136

(续表)

排序	证券代码	证券名称	区间涨跌幅 [起始交易日期] 2011-12-31 [截止交易日期] 2021-12-31 [单位]%	市盈率PE百分位(TTM) [起始交易日期]2011-12-31 [截止交易日期]2021-12-31 [交易日期]2021-12-31 [剔除规则]不调整
8	842033.EI	白色家电	325.4520	0.6757
9	842004.EI	饲料	313.8893	0.0008
10	842078.EI	玻璃制造	308.8964	0.2232
11	842025.EI	元件	281.8933	0.4226
12	842036.EI	食品加工	246.6828	0.8519
13	842079.EI	其他建材	246.2313	0.2155
14	842015.EI	化学制品	242.1654	0.3379
15	842008.EI	动物保健	228.8414	0.4337
16	842085.EI	电机	227.8620	0.5351
17	842086.EI	电气自动化设备	197.2906	0.6670
18	842045.EI	生物制品	187.1642	0.1477
19	842057.EI	机场	178.7601	0.0654
20	842058.EI	航运	171.7225	0.4424
21	842020.EI	金属非金属新材料	171.3949	0.3082
22	842022.EI	黄金	167.4473	0.0662
23	842029.EI	汽车整车	164.5407	0.9302
24	842007.EI	畜禽养殖	162.6452	0.8317
25	842043.EI	化学制药	161.8119	0.7918

数据来源：Choice数据

表5-6 申万(新)二级行业最近5年涨跌幅TOP25

排序	证券代码	证券名称	区间涨跌幅 [起始交易日期] 2016-12-31 [截止交易日期] 2021-12-31 [单位]%	市盈率PE百分位(TTM) [起始交易日期]2016-12-31 [截止交易日期]2021-12-31 [交易日期]2021-12-31 [剔除规则]不调整
1	842035.EI	饮料制造	444.8889	0.8100
2	842069.EI	旅游综合	292.0815	0.6316
3	842024.EI	半导体	218.2610	0.1817
4	842087.EI	电源设备	200.6472	0.8873
5	842048.EI	医疗服务	170.7918	0.3265
6	842036.EI	食品加工	151.9710	0.7755
7	842023.EI	稀有金属	138.8184	0.5181

(续表)

排序	证券代码	证券名称	区间涨跌幅 [起始交易日期] 2016-12-31 [截止交易日期] 2021-12-31 [单位]%	市盈率PE百分位(TTM) [起始交易日期]2016-12-31 [截止交易日期]2021-12-31 [交易日期]2021-12-31 [剔除规则]不调整
8	842028.EI	电子制造	135.6421	0.4211
9	842078.EI	玻璃制造	127.8400	0.2270
10	842025.EI	元件	115.4098	0.5033
11	842004.EI	饲料	114.7400	0.0016
12	842033.EI	白色家电	107.8445	0.4745
13	842016.EI	化学纤维	100.2070	0.0271
14	842020.EI	金属非金属新材料	91.5619	0.3857
15	842015.EI	化学制品	90.2549	0.4556
16	842086.EI	电气自动化设备	83.0580	0.6924
17	842077.EI	水泥制造	82.8395	0.6143
18	842029.EI	汽车整车	82.8371	0.8882
19	842058.EI	航运	79.0655	0.0921
20	842010.EI	煤炭开采	73.0484	0.1645
21	842027.EI	其他电子	66.3520	0.0181
22	842095.EI	航空装备	65.1923	0.8076
23	842043.EI	化学制药	62.8074	0.7229
24	842047.EI	医疗器械	53.3902	0.0724
25	842045.EI	生物制品	51.8767	0.0387

数据来源：Choice数据

从表5-5、5-6可以清楚地看到：无论最近5年还是最近10年，新能源、半导体及元器件、电子、白酒、医疗服务等行业赛道为投资者持续带来远超沪深300大盘指数(10年110.6%和5年49.5%)的丰厚回报。

结合此前对市场基准指数的跟踪分析，通过进一步思考您会发现，这一部分所揭示的行业赛道除了白酒是消费升级的概念之外，其他都是当今无论是中国还是其他国家高科技竞争的重点领域和高成长的主力军。

在宏观逻辑上，随着中国社会从温饱到全面小康，人口总量触顶，大多数传统行业的社会需求总量已经不具备持续大幅增长的潜力，高科技、高成长代表了中国经济增长方式从规模扩张到创新驱动的方式转变，其未来大有成长空间。在企业微观逻辑上，高科技公司通常都处于技术革命的风口浪尖，或者萌芽阶段，无论是龙头企业的技术溢价和毛利率水平，还是股票市场资金对未来成长性预期的追捧，通常都更具想象空间。

传统工业的颓势

所有的投资，都要尽量做到顺势而为，股市更是如此。对行业赛道的理解和选择，一定程度上决定了您的投资业绩。现在，我们通过数据来看一下中国的传统工业。

2001年加入WTO之后，中国和世界各国的贸易关系快速发展，尤其是出口增速惊艳全球。根据WTO统计数据，2009年中国出口总额1.2万亿美元，成为全球最大的出口国；2013年，中国货物进出口总额为4.16万亿美元，成为世界第一大货物贸易国。中间几年虽略有波动，但截至2021年底，中国已经连续12年成为全球最大的货物出口国，连续5年保持全球第一大货物贸易国地位。其中，中国出口商品中工业制成品占比95%左右。

伴随着中国经济和城镇化的快速发展，中国的城镇常住人口数量从2000年的4.6亿增加到2020年的9.2亿，翻了一番；城镇居民人均可支配收入从2000年的6280元增长到2020年的43 834元，增长了6.98倍，年化平均增速10.2%。根据商务部的数据，2021年中国社会零售品销售总额44.1万亿元，连续4年成为全球第二大消费市场。

在国内外两个市场的驱动下，中国制造业产值在2004年超过德国，2006年超过日本。2009年中国超过美国成为世界第一制造业大国，2010年成为全球第一工业大国。从2010年开始，中国制造业产值和工业产值始终保持全球第一的位置，也是从这一年开始，国内外一些有影响力的媒体开始称中国为"世界工厂"。截至2021年，中国的个人电脑产量占全球产量的90%以上，空调产量占全球产量的80%以上，化纤、手机产量占全球产量的70%左右，生铁、水泥、电解铝产量占全球产量的60%以上，煤炭、玻璃、粗钢、冰箱、洗衣机、彩电产量占全球产量的50%以上。

2001年到2021年是中国走向现代化的一个重要阶段。中国"世界工厂"的地位预计还会继续保持下去，但是从增速来看，中国传统工业大概率已经度过了最繁华的时代，大多数重要的传统工业门类将从总量的中高速增长阶段进入顶部平台阶段，主要表现为总需求低速增长其至负增长、产能和产量过剩、价格过度竞争、行业整体效益下滑等，传统工业在新一轮数字化、智能化和新能源革命中迎来结构调整。

一、传统工业陆续触顶

虽然发展实体经济，尤其集中力量发展制造业的声音是今天的主旋律，但我们需要冷静地看待以制造业为代表的大多数传统工业的产量和销量，及其最近几年陆续出现的触顶迹象。

(一) 钢铁

钢铁工业被称为"工业的脊梁"，每年钢铁产量及其增速的变化，除了反映钢铁行业自身的景气指数之外，很大程度上也能反映传统工业的发展态势。

根据国家统计局的数据，2001年中国粗钢产量1.52亿吨，2013年中国粗钢产量8.13亿吨，这12年中国粗钢产量年化平均增速15.2%。2020年中国粗钢产量10.65亿吨，但是根据2022年1月31日国家发改委公布的最新数据，2021年中国粗钢产量略有回落，只有10.3亿吨。从2013年到2021年这8年时间，中国粗钢产量年化平均增速只有3%，明显低于其间GDP的增速，可以简单地理解为，钢铁行业已经不再是驱动经济增长的引擎。2001－2020年中国粗钢产量趋势如图6-1所示。

图6-1 2001—2020年中国粗钢产量趋势

数据来源：国家统计局

2020年钢铁下游产业对钢铁的需求中，建筑业占比50%左右，机械占比20%右，汽车业、造船业占比10%左右，这些产业已经告别了高增长。

(二) 电解铝

2020年中国电解铝的产量占全球产量的60%左右，但铝土矿对海外的依赖度达到65%。

如果仔细观察您就会发现，从2001年到2018年，电解铝产量保持快速增长，但2018年出现了触顶态势。其实参考电解铝的下游产业需求占比，其中的道理就不难理解了。2001—2020年中国电解铝产量趋势如图6-2所示。

图6-2　2001—2020年中国电解铝产量趋势

数据来源：国家统计局

根据国家统计局的数据，2001年中国电解铝产量358万吨，2018年中国电解铝产量达到创纪录的3683万吨，这17年中随着房地产、汽车、家电等行业的快速发展，电解铝产量年化平均增速达到16.9%。但从2018年开始，电解铝产量开始出现触顶态势，2019年产量3513万吨，2020年产量3708万吨，2021年产量3850万吨，4年时间大体徘徊在3800万吨。

我们知道，产量背后对应的是需求的大小，这说明下游的整体需求进入低增长甚至零增长的新阶段。电解铝下游产业主要包括建材、汽车、家电、电力等，以2020年为例，建筑业需求占比超过30%，交通行业需求占比20%，电子、电力行业需求占比超过15%，包装容器、机械设备、耐用消费品行业各占比10%左右。

(三) 水泥

水泥是中国城镇化和基础设施建设的重要上游原材料，水泥的产量反映的是中国房地产和基础设施建设的节奏变化，从2016年至2021年，中国的水泥产量连续5年占全球产量的60%以上。

中国在2014年之前无论房地产还是基础设施投资都保持了高增长，这也成为拉动经济增长的重要引擎。2014年之前水泥产量保持高增长，从2015年开始，虽然中国出台过刺激经济的政策，但水泥总产量不但没能保持增长，反而呈现了触顶回落的态势。2001—2020年中国水泥产量趋势如图6-3所示。

参考国家统计局的具体数据，2001年中国水泥产量6.6亿吨，2014年产量达到创纪录的24.9亿吨，当年全球水泥产量41.8亿吨，中国水泥产量占全球产量的60%。2001—2014年，中国水泥产量保持了10.75%的年化平均增速。从2015年开始，中国水泥产量出现回落态势，2019年产量23.4亿吨，2020年产量23.9亿吨，2021年产量23.6亿吨，再也没有达到2014年的水平。

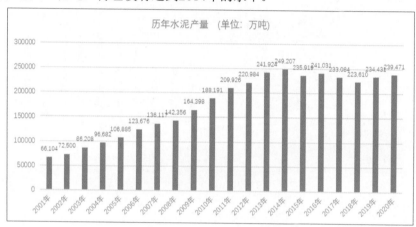

图6-3　2001—2020年中国水泥产量趋势

数据来源：国家统计局

2021年，全国基础设施投资(不含电力、热力、燃气及水生产和供应业)比上年增长0.4%，全国房地产开发投资147 602亿元，比上年增长4.4%。但房屋新开工面积198 895万平方米，下降11.4%；房地产开发企业土地购置面积21 590万平方米，比上年下降15.5%。

以上这些数据告诉我们，无论是基础设施还是房地产投资都度过了快速增长的阶段，从规模来看，水泥的产量已经处于触顶甚至回落的新常态，很难再回到此前峰值的水平。

(四) 汽车

如果说钢铁产量代表了传统工业上游原材料的经济规模，那么汽车工业既是现代工业的一颗明珠，又是全社会物质消费水平的一个重要符号。从中国汽车产销量的变化可以看出人们从温饱进入到全面小康的脚步。图6-4为2001—2020年中国汽车产量趋势。

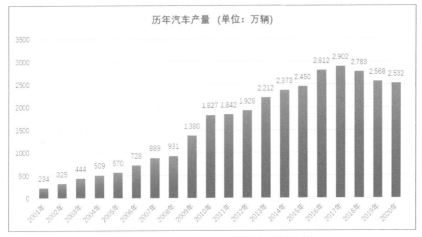

图6-4 2001—2020年中国汽车产量趋势

数据来源：国家统计局

2001年中国汽车产量234万辆，2017年中国汽车产量达到阶段性峰值2902万辆，这16年中伴随着经济的发展和人民收入水平的提高，汽车加速进入寻常百姓家，汽车产量年化平均增速16.8%。从2017年到2020年，中国汽车产量连续3年同比回落，2020年只有2532万辆。虽然2021年随着新能源汽车的销量快速增长，汽车产量止跌回升至2610万辆，但总体产销量已经颓势明显，未来汽车行业的主要发展趋势在于传统汽柴油汽车和新能源汽车的此消彼长，但从总量来看，汽车行业对GDP增速的贡献已经不明显了。

当然，如果抛开行业"总量"的视角，从结构的角度分析，新能源汽车正在表现强大的竞争力，"零排放"的新能源汽车对传统汽柴油汽车的替代在未来10年将会是一个全球现象。汽车行业未来内生性增长的机会主要在于结构的调整，这会伴随着新势力的崛起和大部分传统汽车巨头的衰落。

(五) 冰箱

冰箱是现代家庭的标准配置，其背后意味着肉、蛋、奶等进入家庭的日常生活，所以冰箱是中国社会从温饱进入全面小康的代表性家用电器。

根据国家统计局的数据，2001年中国家用电冰箱产量1351万台，2013年达到9256万台，这也是最近20年产量的峰值，12年年化平均增速17.39%。2020年产量9015万台，2021年产量8992万台。虽然最近2年的产量比之前的5年略有增加，但整体上仍然保持在9000万台的平台上，并没有超过2013年的水平。图6-5为2001—2020年中国家用电冰箱产量趋势。

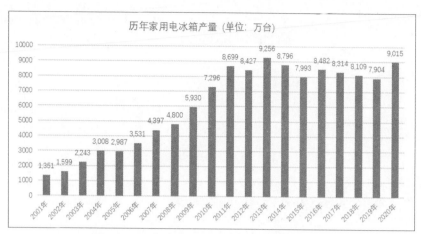

图6-5　2001—2020年中国家用电冰箱产量趋势

数据来源：国家统计局

除了家用电冰箱之外，空调、洗衣机和彩电也有类似的表现。从总量上看，中国的产量均占全球产量的半壁江山以上，但都出现了阶段性触顶的态势。

2001年中国家用空调产量2334万台，2018年20 956万台，在此期间保持了年化平均13.78%的高增长，但2019年、2020年、2021年产量分别为21 866万台、21 035万台和21 836万台，基本上保持在21 000万台的"零增长"顶部平台上。

2001年中国洗衣机产量1342万台，2016年7621万台，这15年间保持了年化平均12.3%的高增长，但2017年、2018年、2019年产量分别为7500.9万台、7262万台、7433万台，连续3年产量不及2016年的水平。2020—2021年，由于疫情对海外工厂产业链的影响，中国对外出口快速增长，洗衣机产量分别达到8042万台、8619万台，但这样的出口增速大概率很难保持，整体上洗衣机的产量也处于顶部的低速增长甚至负增长态势。

彩电的表现和空调非常类似，2001年中国彩电产量4094万台，2018年19 695万台，这18年间也是保持高增长，但2019年、2020年、2021年产量分别为18 999万台、19 626万台、18 497万台，出现了明显的触顶态势。虽然在此期间，彩电经历了显示屏和智能化的多次技术革命，彩电生产龙头企业的位置也多次更替，但从总量来看，彩电已经告别了高增长的时代，未来的发展机会更多的是技术革命催生的内部产品结构调整和企业的此消彼长，目前已经看不到行业普遍的高增长前景了。

（六）笔记本电脑

在很多人的印象中，电脑尤其是笔记本电脑是典型的高科技产品，是传统IT行业硬件产品中技术含量最高、价值最高的标准化、大规模消费品。从生产的角度看，目前中国笔记本电脑的产量占全球产量的90%以上，其中重庆的产量约占全球产量的40%。从消费的角度看，笔记本电脑已经不单单是白领的办公标配，伴随着网上教育的发展，笔记本电脑已经成为家庭比较普及的电子产品。

根据国家统计局的数据，2012年中国笔记本电脑产量25 289万台，已经阶段性触顶。在此之后，产量大幅下滑，2019年产量18 533万台，与2012年的高点相去甚远。2020年由于一场突如其来的新冠肺炎疫情，全球大多数国家的课堂教育大规模转向远程在线上课的方式，使笔记本电脑的需求出现了短暂的大幅上升，2020年中国笔记本电脑的产量达到23 525万台，但这样的增长显然是不可持续的，预计2022年的产销量都将明显回落。图6-6为2004—2020年中国笔记本电脑产量趋势。

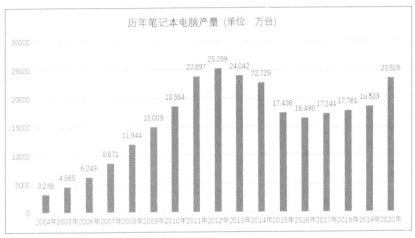

图6-6 2004—2020年中国笔记本电脑产量趋势

数据来源：国家统计局

(七) 手机

手机在耐用消费品中有几个与众不同的重要特点：技术含量高、单件价值高、更新周期短、使用频率高。无论是屏幕、芯片，还是摄像头、操作系统，现在的智能手机在大多数电子产品中要求都是最高的。中国既是全球最大的智能手机市场，又是全球最大的手机生产基地，中国每年的手机产量占全球产量的75%左右。

根据国家统计局的数据，2017年中国的手机产量达到188 982万部，从2001年开始经历了长达16年的高速增长。但从2018年开始，中国手机产量开始明显回落，尤其是随着2018年中美贸易摩擦加剧，华为、中兴、中芯国际等被美国列入制裁清单，对国产手机的生产和销售都带来了不利的影响。2020年中国手机产量146 962万部，相比2017年的规模，颓势明显。预计随着全球5G应用的大规模推广，中国手机产量会出现止跌回升态势，但很难回到2017年的水平。图6-7为2001—2020年中国手机产量趋势。

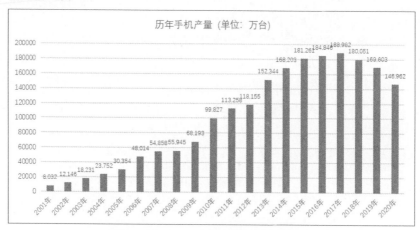

图6-7　2001—2020年中国手机产量趋势

数据来源：国家统计局

我们知道，从供求两个维度考虑，手机的生产相对于中国的产能来说完全不是问题，之所以产量出现触顶的态势，主要是因为全球范围内主要市场的手机渗透率已经很高，其需求告别了高增长阶段。另外，部分头部手机厂商在中国以外的地区建设产能，如印度、越南甚至非洲，这对中国的手机产量多少也有一些影响。

(八) 酒类

谈到酒类，大部分投资者通常不会想到工业品，而是从消费品的角度来观察和讨论，首先会想到贵州茅台、五粮液、汾酒等头部白酒品牌，然后会联想到"消费结构升级"的逻辑。其实，从生产的角度观察酒类会有完全不同的发现，它首先是一个传统的工业品，然后，您会发现酒类的生产总体上已经告别了规模扩张的阶段，且连续多年产量回落。

根据国家统计局的数据，中国啤酒产量在2013年达到4983万千升，是产量的峰值，从此之后，产量一路下跌，到2020年已经降到了3411万千升，与峰值相比跌幅达32%。图6-8为2001—2020年中国啤酒产量趋势。

每当谈到白酒，大多数投资者都会情不自禁地联想到飞天茅台供不应求、加价抢购的局面，会想到五粮液、泸州老窖、汾酒等头部白酒品牌每年小步快跑的涨价游戏。其实，和啤酒一样，白酒也呈现了产量触顶后大幅回落的态势，这恐怕是很多消费者和投资者都想不到的。图6-9为2010—2020年中国白酒产量趋势。

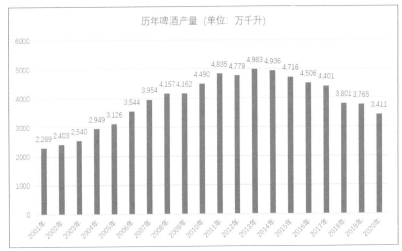

图6-8　2001—2020年中国啤酒产量趋势

数据来源：国家统计局

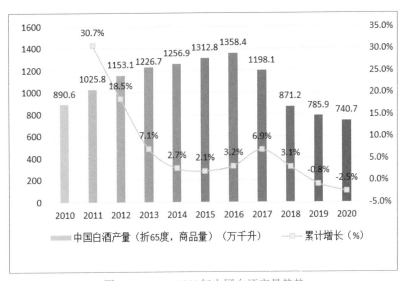

图6-9　2010—2020年中国白酒产量趋势

数据来源：国家统计局 前瞻产业研究院整理

　　从图6-9可以看出，中国白酒产量在2016年达到峰值1358.4万千升，然后快速回落，到2020年产量只有740.7万千升，比4年前的峰值跌了46%。数据的背后是白酒行业竞争的加剧。随着人们消费能力的提高和互联网电商的快速发展，白酒消费集中度大幅提高，头部品牌量价齐涨，但是太多的区域小品牌被加速淘汰，这背后的道理和啤酒是类似的。

二、工业触顶背后的逻辑

以上所列举的工业门类应该说具有广泛的代表性。为什么大量的传统工业产量纷纷触顶呢？其实，在我看来，这是中国从全面小康进一步迈向高收入国家行列需要经历的必然阶段。放眼世界，您会发现中国面临的情况并非个例，而是具有普遍性。

全世界主要的高收入发达经济体，在告别发展中阶段的后发优势，进入创新驱动的新阶段后，经济增长速度会降下来，工业产值占GDP的比重也会明显地降下来，更高的生活质量需要依靠发达的服务业来实现，而不是靠传统的生产制造业来提供更多的工业商品。换句话说，如果没有发达的服务业，中国是很难实现从发展中国家向发达国家的跨越的。

(一) 全球经济结构对比

在全球发达经济体中，我们来看一下经济规模和工业规模都比较大的几个国家：美国、日本、德国和英国。

英国是19世纪的"世界工厂"，当时其工业产值在全球遥遥领先。

19世纪后期到20世纪60年代，美国取代英国成为世界上首屈一指的工业强国，在钢铁、汽车、化工、机器设备、飞机制造、电气产品、医药以及军事装备等制造业的各个领域，其生产规模和出口份额都位居世界前列，成为全球工业品出口的重要基地。

20世纪60年代到80年代，日本工业从以出口重化工业产品为主导逐步转向以出口附加价值高的机械电子产品为主导。日本成为机电设备、汽车、家用电器、半导体等技术密集型产品的生产和出口大国。

德国凭借奔驰、宝马、大众、博世等在汽车制造领域的全球领先优势，蒂森克虏伯、德马吉森精机、埃马克、哈默、利勃海尔、林德等在钢铁、机床、机械领域的领先优势，巴斯夫、拜耳、默克等在化工和生物制药领域的领先优势，西门子、SAP、英飞凌、库卡、费斯托、蔡司、徕卡等自动化、软件、电子、机器人、光学工业领域的领先优势，以及最近10年引领的"工业4.0"时代，正在全球工业制造领域掀起一股强劲的风暴。中国此前的"工业2025计划"就是受到德国的"工业4.0"时代的启发和推动。

下面我们来看一下中国这个工业大国和以上几个工业强国的工业增加值在经济结构中的占比情况。整体来看，从20世纪90年代开始，日本、德国、美国、英国的工业增加值占GDP的比重是持续下降的，其中日本、德国的工业增加值占GDP的比重在发达国家中处于较高的水平，但2020年大体上也只有27%~28%，英国和美国2020年为17%~18%。2020年中国工业增加值占GDP的比重在38%左右，相比较来看，远远高于其他几个发达经济体，但从走势来看，其从2010年开始也呈现持续下降趋势。在我看来，GDP中工业增加值占比持续下降，是从发展中国家迈入发达国家在经济结构方面的一个规律性转变，这种转变是符合经济学规律的，并非偶然个例。相比较来看，中国今天的工业增加值占GDP的比重仍然较高，如果中国成功在2035年达到中等发达国家水平，这一比重的下降趋势将会持续下去。图6-10为全球主要工业大国工业增加值占GDP的比重。

图6-10　全球主要工业大国工业增加值占GDP的比重

数据来源：快易数据

(二) 中国经济结构的转变

2000年以来，中国经济增速长期在全球主要经济体中处于领跑地位，同时，中国保持了较低的通货膨胀率。中国的城镇常住人口数量从2000年的4.6亿增加到2020年的9.2亿，翻了一番；中国城镇居民人均可支配收入从2000年的6280元增长到2020年的43 834元，增长将近6倍，20年年化平均增速10.2%。2021年中国社会零售品销售总额是44.1万亿元，中国连续4年成为全球第二大消费市场，预计"十四五"结束时，中国将超过美国成为全球最大的单一消费市场。这些重大的变化也反映在中国经济结构的变迁趋势中。图6-11为中国第一、第二、第三产业增加值占GDP的比重。

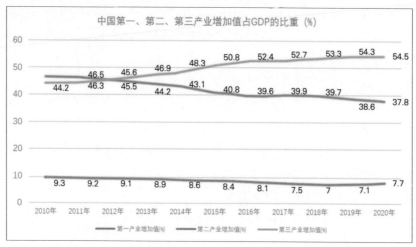

图6-11　中国第一、第二、第三产业增加值占GDP的比重

数据来源：国家统计局

从图6-11可以清晰地看到，2010—2020年是中国从温饱进入全面小康的关键阶段，虽然中国的经济仍然在全球领跑，中国也正是在这一阶段成了"世界工厂"，但是在中国的三次产业结构中，第二产业所代表的"大工业"的产值所占的比重日益下降，第三产业所代表的"大服务业"的产值所占的比重快速上升。显然，人们对美好生活的向往更需要通过丰富、繁荣的服务业来满足，这是不同阶段经济发展的必然规律。

三、投资的启发：顺势而为

从以上数据分析，我们可以清晰地看到从2010年到2020年，中国大部分传统工业告别了高速增长阶段，行业产量纷纷触顶甚至开始回落。在资本市场，按照同花顺的64个行业划分，我们可以看到大部分传统工业行业在2010—2020年的涨幅相对比较靠后，如煤炭开采加工、油气开采服务、电子化学品、钢铁、电力、化学原料、汽车整车、纺织制造、服装家纺、工业金属、黑色家电等。表6-1为2010年12月31日—2020年12月31日同花顺行业涨跌幅排行。

表6-1　2010/12/31—2020/12/31同花顺行业涨跌幅排行

序号	同花顺行业	2010/12/31—2020/12/31涨跌幅(%)
1	BK0069.贵金属	'-49.29
2	BK0005.煤炭开采加工	'-44.97
3	BK0048.港口航运	'-19.47

(续表)

序号	同花顺行业	2010/12/31—2020/12/31涨跌幅(%)
4	BK0007.油气开采及服务	'-16.42
5	BK0072.电子化学品	'-12.95
6	BK0058.零售	'-12.86
7	BK0046.燃气	'-5.13
8	BK0067.非金属材料	'-2.19
9	BK0028.汽车服务	'+1.18
10	BK0012.钢铁	'+9.92
11	BK0049.公路铁路运输	'+10.41
12	BK0061.酒店及餐饮	'+10.55
13	BK0056.保险及其他	'+12.85
14	BK0045.电力	'+13.32
15	BK0059.贸易	'+22.13
16	BK0055.银行	'+22.41
17	BK0008.化学原料	'+27.87
18	BK0070.小金属	'+28.10
19	BK0016.建筑装饰	'+30.21
20	BK0001.种植业与林业	'+34.40
21	BK0053.房地产开发	'+34.93
22	BK0041.中药	'+39.26
23	BK0051.机场航运	'+39.65
24	BK0025.汽车整车	'+47.00
25	BK0065.综合	'+48.43
26	BK0035.纺织制造	'+55.99
27	BK0036.服装家纺	'+56.35
28	BK0068.工业金属	'+61.45
29	BK0002.养殖业	'+61.86
30	BK0022.光学光电子	'+61.87
31	BK0037.造纸	'+63.46
32	BK0057.证券	'+64.69
33	BK0064.传媒	'+69.22
34	BK0014.金属新材料	'+78.48
35	BK0032.黑色家电	'+78.65
36	BK0020.电力设备	'+79.32
37	BK0027.非汽车交运	'+85.46
38	BK0015.建筑材料	'+89.53
39	BK0029.通信设备	'+92.60

(续表)

序号	同花顺行业	2010/12/31—2020/12/31涨跌幅(%)
40	BK0026.汽车零部件	'+99.32
41	BK0017.通用设备	'+100.34
42	BK0060.景点及旅游	'+104.19
43	BK0003.农产品加工	'+105.95
44	BK0030.计算机设备	'+109.37
45	BK0010.化工合成材料	'+112.87
46	BK0038.包装印刷	'+117.52
47	BK0018.专用设备	'+123.22
48	BK0031.白色家电	'+130.75
49	BK0062.通信服务	'+134.02
50	BK0040.化学制药	'+135.30
51	BK0043.医药商业	'+135.51
52	BK0009.化学制品	'+139.54
53	BK0019.仪器仪表	'+144.66
54	BK0052.物流	'+148.32
55	BK0033.饮料制造	'+160.42
56	BK0039.家用轻工	'+172.99
57	BK0023.其他电子	'+271.83
58	BK0034.食品加工制造	'+302.76
59	BK0004.农业服务	'+320.06
60	BK0042.生物制品	'+355.42
61	BK0024.消费电子	'+368.36
62	BK0063.计算机应用	'+401.74
63	BK0044.医疗器械	'+407.81
64	BK0021.半导体及元件	'+495.36

数据来源：同花顺

实际上，从2019年到2021年，中国A股市场整体上表现得相当出色，但诸如房地产、水泥、工程机械、白色家电、通信、计算机等行业的股票也是明显跑输大盘，这与行业逐渐失去成长性关系密切。

2020—2021年，由于全球深陷新冠肺炎疫情危机，世界主要经济体普遍采取了宽松的货币政策，加上疫情导致的供应链出现紧张，共同推动大宗商品原材料价格出现大幅上涨，进一步传导到商品对应的股票市场标的，我们看到石油、煤炭、钢铁、有色、玻璃、石化、粮食等行业的上市公司股价在2021年出现了一轮暴涨。但随着欧美等西方主要经济体在2022年开始收紧货币政策，预计这些全球美元定价的周期性商品价格将大概率出现趋势性回落，大多数商品对应的上市公司股价也将面临新一轮调整压力。在我看来，这些行业大多数只具有波段性机会，而不具有长期趋势性价值投资机会。

2020—2021年，全球"碳中和"推动的新一轮绿色能源革命对产业秩序和上市公司股价也产生了新的巨大影响，如煤炭、油气、传统汽柴油汽车、钢铁、火电、有色、建材、造纸、印染、石化、化纤等行业将长期面临"能耗双控"和碳排放成本压力，其上市公司将面临规模扩张和生产成本的双重瓶颈。虽然由于最近两年全球货币宽松导致大宗商品价格上涨，推动以上不少行业的上市公司股价不同程度地出现阶段性上涨，但在我看来，这正是战略性清仓这些"高能耗"资产的绝佳时间窗口。

同时，由于新能源革命的推动，光伏太阳能、风力发电、水力发电、电动汽车、储能设备以及上下游产业链将长期受益。2022年1月，这些绿色能源核心资产的股价都出现了短期明显调整，在我看来，这正好是战略性建仓并长期持有这些资产的"黄金坑"。

总之，投资讲求"顺势而为"，选择那些高成长、高景气的行业赛道，即使您未必能够每一次出手都打中十环，大概率也能取得超越大盘的收益。当一个行业告别高增长阶段，也就意味着行业景气繁荣的周期结束了。结合中国经济结构变迁的逻辑，大部分传统制造业已经不具备行业趋势性投资的大机会，个别行业内部新旧科技革命所带来的此消彼长更多的是结构性的个股机会，选择的时候要精挑细选，看未来，看变量。

在资本市场中，今天的股价反映的是对未来的预期，您需要认清形势，与趋势为伍，拥抱有未来的行业，拥抱在变化中崛起的新势力，这是事半功倍的大道理。

关于股市和经济之间的关系，最流行的一句话是"股市是经济的晴雨表"，这句话在经济学和金融学的教科书上也可以找到。

"股市是经济的晴雨表"表面的意思是：经济好了，股市就好。反之，如果经济前景有问题，股市也会进入熊市。如果做更深一步的解读，其大体的逻辑就是：如果宏观上经济(GDP)的增长比较强劲，则意味着微观上企业的经营基本面也会比较好，企业利润增长会对股价的表现形成有力的支撑乃至推动，股票市场的大盘指数也会出现明显的上涨行情，迎来牛市。反之，经济增速下滑，企业的经营状况也会不景气，股价会因缺乏支撑而下跌，带动大盘指数走熊。这个逻辑听起来简单，而且似乎很有道理，常常被那些所谓的"价值投资者"奉为圭臬。

下面将用实证的方式来揭示"股市是经济的晴雨表"很大程度上是一种误导，更准确的逻辑应该是"股市是货币政策的晴雨表"。

一、股市是经济的晴雨表吗

如果以经济学的原理来解读，"股市是经济的晴雨表"这句话似乎是很有道理的，否则也不会如此广受传颂。但投资是一门实践性的科学，除了书本，我们更应该习惯于向市场学习，学会实证分析。

(一) 经济增长趋势

由于2007年之前中国的股市和今天有很大的不同，我们采用2008年次贷危机以来中国经济增长和股市走势的数据来做观察和分析，13年的观察周期对于绝大部分投资者来说已经足够长了。

整体来看，从2008年到2021年中国经济从10%左右的高速增长逐渐回落到6%

左右的中高速增长。如果观察GDP同比增速的变化，您会发现2010年10.6%和2021年8.1%是同比增速明显提高的两个年份，2012年(7.9%)和2020年(2.3%)是两个经济同比增速明显回落的年份。其他年份虽然都有变化，但大体上都是在一条比较平滑的曲线上，没有表现出太大的跳跃。图7-1为2008—2021年中国GDP同比增速趋势图。

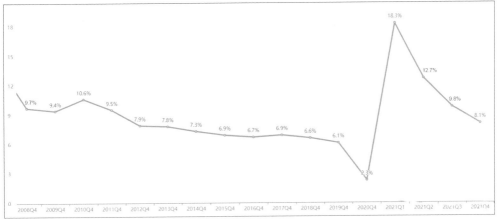

图7-1　2008—2021年中国GDP同比增速趋势图

数据来源：国家统计局

(二) 股票市场走势

与经济增长走势相对应，我们来看一下2008—2021年中国A股市场的走势。一般来说，考虑到上证指数失真和深圳成指风格模糊的因素，我们通常选择沪深300指数和创业板指数来代表大盘走势。在具体投资的时候这两个指数所代表的风格也非常清晰，沪深300指数代表价值蓝筹，创业板指数代表科技成长，而且这两个指数所包含的样本股票通常也是机构投资者重点布局的筹码。图7-2为2008—2021年沪深300指数和创业板指数走势。

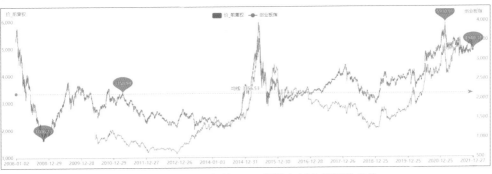

图7-2　2008—2021年沪深300指数和创业板指数走势

数据来源：乌龟量化

从图7-2可以看出，沪深300指数上涨明显的阶段大约有以下几个：2009年全年涨幅97%，2014年第三季度—2015年第三季度涨幅106.5%，2016年第三季度—2017年第四季度涨幅27.8%，2019年第一季度—2020年第四季度涨幅73%。创业板指数从2010年才开始建立，上涨比较明显的几个阶段如下：2013年第一季度—第三季度涨幅91.6%，2015年第一季度—第二季度涨幅94%，2019年第一季度—2020年第四季度涨幅137%。从大众投资者的普遍感受来看，大盘指数普涨的"牛市"主要有2009年、2015年、2019年和2020年。

沪深300指数下跌的阶段主要包括以下几个：2010年第一季度—2011年第四季度跌幅34.4%，2015年第三季度—2016年第二季度跌幅29.5%，2018年跌幅25.3%。创业板指数下跌的几个主要阶段如下：2011年第一季度—2012年第一季度跌幅40.4%，2015年第三季度—2018年第四季度跌幅56%。从大众投资者的感受来看，沪深300指数和创业板指数普跌的"熊市"主要有2011年、2016年和2018年。

(三) 股市并非经济的晴雨表

通过以上实证数据的对比分析，我们可以很容易得出如下结论：①经济同比增速强劲的年份是2010年和2021年，A股市场的"牛市"主要发生在2009年、2015年、2019年和2020年；②经济同比增速明显回落的年份是2012年和2020年，A股市场的"熊市"主要发生在2011年、2016年和2018年。

显然，从以上实证数据可以看到，在经济强劲增长或者复苏的年份(2010年和2021年)，股票市场不但没有"牛市"发生，甚至如果观察沪深300指数，这两年都是下跌的"熊市"；在经济疲软的年份(2012年和2020年)，股票市场非但没有"熊市"发生，而且2012年沪深300指数和创业板指数都是横盘，甚至2020年无论沪深300指数还是创业板指数都出现了比较明显的"牛市"。通过以上实证研究，我们可以得出一个初步的结论：股市并非经济的晴雨表。

二、股市是货币政策的晴雨表吗

以上实证研究也许回答了很多股票投资者心中的一个长期疑问，但是股市到底和宏观经济的哪个因素关系最密切呢？准确地揭示其中的规律对大众投资者进行股市大势的判断和投资策略的制定会很有帮助。

表达股市"牛熊"的大盘指数是由代表性的上百只，甚至几百只成分股的股价按照权重构成的，股价就是典型的资产价格。经济学的常识告诉我们"水涨船高"

的道理，如果市场上的钱多了，是不是就会把资产的价格"浮起来"呢？这需要我们继续进行实证研究来揭示其背后的关系和规律。

(一) 货币政策的阀门

央行调整货币政策有多种工具，但对市场影响比较大的主要是两种：金融机构存款准备金率和存贷款基准利率。前者是间接工具，通过调整存款准备金率，调控货币供应量，间接影响市场上资金的价格，传导周期长一点，对市场的影响也会相对缓和一些；后者是直接工具，通过存贷款基准利率的调整，直接影响社会的资金成本，对市场的冲击通常更直接、更猛烈。

首先看一下2008年以来历年存款准备金率的调整节奏，观察时，主要抓住变量，尤其是变量明显放大的信号。图7-3为大型金融机构存款准备金率历次调整。

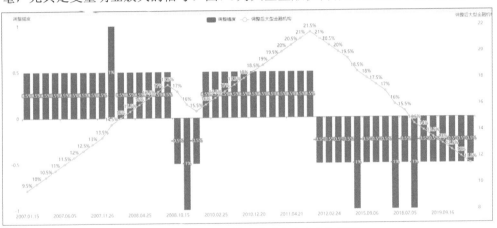

图7-3 大型金融机构存款准备金率历次调整

数据来源：乌龟量化

从图7-3我们首先可以看到，存款准备金率的调整主要包括四段截然不同的周期，其中2008年10月、12月连续三次降低大型金融机构存款准备金率，而且12月份连续两次降准，其中12月5日降准幅度达到1%，12月25日继续降准0.5%，降准力度大、频率高，这个信号非常特殊。另外一段周期从2011年12月5日降准0.5%开始出现拐点，持续到2021年12月15日降准0.5%，这是一个长达10年的逐渐降准过程，正好对应中国经济增速的持续下滑。其中几次重要的突变分别发生在2015年2月5日降准0.5%的基础上，在4月20日再次大力度降准1%；2018年4月25日降准1%，10月15日再次大力度降准1%；2019年1月15日、1月25日一个月内连续两次降准0.5%。

下面再看一下在存款准备金率调整的基础上，货币发行量的变化趋势。所谓"水涨船高"的"水"，主要指的就是这里的"货币发行量"。从图7-4货币发行量M2月度同比增速我们可以看到，2008年以来，货币发行量M2月度同比明显增长的年份有以下四个：2009年、2013年、2016年、2020年。

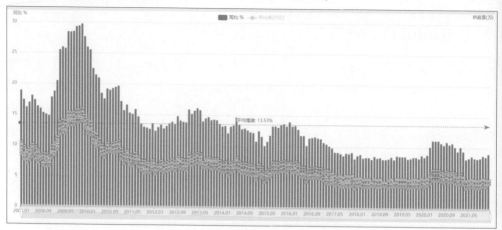

图7-4　货币发行量M2月度同比增速

数据来源：乌龟量化

接下来，再看一下货币政策中更猛烈的"价格"信号——存贷款基准利率的变化。我们通常会认为，如果降低贷款利率，则全社会融资成本降低，企业和家庭也更愿意从银行借款投资和消费。由于利率市场化的推进，从2019年8月开始，市场贷款利率开始转向贷款市场报价利率(LPR)，所以我们用两个图来呈现。图7-5所示为2006—2015年央行1年期贷款基准利率变化，实际上这个利率从2015年一直保持到2019年8月。

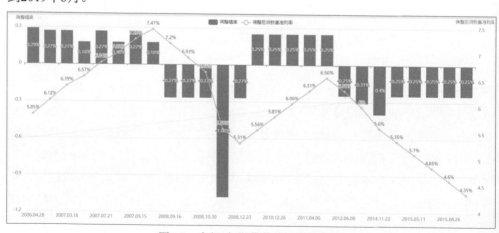

图7-5　央行1年期贷款基准利率变化

数据来源：乌龟量化

从图7-5可以看到，贷款基准利率变化比较突兀的两个时间窗口分别是2008年

11月27日降息1.08%，2014年11月22日降息0.4%，这两次降息的力度是在历次调控中超乎寻常的。

最后，我们再看一下2019年8月以后贷款市场报价利率的走势(图7-6)。根据来自全国银行间同业拆借中心的数据，我们可以看到，1年期贷款市场报价利率在2020年2月20日、4月20日连续两次分别下调0.1%和0.3%。

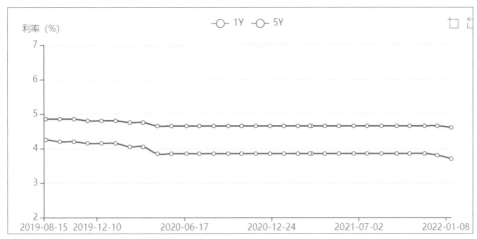

图7-6　贷款市场报价利率(LPR)走势

数据来源：全国银行间同业拆借中心

(二) 股票是货币政策的晴雨表

我们再回顾一下股票市场大盘走势的变化，图7-7为2008—2021年沪深300指数和创业板指数走势。

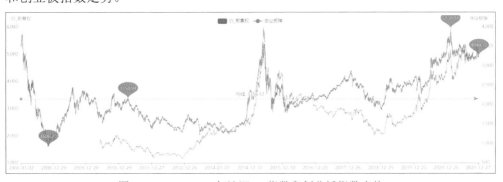

图7-7　2008—2021年沪深300指数和创业板指数走势

数据来源：乌龟量化

结合存款准备金率、货币发行量和贷款利率的历次重大调整信号，我们发现货币政策宽松的时间段包括2009年、2013年、2015年、2016年、2018年、2019年、

2020年。其中在2008年第四季度、2014年第四季度、2020年第一季度及第二季度贷款利率大幅、高频下调，这是货币政策宽松的"加强信号"。对应股票市场我们可以看到，在强烈的宽松货币政策信号发出之后，代表股票市场大盘走势的沪深300指数和创业板指数都走出了明显"牛市"的表现。

以上实证分析的结论可以用一句话来概括：股市是货币政策的晴雨表，尤其要关注大幅、高频降息的信号，这常常成为股市上涨的冲锋号。

第二部分

君子爱财，取之有道

道，即道路、规律和方法，在股票市场常常意味着理念和策略。近几年，价值投资越来越受到主流投资机构、专业投资者和部分资深个人投资者的青睐。

股市是财富的高杠杆市场，散户在股市的投资业绩到底怎么样？影响股价的主要因素到底有哪些？价值投资所信奉的"以便宜的价格，买入好公司的股票，静待花开"的投资理念在A股市场是否有效？如何定义"便宜公司"？如何定义"好公司"？在"便宜公司"和"好公司"之间如何取舍，哪个指标最重要？该买大公司还是小公司股票？该买低价股还是高价股？低市盈率的股票是好的投资选择吗？购买最低估值百分位的股票业绩怎么样？选择毛利率高的公司回报率怎么样？参考最近一年的利润增速选择股票对未来的投资业绩有影响吗？像公司股东一样思考，投资净资产收益率高的股票会有高回报吗？……

以上这些问题，既是股票投资者选择股票、进行交易决策的重要考量，也是大多数投资者存在的误区。只有通过实证分析明白这些问题背后实实在在的真相和道理，才能在今后的股票投资中知深知浅、进退有据。本部分内容将聚焦这些问题。

08 | 业绩说话：散户赚钱并不容易

股票投资不是一战定输赢，而是一场没有终点的马拉松，是一场在收益、风险、贪婪和恐惧这些对立变量之间不断平衡的人性的修行。

在股市这个财富赛道起跑之前，您也许有必要了解一下其他个人投资者的经验和业绩。通过向身边的同学、朋友、同事或者其他股友等打听可以吗？这恐怕还不行。行为金融学告诉我们，个人对自己的投资经历会有选择性的记忆，通常都会对赚钱的投资经历念念不忘，而天然地选择性忘记不愉快的赔钱经历。

我们最好通过第三方的统计数据和报告来看一下股市亿万大众投资者的投资业绩和投资习惯。有趣的是，虽然所有的券商和交易所实际上都有开户的个人投资者的任意阶段真实的投资业绩数据，但我们却很难看到这方面公开的统计数据和分析报告。功夫不负有心人，我最终还是找到了关于散户投资业绩的权威的统计数据。通过这些数据，您会发现散户赚钱并不容易，这在相当程度上是与散户的投资习惯分不开的。

一、散户的投资业绩

根据平安证券投资者近两年的年度账单，在2019年和2020年，A股基本是震荡向上的节奏，但投资者整体收益却一般。2019年沪深300指数涨幅36%，而同期全国投资者(抽样)平均收益率仅为7%；2020年沪深300指数涨幅27%，而同期全国投资者(抽样)平均收益率更低，只有3%。

也许在平安证券开户的投资者抽样数据具有一定的局限性，并不能代表大众投资者的普遍情况，下面我们将引用来自上海证券交易所统计年鉴的官方权威数据来揭示真相。由于从2018年以后上海证券交易所的统计年鉴就不再公布各类型投资者的盈亏统计数据，我们能够采纳的最近的数据只有2016年和2017年的。正好2016年和2017年上证指数分别呈现下跌和上涨的不同走势，我们可以看一下在"熊市"和"牛市"的不同市场环境下散户的投资业绩表现，这些数据足以让人印象深刻，也足以说明问题。

(一) 散户在"熊市"的业绩

2016年上证指数跌幅12.31%，沪深300指数跌幅11.28%，在大众投资者看来，这一年是一个典型的"熊市"。图8-1为2016年上证指数和沪深300指数走势。

图8-1　2016年上证指数和沪深300指数走势

数据来源：上海证券交易所

根据《上海证券交易所统计年鉴(2017卷)》的数据，我们首先来看一下2016年沪市不同类型投资者持有的筹码，这些数据可以揭示散户在市场上到底有多大的分量。图8-2为2016年上海证券交易所各类投资者持股情况。

	持股市值(亿元)	占比(%)	持股账户数(万户)	占比(%)
自然人投资者	56661.70	23.70	3740.53	99.79
其中：10万元以下	3628.12	1.52	2152.33	57.42
10~100万元	16058.11	6.72	1333.54	35.58
100~300万元	10023.92	4.19	181.38	4.84
300~1000万元	9087.50	3.80	56.90	1.52
1000万元以上	17864.06	7.47	16.38	0.44
一般法人	143428.58	60.00	3.47	0.09
沪股通	1711.23	0.72	0.0001	0.00
专业机构	37257.27	15.58	4.26	0.11
其中：投资基金	7201.30	3.01	0.24	0.01

图8-2　2016年上海证券交易所各类投资者持股情况

数据来源：《上海证券交易所统计年鉴(2017卷)》

从图8-2中的数据可以看到，2016年自然人投资者(散户)持有的市值占比23.70%，其中57.42%的自然人投资者是10万元以下的"小散"，持有市值10~100万元的"中散"占自然人投资者的比重为35.58%，持有市值300万元以上的"牛散"占自然人投资者的比重为1.96%。

2016年虽然沪股通已经开通，但是北上资金持股的筹码还比较少，大约只有0.72%，专业机构投资者持有的市值占比15.58%。这里的专业机构投资者包括券商自营、投资基金、社保基金、保险资金、资产管理及QFII(合格的境外机构投资者)。

下面我们看一下上海证券交易所统计分析的各类型投资者的业绩表现(图8-3)，您会发现散户在"熊市"时的表现比市场更"熊"。

投资者分类	盈利金额(亿元)
自然人投资者	-7090
一般法人	-9820
沪股通	33
专业机构	-3171
合计	-20048

图8-3　2016年上海证券交易所各类投资者盈亏情况

数据来源：《上海证券交易所统计年鉴(2017卷)》

从上海证券交易所统计年鉴的数据可以看到，2016年上海证券交易所各类投资者一共亏损20 048亿元。其中，自然人投资者亏损7090亿元，占沪市全部亏损的35.37%；专业机构投资者亏损3171亿元，占沪市全部亏损的15.82%；

个人投资者持有的筹码占比23.7%，但亏损占比35.37%。显然，在"熊市"的时候，散户的业绩大幅跑输大盘指数，或者说，在"熊市"的时候，散户除了承受"熊市"大盘的系统性调整风险之外，还要被"割韭菜"补贴其他投资者。

专业机构投资者在"熊市"的时候业绩怎么样呢？其持有的市值筹码占比15.58%，亏损占比15.82%。这说明机构投资者的表现并不是特别出色，但基本上和大盘的表现保持同步。

沪股通的表现是最出彩的，虽然其持有的筹码并不多，只有0.72%，但是在大盘普遍下跌的"熊市"，竟然逆风飞扬，盈利33亿元。难怪说北上资金是聪明的资金呢！

(二) 散户在"牛市"的业绩

否极泰来，2017年上证指数涨幅5.46%，沪深300指数涨幅更是达到了20.6%，这一年算是一个"牛市"表现。图8-4为2017年上证指数和沪深300指数走势。

2017年上海证券交易所投资者的数据可以从《上海证券交易所统计年鉴(2018卷)》查询到。我们同样先看一下2017年沪市投资者持有的筹码分布情况(图8-5)。

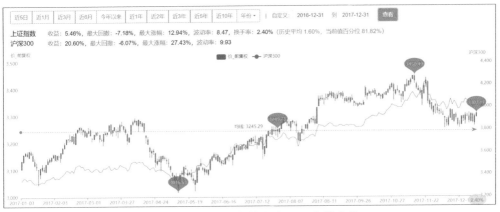

图8-4 2017年上证指数和沪深300指数走势

数据来源：上海证券交易所

	持股市值(亿元)	占比(%)	持股账户数(万户)	占比(%)
自然人投资者	59445	21.17	3934.31	99.78
其中：10万元以下	3449	1.23	2179.70	55.28
10~50万元	9974	3.55	1187.07	30.11
50~100万元	6545	2.33	285.11	7.23
100~300万元	10141	3.61	200.33	5.08
300~1000万元	9073	3.23	62.42	1.58
1000万元以上	20263	7.21	19.67	0.50
一般法人	172801	61.53	3.85	0.10
沪股通	3322	1.18	0.00	0.00
专业机构	45294	16.13	4.86	0.12
其中：投资基金	9145	3.26	0.30	0.01

图8-5 2017年上海证券交易所各类投资者持股情况

数据来源：《上海证券交易所统计年鉴(2018卷)》

从统计年鉴的数据可以看到，2017年自然人投资者持有的市值占比21.17%。2017年关于个人投资者持股情况的数据比2016年更加精细，其中持仓10万元以下的散户人数占比55.28%，这和2016年基本相当；持股市值10~50万元的散户数量占比30.11%；持股市值50~100万元的散户数量占比7.23%。也就是说，2017年85.39%的散户投资者的持股市值在50万元以下。

2017年北上资金通过沪股通的持股比例达到1.18%，比2016年有明显提高。专业机构持股比例16.13%，比2016年也有略微的提高。实际上根据《上海证券交易所统计年鉴(2021卷)》的数据，2020年沪市沪股通持股比例已经达到3.34%，专业机构投资者持股比例17.77%，其中投资基金的持股比例达到6.1%。这些年，北上资金持续流入，专业机构投资者尤其是投资基金的发展非常迅速，其持有的筹码占比持续提高，这些都说明沪市专业机构的影响力越来越大。

2017年是一个"牛市"，那么在"牛市"的时候，散户的投资业绩又怎么样呢？下面我们看一下《上海证券交易所统计年鉴(2018卷)》关于各类投资者业绩表现的数据(图8-6)。

投资者分类	盈利金额(亿元)
自然人投资者	3108
一般法人	19237
沪股通	1034
专业机构	11156
合计	34535

图8-6　2017年上海证券交易所各类投资者盈亏情况

数据来源：《上海证券交易所统计年鉴(2018卷)》

2018年，沪市按照大类划分的各类投资者整体上都是赚钱的，整个市场的投资者全年一共盈利34 535亿元，不但弥补了2016年沪市投资者的全部亏损(20 048亿元)，甚至还多出了14 487亿元。

其中，自然人投资者(散户)合计盈利3108亿元，在全部盈利中占比9%，这个占比远远小于自然人投资者持有筹码的比例(21.17%)，也就是说当市场处于"牛市"的环境时，散户的投资业绩也是远远跑输大盘的，股票市场"牛市"创造的财富红利更多地被其他投资者瓜分了。

2017年北上资金通过沪股通盈利1034亿元，占沪市全部投资者盈利的2.99%，远高于沪股通的持股比例(1.18%)，再次证明北上资金虽然规模不大，但总是能够踏准节拍，引领价值发现。

专业机构投资者盈利11 156亿元，占沪市全部投资者盈利的32.30%，这个表现也远超专业机构投资者持有的筹码比例(16.13%)。显然，专业机构投资者大幅度跑赢了大盘，展现了强大的专业能力优势。

(三) 散户穿越"牛熊"周期的业绩

以上我们通过上海证券交易所官方的权威统计数据，揭示了以年度为周期的散户在"熊市"和"牛市"的业绩表现，显然，无论是"熊市"还是"牛市"，散户都跑输了大盘。那么，在穿越"牛熊"的更长的周期里，散户的业绩表现又怎么样呢？

通过此前的分析，我们知道沪市2016年是一个"熊市"，2017年是一个"牛市"，我们索性利用这两年的数据做一个合并的分析，这样就可以看到在穿越"牛熊"的更长的两年周期里散户投资者的业绩水平怎么样。

2016—2017年，上证指数累计跌幅6.56%，上证50指数累计涨幅18.16%，从指数上可以看出两年时间沪市呈现了结构性分化的行情，不能简单用"牛市"还是"熊市"来表达。图8-7为2016—2017年上证指数和上证50指数走势。

图8-7　2016—2017年上证指数和上证50指数走势

数据来源：上海证券交易所

在这个"牛熊"交织的两年结构性分化的市场中，根据此前《上海证券交易所统计年鉴(2017卷)》和《上海证券交易所统计年鉴(2018卷)》的统计数据，我们可以看到各类投资者在这两年的盈亏情况。

2016年、2017年沪市各类投资者分别合计亏损20 048亿元、盈利34 535亿元，两年累计盈利14 487亿元。其中，专业机构投资者2016年、2017年分别亏损3171亿元、盈利11 156亿元，两年累计盈利7985亿元。在穿越"牛熊"的周期里，专业机构投资者俨然是大赢家。

沪股通这些"聪明的投资者"在2016年、2017年分别盈利33亿元、1034亿元，两年累计盈利1067亿元。在持股比例为0.78%~1.18%的情况下，北上资金通过沪股通的盈利占到了沪市全部盈利的7.37%。

专业机构投资者和沪股通这两年累计盈利达到9052亿元，占沪市全部投资者盈利总和的比例达到62.49%，这是在这两类投资者合计持股比例不到17.5%的情况下实现的。

最后，让我们看一下散户的业绩表现，自然人投资者2016年、2017年分别亏损7090亿元、盈利3108亿元，两年累计亏损3982亿元。也就是说，在穿越"牛熊"的这两年周期里，散户累计下来是明显亏损的。

因为一般法人投资者主要是企业的控股股东等产业资本，通常很少交易，都是长期持股，所以我们没有对他们的表现进行单独分析。但以上的数据已经揭示了在

2016年、2017年的两年时间里，一般法人投资者也是盈利的。

也就是说，在2016年、2017年这两年穿越"牛熊"的周期里，在沪市各类投资者中，沪股通所代表的外资、机构投资者所代表的专业金融机构和一般法人投资者所代表的产业资本都是盈利的，只有散户是赔钱的。

通过以上分析可以看到，无论在"熊市"还是在"牛市"，整体来看散户的投资业绩都是远远跑输市场的，在穿越"牛熊"的更长周期里，散户赚钱很不容易。

二、为什么股市散户赚钱难

无论是券商的抽样统计数据，还是来自上海证券交易所的权威统计年鉴，都揭示了一个残酷的真相：散户在股市赚钱不容易。那么，出现这种局面的主要原因是什么呢？

(一) 频繁交易的陷阱

实际上，上海证券交易所的统计年鉴也用量化数据揭示了不同投资者的交易习惯，相比较而言，散户交易太过频繁。我们分别看一下2016年和2017年的沪市各类投资者的全年交易占比数据(图8-8、图8-9)。

投资者分类	买卖净额(亿元)	交易占比(%)
自然人投资者	-1896.27	85.62
一般法人	209.86	1.41
沪股通	455.11	0.75
专业机构	1231.29	12.21
其中：投资基金	489.86	3.52

图8-8　2016年上海证券交易所各类投资者交易占比

数据来源：《上海证券交易所统计年鉴(2017卷)》

投资者分类	买卖净额(亿元)	交易占比(%)
自然人投资者	-318.69	82.01
一般法人	1785.48	1.92
沪股通	629.73	1.30
专业机构	-2096.53	14.76
其中：投资基金	139.57	4.15

图8-9　2017年上海证券交易所各类投资者交易占比

数据来源：《上海证券交易所统计年鉴(2018卷)》

从以上上海证券交易所的官方数据可以看到，自然人投资者在2016年、2017年持股比例分别只有23.70%和21.17%，但是全年交易量却分别占到了全市场交易量的85.62%和82.01%，是持有筹码比例4倍的水平。

反观专业机构投资者，在2016年、2017年持股筹码分别为15.58%和16.13%，交易量占比分别只有12.21%和14.76%，交易量都明显小于持有筹码的比例。"聪明的投资者"沪股通账户似乎更"活跃"一点，但其交易量占比和持有筹码的比例也大体相当。

通过以上对比，可以得出一个初步的结论：通过频繁交易增加博弈的次数并不能提高投资者的业绩回报。实际上，频繁交易非但不能提高业绩，反而是投资者亏损的主要陷阱。

为什么频繁交易是投资者亏损的主要陷阱呢？来看一下我在专栏课程和"新年私享会"中都用到的一张PPT，非常生动，如图8-10所示。

图8-10　可怕的换手率：悄悄的摩擦成本

(二) 专业能力和信息的短板

散户赚钱难的原因是多方面的，除了频繁交易的"元凶"之外，下面这些因素也都相当重要。

(1) 没有时间关注。大多数散户投资股票时，由于其本身有其他专职工作和家庭、生活等事务缠身，并没有时间关注股票市场和所投资的公司，对股市和上市公司所发生的一些重大事件，常常后知后觉，甚至不知不觉，但这些事件可能会对其所投资股票的股价造成很大的影响。

(2) 专业能力不足。根据我做大众投资者教育的经验，绝大多数个人投资者由于缺乏基本的经济、金融、管理和财务等方面的知识，无法辨识宏观经济部门、资本市场监管部门和上市公司所发布的正式、公开的重要信息。相比之下，市场上的机构投资者不但能够读懂这些信息，而且由于专业能力的优势还能够预见一些重要的变化，从而提前采取行动。

由于专业能力不足，散户也无法建立股票分析、交易的科学决策依据，太多的个人投资者都是听消息、问朋友，甚至很多投资者对自己买入的股票对应的公司是干什么的、靠什么赚钱的，哪些因素变化会对股价产生较大的影响等这些对投资来说无比重要的问题都不知道，也无法判断。

(3) 信息不足。所有的投资决策实际上都是投资者对信息的反应，信息的时效性、完整性和信息本身的质量直接影响投资决策的成败。绝大多数个人投资者，除了不能领会市场上的公开信息之外，也很少能有机会更多地了解所投资的企业。相对而言，绝大多数专业机构投资者在投资决策之前，一般都要花费时间亲自到计划投资的企业现场、上下游产业链企业做调研分析，掌握公开信息之外的一手信息，而散户看到的专业机构的研究报告都已经是经过专业机构筛选、加工之后的滞后信息了。

(4) 情绪交易。今天的股票交易已经可以很方便地通过电脑、手机终端的软件"一键完成"，这恰恰助长了散户情绪交易的坏习惯。每天总会有各种各样的信息在股市上兴风作浪，造成股价甚至大盘指数出现比较大的变化。股价变化的背后就是财富的变化，面对这些变化，散户投资者很难做到"坐怀不乱"，贪婪和恐惧的情绪随着股价变化而滋生、膨胀，最后在情绪的驱使下不断产生买卖的冲动，轻击键盘或者屏幕，交易瞬间完成。

(5) 不会止损止盈。大多数散户也都买到过曾经上涨的"大牛股"，但由于不会止盈，绝大多数浅尝辄止，或者坐了过山车。当面对买入的股票股价下跌的时候，很多散户没有止损的纪律意识，总是抱着侥幸心理，或者和市场赌气，不愿意否定自己的投资决策，不能够及时止损纠错，结果越陷越深，深套其中，最后放弃挣扎，坐以待毙。绝大多数散户都是以"割肉"的形式壮烈离场的。

一方面，资本市场大概率是下一个10年、20年中国财富创造新的主战场，另一方面，通过以上分析可以看到散户在股市赚钱并不容易。那么，散户怎样才能够改善自己的投资业绩呢？这要从学会读懂股票市场的重要规律，逐步建立起初步的股票分析、交易决策框架做起。

影响股价的六个主要因素

在大众投资者广泛接触的各类资产中，股票是风险最大的资产。股票之所以风险大，是因为股价的波动非常剧烈：频率高、幅度大。在金融学上，波动性就是风险。

每一个股票市场的投资者都希望能够掌握股价波动的规律，但遗憾的是，几乎没有人能够完全做到。股价的变化从来不会简单地重复历史，每次都会有所不同，但从这些不同中，我们仍然可以总结出一些影响股价波动的基本因素和规律。

我有幸从2005年开始负责国务院发展研究中心金融研究所领导的"中国注册金融分析师培养计划"超过10年时间。下面所总结的影响股价的因素，既参考了专业的金融分析师的分析框架，也汲取了自己的投资实践经验，希望对广大投资者有所帮助。

一、国际环境与环球市场

随着中国经济的对外开放，人民币的国际化，沪港通、深港通等资本市场与境外的互联互通，国际和环球金融市场、资本市场对国内A股市场的影响也越来越明显。

（一）国际宏观经济政策的影响

谈到国际宏观经济政策对A股股价的影响，首先要关注的是美国的经济和美联储货币政策的影响。图9-1为历史美联储加息进程与A股走势。

从2015年12月到2018年底，我们看到美联储从加息到缩减资产负债表(卖出资产，从市场拿回现金)的整个过程对应A股上证指数的走势。虽然在加息进程中A股走出了独立行情，但是在加息落地初期和缩减资产负债表初期，A股都面临一定的调整压力。

　　下面看一下从2007年开始的更长周期内美联储调整货币政策(包括降息、加息)初期对A股市场的短期影响。表9-1为2007—2018年美联储降息和加息后A股市场的短期表现。

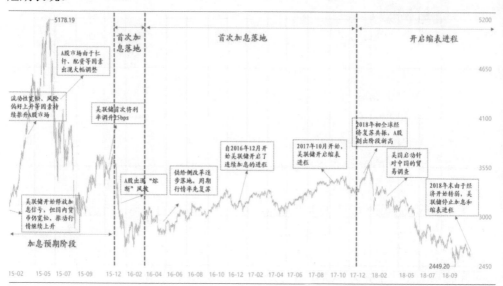

图9-1　历史美联储加息进程与A股走势

数据来源：Wind 安信证券

表9-1　2007—2018年美联储降息和加息后A股市场的短期表现

发布日期 (北京时间)	时间	今值(%)	前值(%)	变动值 (%)	次日沪深 300(%)	后一周沪 深300(%)	后一月沪 深300(%)
2018年12月20日	3:00	2.50	2.25	0.25	−0.77	−2.88	2.49
2018年9月27日	2:00	2.25	2.00	0.25	−0.40	−3.97	−7.13
2018年6月14日	2:00	2.00	1.78	0.25	−0.40	−5.16	−7.80
2018年3月22日	2:00	1.75	1.50	0.25	−1	−5.38	−7.39
2017年12月14日	3:00	1.50	1.25	0.25	−0.59	−0.48	4.32
2017年6月15日	2:00	1.25	1.00	0.25	−0.18	1.49	4.75
2017年3月16日	2:00	1.00	0.78	0.25	0.52	−0.39	0.66
2016年12月15日	3:00	0.75	0.50	0.25	−1.14	−1.20	−1.75
2015年12月17日	3:00	0.50	0.25	0.25	1.91	4.91	−15.38
2008年12月17日	3:15	0.25	1.00	−0.75	0.35	−3.79	−0.21
2008年10月30日	2:15	1.00	1.50	−0.50	2.38	2	10.35
2008年10月8日	19:00	1.50	2.00	−0.50	−1.36	−5.36	−17.06
2008年5月1日	2:15	2.00	2.25	−0.25	2.44	−2.03	−11.29
2008年3月19日	2:15	2.25	3.00	−0.75	3.32	3.77	−13.06

（续表）

发布日期 （北京时间）	时间	今值(%)	前值(%)	变动值 (%)	次日沪深 300(%)	后一周沪 深300(%)	后一月沪 深300(%)
2008年1月31日	2:15	3.00	3.50	−0.50	−1.92	2.24	−0.77
2008年1月23日	2:15	3.50	4.25	−0.75	4.65	0.17	−1.09
2007年12月12日	2:00	4.25	4.50	−0.25	−1.22	−6.03	10.88
2007年11月1日	2:00	4.50	4.75	−0.25	−1.46	−5.94	−16.72
2007年9月19日	2:00	4.75	5.27	−0.50	1.05	−0.41	2.51

数据来源：Wind

从以上数据可以看到，自2017年9月19日到2008年12月17日，美联储10次降息，从5.25%降到了0.25%。降息次日沪深300指数5次上涨，5次下跌；一周后4次上涨，6次下跌。可见，美联储降息的周期与中国A股指数关联度不大。

从2015年12月17日到2018年12月20日，美联储9次加息，从0.25%升到了2.50%。加息次日沪深300指数7次下跌，2次上涨；一周后7次下跌，2次上涨。可见，在美联储加息周期，每当发生加息，A股指数都会在次日和一周内明显利空。

2021年12月，美国的通货膨胀率达到7.2%(2022年1月再创新高，达到7.5%)，创40多年来的新高。为了抑制通货膨胀，全球市场普遍预计美联储将开始收紧货币政策，加息和缩表将陆续上演。在这种货币政策收紧的压力下，全球主要股票市场在2022年1月都出现了明显的调整。比如，美国纳斯达克指数跌12%，美国标普500指数跌7%，法国CAC40指数跌2.62%，德国DAX30指数跌3.56%，日经225指数跌7.2%。具体到A股，创业板指数跌12.5%，深成指跌10.3%，中证500跌10.6%，沪深300指数跌7.62%，上证指数跌7.65%。当然，A股市场的调整除了美联储收紧货币政策的因素外，还有我们自身的其他一些因素。

为什么美联储加息会对A股市场产生利空影响呢？经济学的原理告诉我们，如果美联储提高联邦储备基金利率，也就是加息，美元就会更值钱，美元兑换其他市场货币就会存在升值预期，也就是人民币兑美元有贬值压力，则国内市场的"热钱"资金有从中国回流到美国的动力，股市资金减少，股指有回落压力。另外，当美联储加息的时候，美国市场上企业的融资成本增加，对美国上市公司的利润形成侵蚀，美国股市也会承压，这种调整压力也会对A股市场产生心理上的影响。

所以，在判断A股走势的时候，除了考量国内的因素外，还要考虑美联储货币政策的变化预期，尤其是当美联储进入加息周期的初期，其会给A股大盘指数带来显著的压力。覆巢之下，安有完卵，当大盘指数调整的时候，绝大部分行业赛道的股票都会面临调整压力。

(二) 国际贸易的影响

中国于2009年成为全球最大的出口国，2013年成为世界货物贸易第一大国。截至2021年底，中国已经连续12年成为全球最大的货物出口，连续5年保持世界货物贸易第一大国地位。根据海关总署的数据，2021年中国的出口贸易总额达到创纪录的3.36万亿美元，比2020年增加了29.9%。图9-2为2001—2021中国历年出口贸易总额。

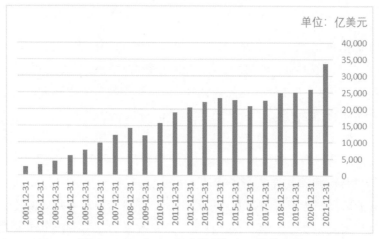

图9-2　2001—2021年中国历年出口贸易总额

数据来源：海关总署

2018年3月22日，美国贸易代表处宣布将对中国1300类产品征收贸易关税，在15天内将公布建议加征关税的产品清单。3月23日，美国总统特朗普在白宫正式签署对华贸易备忘录，宣布将有可能对从中国进口的600亿美元商品加征关税，并限制中国企业对美投资并购。消息发布后，3月23日，上证指数跌幅3.39%，深成指跌幅4.02%，A股400家上市公司股票跌停。

2020年初，一场席卷全球的新冠肺炎疫情对世界各国的经济、生活和全球供应链带来巨大冲击，西方发达国家在应对疫情的初期，普遍严重缺乏呼吸机、防护服、口罩、手套等医疗物资，一时间，从中国抢购以上医疗物资就等于和"死神"赛跑。做呼吸机和血液净化产品的迈瑞医疗、鱼跃医疗、阳普医疗、理邦仪器、健帆生物，做核酸检测的东方生物、达安基因、安图生物、迪安诊断、热景生物、九安医疗，做医疗防护用品的振德医疗、英科医疗、梦洁股份、聚杰微纤等上市公司的股价都出现了大幅上涨。

2018年到2021年，美国在贸易保护主义的旗帜下对中国的高科技领域极力制造技术壁垒，先后将中兴、华为、大疆、海康威视、科大讯飞、中科曙光、中芯国际等上百家中国高科技公司和上市公司列入"实体清单"进行制裁。这样的"实体清单"发布当天，绝大多数上市公司的股价都出现了大幅下跌。

总之，随着中国经济和对外开放的发展，中国越来越多的企业走出国门，无论是资金、技术、人才还是市场、客户早已遍及世界各地，上市公司的利益已经超越了国界，国际贸易关系对相关上市公司的股价的影响越来越直接。如果您购买的股票对应的上市公司的主营业务收入、利润或者关键的生产设备、技术专利来自海外(尤其是美国)，就一定要关注对外贸易的变数，这可能会对公司的股价产生巨大的影响。也许当中国足够强大的时候，中国面对国际贸易摩擦和技术壁垒会更加轻松，企业受到的影响也会小一些，但这仍需要时日。

(三) 国际金融市场的影响

这里谈到的国际金融市场包括外汇市场、股票市场和大宗商品市场。股票投资者都已经能够感受到美国股市的每次大调整都会对A股市场的走势形成压力，这里就不再赘述。下边，讨论一下国际大宗商品市场价格走势对A股上市公司股价的影响。图9-3为伦敦铜期货价格月线走势图。

图9-3 伦敦铜期货价格月线走势

数据来源：英为财情

从图9-3可以看出，从2020年3月开始，国际铜价从5000美元/吨左右涨到年底突破10 000美元/吨，最高涨幅100%。我们接着看一下国内最大的矿产铜上市公司紫金矿业的股价走势，如图9-4所示。

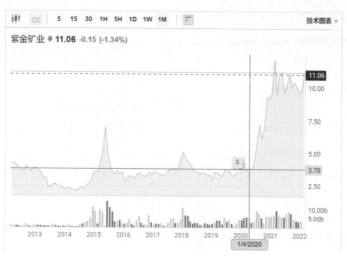

图9-4　紫金矿业股价月线走势

数据来源：英为财情

从图9-4可以看出，对应国际铜价的大幅上涨，紫金矿业股价从2020年4月初开始到年底，开启了一轮波澜壮阔的上涨，最高涨幅达到200%左右。

虽然中国目前也有多个期货交易所，涵盖能源、贵金属、工业金属、化工、粮食、农产品等诸多期货品种，但类似石油、天然气、黄金、白银、铜、铝、钴、铁矿石、小麦、玉米、大豆等大宗商品目前很大程度上是由国际期货市场掌握定价权的。一方面，中国只是这些商品主要的需求市场，商品供应主要在海外国家；另一方面，这些商品的国际贸易和期货定价由于历史的原因都和美元直接挂钩，美元是定价货币。所以，当这些商品国际期货价格出现大幅波动的时候，对应国内A股市场的上市公司股价也会因此而大幅波动。这些商品的价格波动逻辑和主要受国内供求关系影响的煤炭、钢材、纯碱、玻璃、水泥等有很大的不同。后者受中国的宏观调控和产业政策的影响非常直接，但这些政策对国际定价的大宗商品价格的影响却是有限的。

2021年第三季度，针对煤炭、焦炭、钢铁等上游原材料价格的上涨，国内相关部门出台了针对性的价格调控政策。随后，这些商品价格应声下落，但在调控中我们看到国际定价的大宗商品价格却保持了独立的价格行情。所以，如果您购买的是大宗商品资源类的股票，尤其是国际定价的商品，就一定要关注国际大宗商品期货价格的变化，这种价格的传导是非常快的。

其实，除了以上国际宏观经济政策、国际贸易和金融市场的变化对国内股票市场的价格有影响外，地缘政治、军事摩擦、外交关系等的重大变化也都会或多或少地影响股票的价格。在全球化的今天，大国之间的一场军事冲突，哪怕是南美铜矿或者锂矿企业的一场大罢工，都可能对国内A股黄金、铜、锂等资源类的上市公司的股价造成直接影响。

二、国内宏观经济和政策

此前的篇章我们讨论过，在经典的教科书中常常讲"股市是经济的晴雨表"，但我们经过实证分析发现，更准确的说法是"股市是货币政策的晴雨表"。实际上，这都反映了股票价格受到宏观经济和政策的影响。这里的价格不是某一只股票、某一个行业的价格，而是整个市场的估值和指数。

根据宏观经济理论，财政政策、税收政策、就业率、信心指数、工业品出厂价格等都与股市有或多或少、或远或近的关系，但我认为宏观经济指标中和股市关系最密切的三个是：货币政策(货币发行量M2和利率)、通货膨胀率和GDP增速。

(一) 货币政策

前文已经比较详细地阐述了股市与货币政策的关系。货币政策有两个重要工具——货币发行量和利率，前者对经济和股市的影响相对间接，类似于中医治病，小火慢炖，需要量变到质变，反馈周期稍微长一点；后者作为货币政策的直接工具，类似于西医的吃药、打针、动手术，股市反应快，但也容易产生通胀和资产价格泡沫的副作用。我们简单回顾三组数据。图9-5为2007年1月—2022年1月货币发行量月度同比增速。

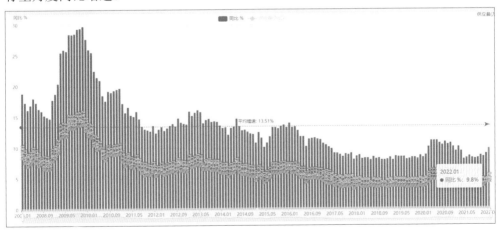

图9-5　2007/01—2022/01货币发行量月度同比增速

数据来源：中国人民银行、乌龟量化

从图9-5可以看到，月度货币发行量同比增速比较明显的年份分别是2009年、2013年、2016年和2020年，而且每次都历经5~9个月。

图9-6和图9-7反映了贷款基准利率调整历史。从2019年开始，真实的贷款基准利率开始参考贷款市场报价利率。

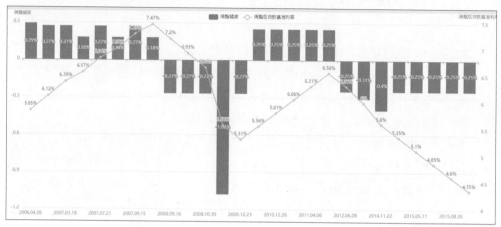

图9-6 2006/05—2015/10贷款基准利率调整历史

数据来源：中国人民银行、乌龟量化

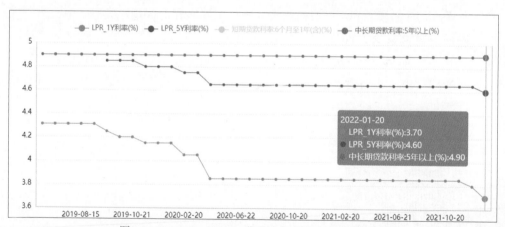

图9-7 2019/08—2022/01贷款市场报价利率调整历史

数据来源：全国银行间同业拆借中心、东方财富

从图9-6和图9-7可以看到，贷款基准利率加息周期分别是2007年、2010年、2011年，降息周期分别是2008年第四季度、2014年第四季度、2015年、2019年。

我们再看一下代表大盘走势的沪深300指数(图9-8)，您会发现大盘走势和货币供应量M2以及贷款基准利率调整之间的关系密切。

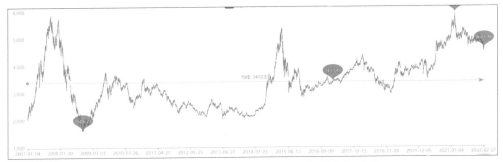

图9-8 2007/01—2022/01沪深300指数(前复权)走势

数据来源：Wind、乌龟量化

从图9-8可以看到，在持续的加息作用下，2007年第四季度、2010年第四季度、2011年股市出现大幅调整；2009年第一季度、2014年第四季度到2015年第二季度、2019年、2020年股市都出现了比较明显的上涨行情。在宏观经济和宏观调控的诸多信号和工具中，据我研究，货币政策对股市的影响是最大的、最直接的，这种影响并不是对个股的影响，而是对整个市场的估值水平的影响、对大盘指数的影响。

需要补充的是，对证券市场加强监管、治理场外配资和杠杆交易，常常会起到收紧货币政策的类似作用，不同的是，市场的反应常常会更快一些。

(二) 通货膨胀率

整体来说，通货膨胀率和货币政策的利率具有反向相关性，也就说，当通货膨胀率处于低位的时候，一般表明经济增速比较缓慢，央行通常会执行宽松的货币政策，包括增加货币供应量和降息；当通货膨胀率处于高位的时候，央行通常会为进行经济降温，采取紧缩的货币政策，包括提高存款准备金率、提高存贷款基准利率。2012年1月—2022年1月沪深300指数和通货膨胀率走势关系如图9-9所示。

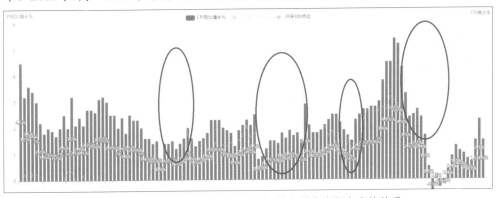

图9-9 2012/01—2022/01沪深300指数和通货膨胀率走势关系

数据来源：国家统计局、Wind、乌龟量化

从图9-9我们可以看出，在通货膨胀率处于低位、经济比较冷的时候，沪深300大盘指数上涨的概率反而比较大；在通货膨胀率处于高位、经济比较热的时候，沪深300大盘指数反而会有比较大的调整压力。其背后最根本的逻辑还是市场上资产价格的"水涨船高、水落石出"。

（三）GDP增速

当我们提及宏观经济形势的时候，大多数人首先想到的就是GDP增速。但从中国过去一二十年的经济发展过程中我们可以发现，宏观上GDP增速和微观上企业利润的关系不够密切，从而对股价的影响也不够密切。

为什么我们的经济保持了全球领先的高增长，但股票市场的长期回报率并不显著呢？原因是多方面的，总体上来说，GDP增长主要反映了"产值"的增长，但股价表现主要和"企业利润成长性"挂钩。例如：①以基础设施建设为代表的投资推动了GDP的快速增长，但这些投资的效率和创造的企业利润并不理想；②整体上我国的企业经营模式都倾向于跑马圈地、扩大产能，但边际投资回报率持续下降，甚至有不少国有企业的边际回报率低于融资成本；③大多数实体经济领域产能过剩、过度竞争，虽然在产量、产值和GDP创造上贡献不小，但从企业利润计算，盈利增长并不明显；④经济的快速发展意味着产业周期、技术周期、产品周期、企业生命周期等都在缩短，一旦企业失去成长性，股价通常会明显回落。

有趣的是，此前的实证研究发现，在GDP增速明显回落的年份，股市的表现反而大概率会更好一点；在GDP增速较高的年份，股市的表现反而大概率会比较差一点。2008—2021年中国GDP历年增速趋势如图9-10所示。

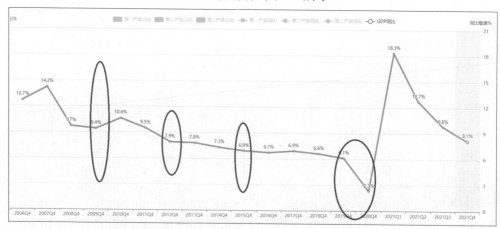

图9-10　2008—2021年中国GDP历年增速趋势

数据来源：国家统计局

从图9-10可以看到，2009年、2012年、2015年、2019年、2020年中国经济增速下滑比较明显，但这几年股市沪深300指数却出现了明显上涨；2010年、2021年中国经济增速明显加快，但沪深300指数都出现了一定程度的下跌。

这背后的逻辑是，宏观调控通常都是"逆调节"，以此"熨平"经济的波动。当GDP增长失速的时候，央行通常会向市场释放更多货币，甚至降低资金的成本(利率)，以此帮助企业和家庭渡过难关，社会上的钱多了，资金便宜了，就会把股价、房价等资产的价格"浮起来"，即所谓"水涨船高"；当GDP增长提速的时候，为了防止出现通货膨胀，央行会倾向于收紧货币政策，甚至加息，社会上的钱少了，资金变贵了，企业经营的资金成本也上升了，人们对高风险的股票的警惕性高了，最终股票市场的估值回落，指数就跌了，即所谓"水落石出"。

从理论上说，在一个更长的周期里(如10年以上)，经济增长和股票市场的指数走势应该有一定的正相关性，只是过程中由于宏观调控"逆调节"的因素，股市短期走势和经济走势之间似乎呈现了负相关的特点，最终导致经济和股市之间真实的相关性被割裂了，不紧密了。

更有趣的是，全球著名投资机构——先锋领航发表过一篇学术报告，揭示了从1900年到2009年16个发达国家的股市和GDP增速之间的关系。在长达100多年的时间里，这16个发达经济体的股市的真实涨幅和人均GDP增速的相关性接近0。1900—2009年16个发达国家股市涨幅和人均GDP增速的相关性如图9-11所示。

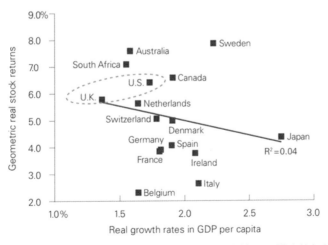

图9-11　1900—2009年16个发达国家股市涨幅和人均GDP增速的相关性

数据来源：先锋领航

关于宏观经济和政策对股市的影响，除了以上的分析外，财政税收政策的变化、人民币汇率的变化、国家产业政策的变化、市场监管和反垄断政策的变化也都会对相关的行业或公司股价造成影响。例如，从2020年6月份至2021年底，国家医疗集采政策的变化对医疗耗材和创新药公司股价造成了很大影响；2021年国家"碳达峰、碳中和"的相关规划对新能源领域的股价带来了巨大推动；2020年9月份以后房地产领域"三道红线"的监管，对房地产企业的经营和股价造成了巨大的压力；2021年第三季度，国家对网络安全、垄断和校外辅导机构的强势整顿，对相关互联网平台公司、K12教育龙头企业的经营和股价带来了巨大冲击。

三、行业特征和周期

在同样的宏观经济、宏观政策环境下，我们会发现不同行业的股票价格常常会表现出完全不同的走势，同一行业的股票价格走势常常会表现出一定的趋同性。这告诉我们，股票价格与行业特征、行业周期关系也很密切。

(一) 行业特征

行业特征包括行业规模、竞争态势、监管环境、成长性、供求关系、自主可控程度等，由于行业特征不同，同样的一个时期，行业指数的表现会有巨大的差别。2016—2021年申万一级行业指数涨跌幅和市盈率见表9-2。

表9-2　2016—2021年申万一级行业指数涨跌幅和市盈率

序号	证券代码	行业名称	区间涨跌幅 [起始交易日期]2016-12-31 [截止交易日期]2021-12-31 [单位]%	市盈率PE(TTM) [交易日期]2021-12-31 [剔除规则]不调整
1	841009.EI	食品饮料	346.6483	46.5473
2	841017.EI	休闲服务	129.6003	100.9499
3	841023.EI	电气设备	124.8476	65.0078
4	841006.EI	电子	97.9883	45.6938
5	841008.EI	家用电器	88.2004	20.3669
6	841021.EI	建筑材料	67.4164	15.9993
7	841005.EI	有色金属	64.7640	31.6470
8	841003.EI	化工	58.7345	21.4163
9	841012.EI	医药生物	49.2374	45.6089
10	841007.EI	汽车	46.9789	43.8095
11	841004.EI	钢铁	39.3184	8.0316
12	841018.EI	银行	31.7594	5.3049

（续表）

序号	证券代码	行业名称	区间涨跌幅 [起始交易日期]2016-12-31 [截止交易日期]2021-12-31 [单位]%	市盈率PE(TTM) [交易日期]2021-12-31 [剔除规则]不调整
13	841001.EI	农林牧渔	27.3257	351.7894
14	841025.EI	国防军工	27.2006	95.7568
15	841026.EI	计算机	19.3247	118.3115
16	841019.EI	非银金融	18.4009	15.5069
17	841024.EI	机械设备	13.3789	36.0411
18	841013.EI	公用事业	12.4500	30.4002
19	841014.EI	交通运输	8.2871	26.5957
20	841002.EI	采掘	5.4129	11.1961
21	841011.EI	轻工制造	-2.7501	27.0212
22	841022.EI	建筑装饰	-16.5587	9.7201
23	841015.EI	房地产	20.6533	11.3588
24	841028.EI	通信	-21.9220	41.4909
25	841020.EI	综合	-29.6083	-1,313.0683
26	841016.EI	商业贸易	-35.7889	163.8555
27	841010.EI	纺织服装	-36.7520	41.2391
28	841027.EI	传媒	-41.4754	156.3786

数据来源：Choice数据

从表9-2可以看到，在同样的宏观环境下，从2016年12月31日—2021年12月31日5年时间内，在申万最新划分的28个一级行业中，食品饮料、休闲服务、电气设备行业指数涨幅分别达到347%、130%、125%，电子、家用电器、建筑材料、有色金属、化工等行业指数涨幅均超过50%，但是轻工制造、建筑装饰、房地产、通信、综合、商业贸易、纺织服务和传媒等8个行业的指数竟然都是下跌的。如此大的涨跌差异，主要反映了在这5年期间，不同行业的利润成长性和景气度差异巨大。

除了行业指数涨跌幅的差异之外，我们发现市场投资者对不同行业给出的估值市盈率水平也差异巨大。估值水平反映了投资者对不同行业未来成长前景的预期，投资者通常愿意给予高成长的行业更高的估值。

一般来说，股票投资的行业选择非常重要，在高景气的行业赛道里，通常投资者除了可以收获超越大盘指数的行业内生性增长带来的回报，从估值的角度也更愿意给这些行业更高的估值。反之，在衰落的行业里，绝大部分资产都难以跑赢大盘。这就是这几年股票投资"赛道选择"的逻辑越来越深入人心的原因。

(二) 行业周期

在同样一个行业，行业周期是影响行业不同公司股票价格的一个共性的重要因素。周期通常意味着供求关系、价格水平的差别，我们通常可以用行业的"价格"信号来生动地表达一个行业的景气状况。一般来讲，当行业的基础商品价格处于高位的时候，行业的核心企业利润就会大幅增长，股价就会上涨。以猪肉价格为例，来看一下行业周期对生猪养殖企业股价的影响(图9-12)。

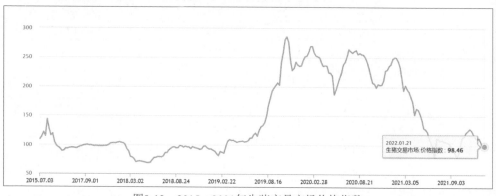

图9-12　2015—2021年生猪交易市场价格指数

数据来源：前瞻数据库

从图9-12可以看到从2015年到2021年底，生猪价格经历了过山车似的价格波动，这种价格波动对不同的生猪养殖上市企业的股价会带来方向一致的影响。下面我们以天邦股份(红线)和正邦科技(蓝线)为例，来看一下他们的股价波动趋势与生猪交易市场价格指数的关系(图9-13)。

从图9-13可以得到两个清晰的结论：①天邦股份和正邦科技是不同的生猪养殖龙头企业，但是2015—2021年股价的走势呈现惊人的一致性；②天邦股份和正邦科技股价的走势和生猪交易市场价格指数的走势呈现惊人的一致性。这就是典型的行业赛道对公司股价和股票投资回报率的重大影响的实证。类似的例子在煤炭、焦炭、钢铁、有色、化工等周期性比较强的行业同样表现得非常生动。

近几年，新一轮全球技术革命在资本市场也常常掀起波澜，如新一轮数字化技术革命背景下的5G通信、大数据、物联网、人工智能、量子科技、区块链等，新一轮新能源革命背景下的光伏发电、风力发电、新能源汽车、碳交易等。这些科技巨变正在颠覆一些传统的产业结构，创造新的科技巨头。

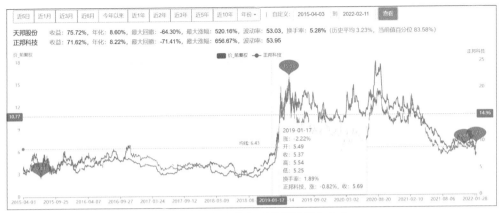

图9-13　天邦股份和正邦科技股价走势

数据来源：前瞻数据库

四、公司基本面

也许这些年大家听到关于股市投资思想和方法的最流行的说法就是"价值投资"，价值投资的内涵很丰富，但其中重要的一条就是要"买入好公司的股票"，这里的"好公司"很多体现在公司的基本面上。基本面到底是什么呢？具体包括公司所在行业、公司治理、管理团队、激励机制、财务数据、成长性等。下面我简单说明一下这些基本面是怎么影响"股价"的。

(一) 公司治理

任何一家好公司根本上都是建立在一个好的公司治理结构、好的经营管理层的基础上，最终通过公司团队的执行力干出来的，所谓"火车跑得快，还要车头带"。

中国的上市公司治理主要有两层含义：一是公司组织形式。虽然上市公司都是"公众公司"，但公司组织形式背后的股权结构差异对公司的长期发展影响深远。二是公司董事会、监事会、经营管理层以及它们之间的制衡关系。董事会负责公司的战略制定，经营管理团队负责公司的具体经营管理和战略执行，监事会代表股东对公司的战略及其执行进行监督。

一家真正的"好公司"，董事会一定是战略核心，依靠成员的专业影响力、战略洞察能力，为公司绘制发展蓝图，设计激励制度，引领公司未来的发展，而绝不能不问经营，成为在其位不谋其政的橡皮图章。

一家真正的"好公司"，经营管理层一定是专业敬业、分工清晰、责任明确、激励到位的有事业心的团队组合，能者上，庸者下，不能不思进取，论资排辈，更不能搞利益输送，中饱私囊。对于经营管理层的考核最终要靠业绩说话。

一家真正的"好公司"，监事会也很重要，如果一家上市公司的监事会只拿薪酬，超然物外，不忠实履行股东赋予的监督责任，公司迟早会出现经营管理上的大风险。

根据Choice数据，截至2022年2月14日，A股上市公司一共4720家。其中，民营企业3167家，占比67.1%；国有企业(包括中央国有和地方国有)1240家，占比26.27%。在2016年12月31日—2021年12月31日5年间，为投资者带来10倍以上回报率的上市公司一共有71家。其中，民营企业58家，占比80.56%；中外合资企业10家，占比13.89%；国有企业3家，占比4.17%。具体见表9-3。

表9-3　2016—2021年"五年十倍股"名单和公司组织形式

证券代码	证券名称	区间涨跌幅 [起始交易日期]2016-12-31 [截止交易日期]2021-12-31 [复权方式]前复权 [单位]%	组织形式
831726.BJ	朱老六	8579.4	民营企业
835368.BJ	连城数控	5411.2	民营企业
300601.SZ	康泰生物	4440.3	民营企业
603501.SH	韦尔股份	4352.6	民营企业
835670.BJ	数字人	4272.7	民营企业
833509.BJ	同惠电子	4053.4	民营企业
300604.SZ	长川科技	3896.2	民营企业
300661.SZ	圣邦股份	3879.9	中外合资经营企业
603127.SH	昭衍新药	3488.6	民营企业
603392.SH	万泰生物	3446.7	民营企业
300672.SZ	国科微	3419.0	民营企业
300725.SZ	药石科技	3104.3	民营企业
838030.BJ	德众汽车	3038.8	民营企业
300782.SZ	卓胜微	2916.6	中外合资经营企业
603290.SH	斯达半导	2900.4	民营企业
300595.SZ	欧普康视	2885.3	民营企业
601865.SH	福莱特	2833.3	民营企业
830839.BJ	万通液压	2813.0	民营企业
603690.SH	至纯科技	2723.6	民营企业
300763.SZ	锦浪科技	2509.6	民营企业
605358.SH	立昂微	2341.9	民营企业

（续表）

证券代码	证券名称	区间涨跌幅 [起始交易日期]2016-12-31 [截止交易日期]2021-12-31 [复权方式]前复权 [单位]%	组织形式
300638.SZ	广和通	2334.8	民营企业
300750.SZ	宁德时代	2248.0	民营企业
603638.SH	艾迪精密	2116.5	中外合资经营企业
300769.SZ	德方纳米	2042.7	民营企业
300751.SZ	迈为股份	1963.1	民营企业
300593.SZ	新雷能	1788.4	民营企业
300655.SZ	晶瑞电材	1783.9	民营企业
300759.SZ	康龙化成	1755.1	中外合资经营企业
600809.SH	山西汾酒	1752.5	地方国有企业
300671.SZ	富满微	1724.5	中外合资经营企业
603039.SH	泛微网络	1637.8	民营企业
603707.SH	健友股份	1592.7	中外合资经营企业
603032.SH	*ST德新	1572.0	民营企业
300630.SZ	普利制药	1569.8	民营企业
603882.SH	金域医学	1523.1	民营企业
601012.SH	隆基股份	1502.9	民营企业
603345.SH	安井食品	1487.0	民营企业
300014.SZ	亿纬锂能	1453.8	民营企业
300850.SZ	新强联	1448.3	民营企业
831445.BJ	龙竹科技	1397.5	民营企业
603613.SH	国联股份	1397.0	民营企业
300685.SZ	艾德生物	1387.7	中外合资经营企业
833523.BJ	德瑞锂电	1375.3	民营企业
300618.SZ	寒锐钴业	1373.5	民营企业
300598.SZ	诚迈科技	1336.9	中外合资经营企业
836077.BJ	吉林碳谷	1331.1	地方国有企业
603893.SH	瑞芯微	1326.6	民营企业
300274.SZ	阳光电源	1317.2	民营企业
301025.SZ	读客文化	1306.5	民营企业
002812.SZ	恩捷股份	1304.4	民营企业
603659.SH	璞泰来	1291.7	民营企业
603605.SH	珀莱雅	1290.6	民营企业
301071.SZ	力量钻石	1290.4	民营企业

（续表）

证券代码	证券名称	区间涨跌幅 [起始交易日期]2016-12-31 [截止交易日期]2021-12-31 [复权方式]前复权 [单位]%	组织形式
300767.SZ	震安科技	1276.0	民营企业
300748.SZ	金力永磁	1249.4	民营企业
300677.SZ	英科医疗	1224.7	民营企业
603129.SH	春风动力	1220.5	民营企业
603505.SH	金石资源	1208.9	民营企业
002371.SZ	北方华创	1208.3	地方国有企业
603259.SH	药明康德	1205.9	中外合资经营企业
605111.SH	新洁能	1155.5	民营企业
603267.SH	鸿远电子	1155.2	民营企业
688390.SH	固德威	1117.6	民营企业
603713.SH	密尔克卫	1105.4	民营企业
603960.SH	克来机电	1101.6	民营企业
300708.SZ	聚灿光电	1082.5	民营企业
688202.SH	美迪西	1071.8	中外合资经营企业
300628.SZ	亿联网络	1054.6	民营企业
300666.SZ	江丰电子	1040.7	民营企业
688298.SH	东方生物	1009.5	民营企业

数据来源：Choice数据

我们可以从这些实证数据看到，站在大众投资者的角度，整体来看，中长期民营企业的股价成长性和回报率要明显领先国有企业。

（二）财务数据

财务数据就像公司体检的健康表，其各种指标数据能够从不同角度表现一家公司的品质。上市公司公开的三张基本财务报表，即资产负债表、损益表和现金流量表都是非常重要的，无论观察公司的投资风险还是未来的机会，都会从这三张表中找到线索和征兆。但对大众投资者来说，大部分人并没有学过财务相关的课程，可能也没有时间和能力去深究财务报表的每一个数据，但在我看来，投资者至少要关注以下几个数据。

1. 收入和利润规模

一家公司的收入和利润规模能够很好地反映其在行业的地位。投资者也许知道，在福布斯、《财富》等排行榜每年对全球500强的评比中，收入规模是一个最重要的指标。尤其是把这些收入和利润规模在行业里做横向对比，就可以看到一家公司在行业的规模优势。

也许您会问，您购买的是每股净资产和未来的股价预期，与收入和利润规模有什么关系？这是因为，公司所面临的发展环境是动态的，技术变化日新月异，公司总需要有足够的能力投入技术研发、产品储备、生产规模建设、人才培训、营销推广和准备必要"过冬的余粮"，这些都离不开收入、利润规模的支撑。当然，从财务的角度来看，公司净资产的增加主要是由公司利润积累带来的。

在股票市场，行业龙头被机构投资者广泛关注，因为这些公司在技术创新能力、经营稳健性和成长的持续性方面普遍都表现得更加出色，每一轮股市上涨，行业龙头常常都是带头大哥，是发动机。其实，把行业龙头用量化的财务数据来表达，重要的代表性指标就是收入、利润规模。当然，在认识到这个指标重要性的同时，您也需要对其不合理变化提高警惕，因为其背后常常都有重大情况需要追根溯源。

2. 销售毛利率和销售净利率

如果说销售收入和利润规模代表了一家公司在行业里的规模优势，那么销售毛利率和销售净利率的差异就代表了公司主营业务产品在行业里的相对竞争优势。

一般来说，如果一家公司具备绝对的品牌影响力，或者其产品技术性能明显领先竞争对手，或者其产品在行业细分赛道处于相对垄断地位，则这家公司通常在市场上具有定价优势，其产品的销售毛利率和销售净利率都会明显高于同行，如贵州茅台酒，默沙东九价HPV疫苗，苹果新款智能手机，台积电5纳米、3纳米芯片……销售同样的商品，这些公司往往可以获得更高的利润。同时，当行业或者市场不景气的时候，这些公司也有更大的降价空间打击竞争对手。

对于机构投资者来说，在辨别公司竞争优势的时候，销售毛利率和销售净利率是两个重要的指标，如果与收入、利润规模结合起来，就可以屏蔽掉那些"虚胖"的大公司。如果一家公司的销售净利率低于10%，在选择的时候，就要三思而行。

3. 净资产收益率

在对公司进行杜邦分析的时候，金融分析师常常把净资产收益率(ROE)分解成：ROE=净利润/净资产= (净利润/营业总收入)×(营业总收入/总资产)×(总资产/净资产)=销售净利润率×资产周转率×权益乘数。多少有些财务知识就可以看出，我们谈到的净资产收益率和公司的净利润率、资产周转率和杠杆率直接相关。在同样的行业里，在其他经营条件一样的情况下，如果一家公司的净利润率更高，或者周转的速度更快，或者杠杆率更高，通常就能够为股东创造更多的收益回报。

比如房地产业，在房地产行业景气度比较高的时期，机构投资者都比较追捧拿地成本低的公司(销售净利率高)，从拿地到把房子变现周期更短的公司(周转率高)，能够充分利用财务杠杆的公司(资产负债率高)。举房地产的例子，也是想告诉投资者，这些指标并不是越高越好，如在行业扩张的高景气背景下，谁的杠杆率高，就意味着谁规模扩张得快；但当行业衰退的时候，最先倒下的通常也是杠杆率最高的。所以，杠杆率的使用也有一个"度"的问题。

对于大多数个人投资者来说，也许不容易理解净资产收益率(ROE)这个过于"财务"的术语，因为在日常生活中很少用到。但如果换位思考，站在股东的角度观察公司，您就很容易理解净资产收益率了，它指的就是公司经营管理层利用有限的自有资本(股东权益)赚钱的能力和效率。通常我们认为的"好公司"的一般净资产收益率(ROE)要保持在10%以上。

4. 利润增速

股票投资，成长性永远是主旋律，利润成长性是公司最重要的指标。股市是一个高风险市场，一些资本之所以进入股市而不是选择储蓄或债券，就是要追求相对更高的投资回报。从投资的角度看，如果一个行业失去了成长性，这个行业就不再是一个"好行业"；如果一家上市公司失去了成长性，无论当前公司的收入或利润规模有多大，公司股价都会失去上涨的空间，更多地表现得像一只债券(如当前的银行股)。

也许，一家具体的公司在短期内的股价波动还不能用成长性来完全解释，但是，对于大盘指数来说，样本股票的利润成长性能够比较容易地解释股票市场指数的长期逻辑。下面我们分别用沪深300指数最近10年的涨跌幅和估值水平来做一个说明(图9-14)。

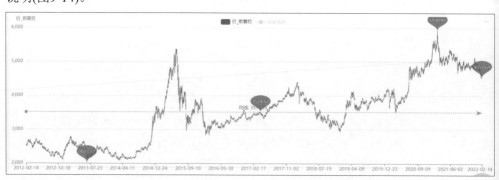

图9-14　2012/02/14—2022/02/14沪深300指数走势

数据来源：Wind、乌龟量化

　　从图9-14可以看到，在10年时间里，沪深300指数有较大的波动，从2515.83涨到4551.69，10年累计涨幅80.47%。下面我们从估值的角度看一下推动大盘指数上涨的逻辑(图9-15)。

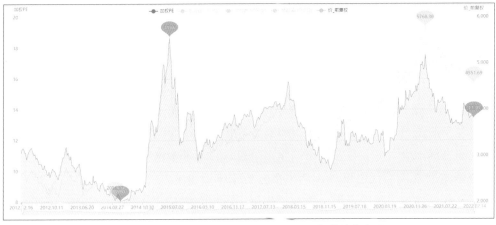

图9-15　2012/02/14—2022/02/14沪深300指数估值水平

数据来源：Wind、乌龟量化

　　沪深300指数在2022年2月14日收盘TTM市盈率倍数为13.38倍，在2012年2月14日—2022年2月14日期间，平均市盈率12.23倍，中位数市盈率12.24倍，2012年2月16日的市盈率11.19倍。您会发现，虽然指数波动幅度不小，但整体来看沪深300指数的估值水平还是比较稳定的。这10年时间，在沪深300指数累计80.47%的涨幅中，估值提高的因素贡献了9.29%的涨幅，上市公司利润增长贡献了71.18%的涨幅。如果计算指数上涨的贡献百分比，这10年沪深300指数成分股利润的上涨贡献了指数涨幅的88.46%，足见利润成长性是长期推动公司股价的最重要因素。

　　一般来说，我们谈到的"好公司"，其最近三年的利润年化增长至少要在15%以上，当然，关键的是未来两年还能够保持年化15%以上的利润增速。这里特别需要提到的是，在阅读券商的研究报告时，我们会看到大量在未来三年年化利润增幅30%以上的公司，但实际上真正能够兑现的很少，能够均衡地保持每年30%以上利润增长的就更少了。

　　以上这几个公司基本面因素非常重要，但投资者必须清楚，影响公司股价的基本面因素远不止这些，如公司的商誉、人才流失、现金流、库存规模、资产负债率、关联交易、客户集中度、上下游一体化程度等都可能对公司股价产生影响。

五、情绪因素

情绪因素对股价的短期影响很大，尤其是当一些敏感事件发生的时候，情绪常常会短线放大这些事件的影响。准确分析和预测股价表现的其中一个最大的障碍是无法准确量化情绪因素的影响。

当股价上涨，尤其是大盘指数上涨的时候，市场通常会弥漫着乐观情绪，包括专业机构的研究报告、媒体铺天盖地的报道都向市场不断传递"利好"和乐观的预期，绝大多数个人投资者在有限的专业判断能力和信息来源的情况下，看到这些信息，加上股价上涨的财富效应，很容易忽视市场和个股的风险，大多数倾向于选择买入和持续加仓。尤其是在牛市的尾声阶段，市场基本已经不关注"市盈率估值"这个基本因素，而代之以"市梦率"分析未来股价的演绎，越是牛市的最后"一浪"，越是放量急涨的表现，所谓"牛市不言顶"就是这个原因。例如，在2020年的第四季度，沪深300指数和创业板指数都处于最近10年95%以上的估值百分位，但仍然继续上涨。

当股价下跌的时候，尤其是大盘指数级别的下跌，市场开始变得越来越悲观，专业机构和自媒体关于股票、股市各种看空的理由都冒了出来，进一步放大了散户投资者的恐惧心理，再加上市场调整的赔钱效应，恐惧心理与日俱增。在股价尤其是大盘指数下跌的阶段，每一个负面的传言都会成为股价不可承受之重，一些细小的利空消息都可能让一只股票的价格加速暴跌。金融行为学的理论也告诉我们，大众投资者倾向于越跌越卖，越跌越不敢买。由于股市的调整，基金也开始出现大量赎回，甚至私募基金开始出现陆续清盘，这些都在市场中进一步打压股价。其实，在市场进入"熊市"的阶段，常常并不是经济或者公司的基本面发生了什么大的趋势性变化，大多数情况都是市场情绪放大了短期的利空因素，出现"超卖"，大多数公司的股价在"熊市"时实际上已经远远跌破了公司的基本面，正所谓"熊市不言底"。

对于大多数个人投资者来说，在市场进入"熊市"的时候，最忌讳的就是"抄底"，如果您对公司的基本情况不了解，对公司股价的股性不熟悉，对经济和金融市场正在发生的大事无法判断，一定要慎重"左侧交易"，散户赔钱最快的两个阶段分别是"牛市追高"和"熊市抄底"。在"熊市"发生的时候，入场的最佳策略是等大盘放量企稳、个股放量企稳；在"牛市"发生的时候，一定要注意严格执行动态止盈，这个策略的核心是散户在股市学会吃"鱼中"即可，这一阶段胜算概率最大。

放下贪婪和恐惧,股票市场每一轮"牛市"都一定有一个几乎同样让您印象深刻的"熊市"来铺垫,所以从这个意义上说,在"熊市"不轻易出招,能够耐得住寂寞,其实是股票投资的重大机遇。

六、"黑天鹅"因素

金融市场最大的不确定性常常是黑天鹅事件,之所以是"黑天鹅",是因为其在发生之前几乎没有任何预兆,但是对市场的影响却非常大。

也许您听说过某著名经济学家曾经准确预见了某一次全球黑天鹅事件,但实际上,我在国务院发展研究中心工作期间,有幸接触过这样的传奇人物,发现现实工作生活中他们每天都在发布预测,准确率并不比别人高,从这个意义上说,他们预见"黑天鹅"更多的是一个概率事件。

2008年席卷全球的次贷危机,2020年席卷全球的新冠肺炎疫情危机,都算是典型的黑天鹅事件,无一例外都在发生之后对金融市场(包括资本市场)造成了巨大的短期冲击。

除了这些对整个股票市场都可能产生巨大影响的全局性黑天鹅事件外,还有一些对于具体行业、具体公司来说类似于"黑天鹅"的事件,对相关公司股价的影响也会很大。例如,2008年奶制品行业的三聚氰胺事件,2012年白酒行业的塑化剂事件,2018年长春长生假疫苗事件,2019年康美药业财务造假事件,2021年初欧菲光突然一夜之间被从苹果供应链剔除的事件……黑天鹅事件总是以市场未曾预料的方式破坏性出现。

当下,也许投资者需要提防的下一个"黑天鹅"会是一轮席卷全球的债务危机。图9-16是来自国际清算银行的数据,从图中可以看出,截至2021年第二季度,全球发达国家的全社会债务杠杆率达到300%,这一水平远超2008年美国次贷危机和2010年欧洲主权债务危机时的水平,几乎处于不断创造历史最高的新阶段。

实际上,除了发达经济体,发展中经济体的债务杠杆率也处于历史最高水平。也许发达国家经历了几次大的经济危机后,其经济的韧性、承受风险的能力有明显提高,但发展中经济体的抗风险能力要脆弱得多。下面我们看一下国际清算银行统计的发展中经济体全社会债务杠杆率水平的走势(图9-17),不知道您是不是也捏了一把汗?

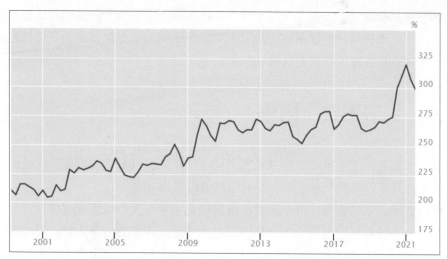

图9-16　全球发达经济体全社会债务杠杆率水平走势

数据来源：国际清算银行(BIS)

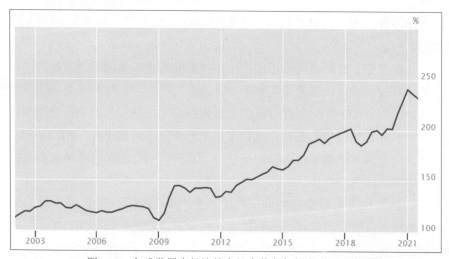

图9-17　全球发展中经济体全社会债务杠杆率水平走势

数据来源：国际清算银行(BIS)

　　整体来看，如今全球发展中经济体的全社会债务杠杆率水平大约与当年美国发生次贷危机、欧洲发生主权债务危机时的杠杆率水平大体相当，这不禁让我们对未来一场不期而遇的黑天鹅事件产生了新的遐想。

　　我曾经专题研究学习过日本20世纪90年代初的经济危机、东南亚20世纪90年代后期的金融危机、美国2008年的次贷危机和2020年的新冠肺炎疫情危机。如果您问我如果黑天鹅事件发生了，散户投资者该怎么办？我的建议就是：在任何市场环境下，遵守止损、止盈的投资纪律即可。每一轮危机虽然都对资本市场造成了巨大冲击，但股市都无一例外地在危机后重新走出了大牛市的行情，在危机的废墟上，经济和金融市场的大厦也越加坚固。

最后，需要补充说明的是，以上这些影响股价的因素比较常见，具有普遍性，或者比较重大，每一个投资者都需要基本了解。除了以上这些因素，还有其他一些因素也会对具体公司的股价造成影响，如突发事件、大资金建仓或者抛售、定向增发、限售股解禁、大股东减持、股票回购、并购重组、资产注入、内部人为操纵等，但这些影响更多的是短线的。对大众投资者来说，如果有时间，最好也学习了解一下这些因素，我也会在下面的章节中选择其中一些相对常见的问题做进一步的探讨。

10 | 股市的杠杆效应

物理学家阿基米德说："给我一个杠杆，我可以撬动地球。"

在金融领域，"杠杆"同样是一个无处不在的"魔法师"，这在股票市场表现得淋漓尽致：股市撬动了财富，资金撬动了股价，杠杆撬动了指数，环环相扣，给人以颇多的启发和思考……

一、股市的财富杠杆

每当谈到利用"金融杠杆"，大多数人首先想到的是普通家庭的按揭买房，或者想到房地产企业借钱跑马圈地盖房子，这已经是传统上对利用"金融杠杆"放大财富的比较大胆的设想了。实际上，对于企业家来说，股票市场是一个更大的财富杠杆。图10-1为某上市公司2020年年报核心财务指标摘要。

	2020 年
营业收入 (元)	50,319,487,697.20
归属于上市公司股东的净利润 (元)	5,583,338,710.38
归属于上市公司股东的扣除非经常性损益的净利润 (元)	4,264,694,375.97
经营活动产生的现金流量净额 (元)	18,429,902,631.96
基本每股收益 (元 / 股)	2.4942
稀释每股收益 (元 / 股)	2.4848
加权平均净资产收益率 (%)	11.27
	2020 年末
资产总额 (元)	156,618,426,940.59
归属于上市公司股东的净资产 (元)	64,207,299,366.58

图10-1　某上市公司2020年年报核心财务指标摘要

数据来源：Choice数据

从图10-1可以看出：该上市公司2020年实现的净利润为56亿元左右；公司股东拥有的净资产大约642亿元，实际上公司还有50亿元少数股东权益在以上截图没有体现，也就是说公司股东权益合计692亿元。公司通过利用债务杠杆实际控制的总资产大约1566亿元，杠杆率大约2.26倍。其实这个水平在上市公司中比较普遍，如房地产企业的杠杆率普遍都达到了3.3~6.5倍。

从传统财务的角度看，56亿元净利润是公司一年经营的留存收益，也就是每年大约能有这么大的"财力"；692亿元净资产是股东真正拥有的财富，但实际上，股东可以掌控的真实财富规模是加了"债务杠杆"后的1566亿元总资产，这是对于一家普通的未上市公司的"财富杠杆"逻辑。

对于一家上市公司，在资本市场的"杠杆"环境下，财富的逻辑就完全变了。该公司2020年利用股东权益692亿元，通过"债务杠杆"撬动了1566亿元的总资产用来经营，全年实现利润56亿元，在资本市场投资者给予公司的市盈率146.5倍的杠杆作用下，公司的市值达到了8204亿元，这也就是上市股东所拥有的"财富"，而且这个财富具有更好的流动性。

如果认真看了以上资本市场"财富杠杆"的真实故事，我相信您也会有做一家上市公司的冲动，这就是资本市场对企业家创业、创新和创造的奖赏，这种力度要远大于银行信贷的诱惑。

二、场外配资的杠杆风暴

所谓场外配资，指的是除了合规的证券公司在交易所内向合格的投资者提供融资融券服务之外，其他金融机构、金融产品、网络平台，甚至境外机构，直接或间接为投资者提供入市炒股的杠杆资金。

2015年6月12日，上证指数触及5178点，在一年内涨幅超过了150%，这也是从2008年2月至2022年2月的14年间上证指数的最高位(图10-2)。除上证指数外，深圳成指、创业板指等市场基础性指数也都创造了期间的最高纪录。

资本市场除了融资、投资的功能之外，还伴生着投机功能，场外配资就是其生动体现。2015年这一轮牛市场外配资到底有多少呢？2015年6月30日，中国证券业协会答记者问时所给出的数据是大约5000亿元；申万宏源证券测算，上半年整个场外配资市场规模为1.7万亿~2万亿元；华泰证券调研后测算，前期配资规模峰值预计在1.2万亿~1.5万亿元；光大证券估算，场外融资盘大致有2万亿元。这也间接地告诉我们，2015年上半年的牛市，除了宏观货币政策等因素之外，凶猛的场外配资起到了很大的推波助澜作用。

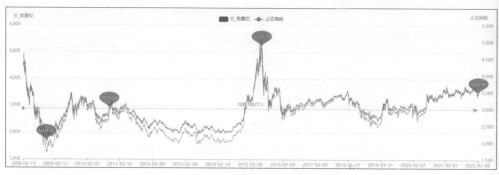

图10-2　2008/02—2022/02上证指数走势

数据来源：Wind、乌龟量化

当整个市场沉浸在"牛市"的狂欢盛宴时，2015年6月12日周五下午收盘后，中国证监会举办了新闻发布会，就修订后的《证券公司融资融券业务管理办法》向社会公开征求意见，通报了对长江证券股份有限公司违规问题的查处情况以及"2015证监法网专项执法行动"的案件进展情况，发布了非法从事证券期货活动的机构和网站名单。

从这次新闻发布会披露的信息看，重点是拉开了重拳整顿场外配资的大幕。中国证监会下发了《关于加强证券公司信息系统外部接入管理的通知》，要求证券公司自查信息技术系统外部接入情况、场外配资情况；各证券公司不得通过网上证券交易接口为任何机构和个人开展场外配资活动、非法证券业务提供便利。

一石激起千层浪，从2015年6月15日周一开始到7月8日，上证指数从5166点到3507点，17个交易日暴跌32%。

打击场外配资的监管风暴并没有停止，同年7月12日，中国证监会网站发布《关于清理整顿违法从事证券业务活动的意见》。

市场的调整也没有结束，到8月26日，上证指数继续下跌到2927点，52个交易日内上证指数跌幅达到43.3%。

据央广网记者了解，场外配资的大概操作流程为：首先，客户在平台注册并绑定银行卡，然后选择配资比例，一般为5~6倍，最高甚至能到10倍。选择配资方案之后，配资平台会在扣除利息和保证金后配资，然后分配资金账号和密码，客户下载HOMS等交易软件后就可以直接交易，交易方式与自由资金炒股并无两样。

当市场上涨的时候，投资者通过场外配资可以放大5~10倍的资金杠杆，推动大盘指数快速急涨，每当大盘涨幅10%，场外配资的投资者就可以收获50%~100%，在暴利的驱使下，股市像黑洞一样快速吞噬着各种资金。

当监管部门和公、检、法等力量配合重拳整顿场外配资时，资金快速抽离，市场加速回落，部分配资机构强制平仓，大规模抛售，导致股指进一步加速下跌。如果5倍的配资杠杆意味着每当股价跌20%就把本金输光了，股票会被强制平仓，那么10倍的配资杠杆就意味着股价只需要跌10%本金就全都没了，股票也会被强制平仓。这些强制平仓的假设还没有计算配资成本的扣除，一般来说配资成本普遍在年息20%以上。所以，在场外配资比较疯狂的背景下，一旦市场开始下跌，就很容易出现股价的抛售踩踏。

场外配资实际上由来已久，至少可以追溯到2007年的"历史上最大的牛市"期间。在2015年之前，监管层和市场都没有对场外配资给出明确的身份定义，当然其也未被纳入系统的监管，这也助长了场外配资的势头。2015年上半年场外配资规模催生了一个"大牛市"，后来监管部门系统性地重拳出击，市场又急速逆转形成了一个罕见的"大熊市"。可见，大规模场外配资很容易对资本市场的股价产生急涨、急跌的巨大影响。

毫无疑问，场外配资是必须整顿的，大众投资者也要远离场外配资。一则其风险极大，相当于在一个本来就风险极高的股票市场又加了5倍，甚至高达10倍的杠杆，不要说大众投资者最终无法收场，即使对于专业的机构投资者也是无法驾驭的豪赌；二则其门槛极低，场外配资环境是一个"只认钱、不认人"的高息赌局。任何股市小白，任何资金实力的投资人，只要接受配资的高利息成本，接受强制平仓的后台设计，都可以拿到资金，如果任其发展，最终会酿成社会性悲剧。

经过2015年监管部门系统的治理之后，场外配资通道、规模都得到了很大程度的抑制。在2019年、2020年的牛市环境里，场外配资的影响已经很小了，监管部门也屡次重磅打击场外配资，对股市有一些短期抑制，但已不像2015年时对股市造成那么大的冲击了。

场外杠杆配资是股指涨跌的放大器，如果未来各种原因场外配资再次野蛮生长，2015年的股市暴涨、暴跌的历史还会重演。

三、债务杠杆率的魔力

在市场经济中，全社会的资金就像一个纵横交错的水系，哪里能够获得超额的回报率，资金就会千方百计地挤到哪里，如房地产、股市。虽然监管部门设置有各种穿透式的监管屏障，但在市场利益的驱使下，这些屏障的作用也是有限的。

今天，中国经济主要的融资模式仍然是以间接债务融资为主，如果全社会债务杠杆率发生阶段性突变，则常常会给股票市场走势带来明显的系统性影响。图10-3为2009—2021年中国全社会债务杠杆率走势。

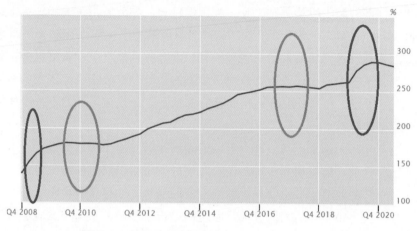

图10-3　2009—2021年中国全社会债务杠杆率走势

数据来源：国际清算银行(BIS)

从国际清算银行(BIS)的数据可以看到，从2008年到2021年，中国全社会债务杠杆率在2009年、2020年出现了明显的阶段性快速提高；2010年、2018年、2021年出现了明显的阶段性突然收缩。我们看一下股票市场2009—2021年沪深300指数的走势情况(图10-4)。在这些全社会债务杠杆率发生突变的年份，常常也能看到指数走势的相应变化。

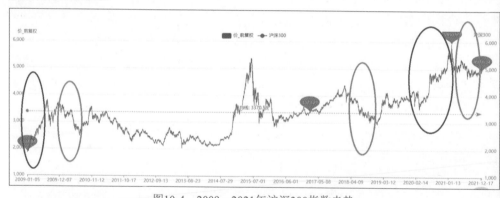

图10-4　2009—2021沪深300指数走势

数据来源：Wind、乌龟量化

从图10-4可以看到，沪深300指数在2009年、2020年伴随着全社会债务杠杆率的突然放大出现了明显的上涨走势，在2010年、2018年、2021年伴随着全社会债务杠杆率的突然回落不同程度地呈现调整下跌行情。

本篇内容分别从三个不同的角度为大家揭示了股票市场神奇的"杠杆效应"。

(1) 企业家把公司推上资本市场，股票市场就启动了"财富杠杆"魔法，企业家的财富将被几十倍、上百倍地放大，这既是制度对企业家精神的奖赏，也是推动社会创新、创造的力量源泉。

（2）场外配资的故事为大家揭示了市场杠杆资金对股价的追涨杀跌的放大效应。大众投资者无法驾驭场外配资的高杠杆、高成本风险，一定要远离场外配资。每当市场出现场外配资疯狂滋长，都意味着市场很快会进入急涨、急跌的阶段。

（3）全社会突然放大债务杠杆的时候，有利于股市牛市的发生；全社会债务杠杆率突然回落的时候，要当心股市出现指数的调整。

11 买大公司股票，还是小公司股票

在股票市场，面对4700多家上市公司，每个大众投资者或早或晚都会面对一个选股的策略问题：该买大公司股票，还是小公司股票？到底哪一类胜算更大呢？

通常来说，大公司的股票流动性更好，参与者更多，题材故事炒作机会更多，媒体和大众投资者关注得也更多。在大多数人的印象中，大公司股票也都表现得很出色，如贵州茅台、宁德时代、招商银行、隆基股份、迈瑞医疗、智飞生物等。

但静下心来想想，大公司毕竟已经"长大"，从成长性来说似乎想象空间有限；资本市场投资的是公司未来的成长性，而且大公司也都是从小公司成长起来的。从这些逻辑来看，似乎小公司是更好的投资标的。只是，如果举几个小公司股价大幅增长的例子，多数人都讲不出来，因为这些公司实在是太不受人关注了。

其实，我读书的时候也曾经对这个问题很好奇，印象中教授旁征博引了很多美国成熟市场的历史数据，结论是在美国市场似乎小公司的投资回报率更高一些，不过最近这几年也许有了新的变化，我没有再做跟踪。接下来将用实证数据来揭示在国内A股市场，到底是大公司股票还是小公司股票投资回报率更高。

一、实证研究说明

在中国A股市场，2019年7月份科创板公司开始上市，2020年3月新修订的《中华人民共和国证券法》开始实施，8月份创业板全面实行注册制，预计2022年主板市场也将全面实行注册制发行。在我看来，从2019年开始，中国A股市场开始出现脱胎换骨的变化。因此，我们选取2019—2022年三年的上市公司的数据样本来进行实证比较。

样本选取和业绩比较方法：以沪深市场2018年12月31日的收盘市值信息为基准，分别选取自由流通市值排名前100位、后100位的上市公司股票，按照公司等权分别买入100万元(也就是每家公司均买入1万元，您也可以把这个金额当作一个标准价值单位)，然后持有一年时间；2019年12月31日卖出前一年的投资组合，再按照一年前的逻辑，参考2019年12月31日收盘的市值基准，用前一年分别投资大公司和小公司的全部资产再分别买入自由流通市值排名前100位、后100位的上市公司股票，然后再持有一年。以此类推，经过2019年、2020年、2021年三年接力投资，我们最终比较一下大公司和小公司组合的累计回报率水平。

二、大公司的投资回报率

参考Choice数据，以2018年12月31日收盘信息为准，选取自由流通市值排名前100位的公司，每家公司各买入1万元(这是为了简单形象地说明问题，您也可以理解为各买入等值的最小单位)，共投资100万元。持有一年时间后，2019年12月31日的算术平均回报率信息见表11-1。

表11-1 2018/12/31—2019/12/31自由流通市值排名前100位的公司回报率

排序	证券代码	证券名称	自由流通市值 [交易日期]2018-12-31 [单位]元	区间涨跌幅 [起始交易日期]2018-12-31 [截止交易日期]2019-12-31 [复权方式]前复权 [单位]%
1	601318.SH	中国平安	607,712,478,337.8000	55.8489
2	600519.SH	贵州茅台	296,467,705,591.2000	103.4744
3	600036.SH	招商银行	259,924,699,818.0000	53.1367
4	601166.SH	兴业银行	186,219,845,897.9400	37.6675
5	000651.SZ	格力电器	171,761,148,014.3800	91.6607
6	000333.SZ	美的集团	170,987,570,854.7400	62.2162
7	601328.SH	交通银行	159,083,751,855.6900	2.2488
8	600016			
⋮	⋮	⋮		⋮
⋮	⋮	⋮		⋮
96	600271.SH	航天		
97	600089.SH	特变电工	25,221,473,937.3100	0.4141
98	600352.SH	浙江龙盛	25,115,721,959.2000	52.2317
99	300015.SZ	爱尔眼科	25,073,159,151.7000	96.5873
100	601985.SH	中国核电	24,608,944,830.0000	-3.0189
平均值	—	—	68,803,502,745.4774	36.5002

扫描二维码 >>
获取详细数据

数据来源：Choice数据

第一年等权买入自由流通市值排名前100位的大公司股票的算术平均回报率约为36.5%。参考上一年的逻辑，以2019年12月31日的市值为基准，卖出前一年的投资组合，再次买入当日自由流通市值排名前100位的公司的股票，持有一年，业绩见表11-2。

表11-2　2019/12/31—2020/12/31自由流通市值排名前100位的公司回报率

排序	证券代码	证券名称	自由流通市值 [交易日期]2019-12-31 [单位]元	区间涨跌幅 [起始交易日期]2019-12-31 [截止交易日期]2020-12-31 [复权方式]前复权 [单位]%
1	601318.SH	中国平安	925,759,507,999.0800	4.1274
2	600519.SH	贵州茅台	594,432,798,960.0000	70.4615
3	600036.SH	招商银行	387,617,865,839.7000	19.7791
4	000651.SZ	格力电器	315,609,304,757.1600	-2.2093
5	601166.SH	兴业银行	287,930,283,814.8000	10.4558
6	000333.SZ	美的集团	282,933,771,281.2500	73.6228
7	600276.SH	恒瑞医药	270,959,288,973.7600	56.8080
8	000858.SZ	五粮液	258,146,340,439.0300	122.6925
9	600030.SH	中信证券	199,132,873,368.0000	16.3950
10	600888			
⋮	⋮	⋮	⋮	⋮
94	600588.SH			
95	300003.SZ	乐普医疗	35,362,247,189.2400	-14.4464
96	300136.SZ	信维通信	35,165,505,334.7400	-21.9554
97	601155.SH	新城控股	34,952,144,177.2800	-5.3146
98	000157.SZ	中联重科	34,630,881,081.8000	54.5067
99	600340.SH	华夏幸福	34,597,309,406.8000	-37.5480
100	002008.SZ	大族激光	34,146,215,280.0000	11.0584
平均值	-	-	102,248,597,200.6360	33.0779

扫描二维码 获取详细数据 >>

数据来源：Choice数据

第二年等权买入自由流通市值前100位的大公司股票的算术平均回报率约为33.08%，仍然比较出色。参考此前的逻辑，以2020年12月31日的市值为基准，卖出前一年的投资组合，再次买入当日自由流通市值排名前100位的公司的股票，持有一年，业绩见表11-3。

表11-3　2020/12/31—2021/12/31自由流通市值排名前100位的公司回报率

排序	证券代码	证券名称	自由流通市值 [交易日期]2020-12-31 [单位]元	区间涨跌幅 [起始交易日期]2020-12-31 [截止交易日期]2021-12-31 [复权方式]前复权 [单位]%
1	600519.SH	贵州茅台	1,003,953,281,760.0000	7.0513
2	601318.SH	中国平安	942,225,158,036.0400	-39.2288
3	000858.SZ	五粮液	566,423,648,275.5500	-21.6364
4	600036.SH	招商银行	543,985,264,575.1500	16.0251
5	000333.SZ	美的集团	483,857,910,400.6000	-21.5625
6	600276.SH	恒瑞医药	415,991,227,006.3400	-45.8780
7	300750.SZ	宁德时代	408,950,812,985.5400	73.0211
8	601166.SH	兴业银行	303,490,152,687.6200	-5.1486
9	000651.SZ	格力电器	298,091,496,441.8800	-35.6841
10	601888.SH	中国中免	275,738,358,701.4000	-16.3154
11	600887...			-8.6820
⋮	⋮	⋮	⋮	⋮
91	002008.SZ	大族...		
92	601186.SH	中国铁建	36,350,255,780.0000	2.7172
93	002236.SZ	大华股份	35,761,935,771.9000	21.7002
94	600352.SH	浙江龙盛	35,448,303,946.5600	-4.7418
95	300003.SZ	乐普医疗	34,333,960,334.7600	-15.6562
96	601155.SH	新城控股	31,426,930,461.4200	-9.1806
97	002044.SZ	美年健康	31,043,947,862.1800	-26.7724
98	002024.SZ	苏宁易购	28,712,162,296.0200	-45.8607
99	300136.SZ	信维通信	27,638,181,370.8000	-30.6163
100	600340.SH	华夏幸福	20,241,761,611.4100	-71.8750
平均值	–	–	137,378,699,870.4680	0.9553

扫描二维码 >>
获取详细数据

数据来源：Choice数据

通过在A股市场连续三年(2018/12/31—2021/12/31)接力等权平均买入自由流动市值排名前100位的大公司的股票，第一年投资平均回报率约为36.5%，第二年投资平均回报率约为33.08%，第三年投资平均回报率约为0.96%。三年累计投资回报率约为83.4%。具体计算公式：[(1+36.5%)×(1+33.08%)×(1+0.96%) − 1]。您对这个投资回报率是否满意？

三、小公司的投资回报率

类似大公司的具体策略和操作，参考Choice数据，以2018年12月31日收盘信息为准，选取自由流通市值排名后100位的小公司的股票，每家公司各买入1万元，共投资100万元，持有一年时间。2019年12月31日卖出此前的投资组合，再根据当天的最新市场收盘数据，等权买入自由流通市值排名后100位的公司的股票，再持有一年时间。以此类推，一共投资三年。

等权买入2018年12月31日沪深A股自由流通市值排名后100位的公司股票，持股一年，截至2019年12月31日小公司策略组合的回报率见表11-4。

表11-4 2018/12/31—2019/12/31自由流通市值排名后100位的公司回报率

序号	证券代码	证券名称	自由流通市值 [交易日期]2018-12-31 [单位]元	区间涨跌幅 [起始交易日]2018-12-31 [截止交易日]2019-12-31 [复权方式]前复权 [单位]%
1	002323.SZ	*ST雅博	293,071,755.0700	140.4580
2	603029.SH	天鹅股份	370,186,440.0000	11.3026
3	603991.SH	至正股份	406,513,871.8200	-4.8532
4	300713.SZ	英可瑞	412,143,750.0000	-4.2039
5	603041.SH	美思德	429,129,948.0000	22.8315
6	300717.SZ	华信新材	440,524,800.0000	13.9578
7	300371.SZ	汇中股份	445,320,000.0000	54.3991
8	300549.SZ	优德精密	455,622,780.0000	20.8056
9	603110.SH	东方材料	456,209,748.1200	57.9188
10	603⋯⋯	⋯⋯	⋯⋯	⋯⋯
⋮	⋮	⋮	⋮	⋮
95	300629.SZ	⋯⋯	⋯⋯	⋯⋯
96	002855.SZ	捷荣技术	616,320,000.0000	53.9198
97	603139.SH	康惠制药	616,459,360.0000	12.3306
98	603880.SH	南卫股份	617,240,000.0000	29.6210
99	300552.SZ	万集科技	619,976,448.0000	486.3559
100	002921.SZ	联诚精密	620,160,000.0000	-28.4589
平均值	-	-	538,660,795.8341	44.2316

扫描二维码
获取详细数据 >>

数据来源：Choice数据

2019年12月31日卖出上一年的投资组合，以当天的收盘价等权买入沪深A股自由流通市值排名后100位公司的股票，持股一年，截至2020年12月31日小公司策略组合的回报率见表11-5。

表11-5 2019/12/31—2020/12/31自由流通市值排名后100位的公司回报率

序号	证券代码	证券名称	自由流通市值 [交易日期]2019-12-31 [单位]元	区间涨跌幅 [起始交易日期]2019-12-31 [截止交易日期]2020-12-31 [复权方式]前复权 [单位]%
1	603389.SH	亚振家居	460,341,504.0000	−39.8964
2	300720.SZ	海川智能	496,692,000.0000	60.0774
3	603829.SH	洛凯股份	515,520,000.0000	2.8063
4	603041.SH	美思德	521,127,382.8000	19.9626
5	603578.SII	三星新材	537,837,300.0000	10.7339
6	300549.SZ	优德精密	542,027,100.0000	67.4191
7	603029.SH	天鹅股份	545,478,960.0000	−10.1258
8	603088.SH	宁波精达	556,953,600.0000	25.5685
9	002830.SZ	名雕股份	565,628,280.0000	−24.0204
10	30073...			...5.3598
⋮	⋮	⋮	⋮	⋮
92	300641.SZ	正...		
93	603329.SH	上海雅仕	728,112,000.0000	−8.8321
94	002943.SZ	宇晶股份	728,400,000.0000	−23.8070
95	603860.SH	中公高科	729,745,920.0000	−17.1119
96	300640.SZ	德艺文创	732,388,680.0000	−10.6159
97	002921.SZ	联诚精密	734,400,000.0000	8.4239
98	603488.SH	展鹏科技	734,636,556.0000	64.1413
99	603196.SH	日播时尚	735,120,000.0000	−37.4971
100	603729.SH	ST龙韵	742,037,100.0000	−14.4720
平均值	–		653,727,968.0815	15.1857

扫描二维码 >>
获取详细数据

数据来源：Choice数据

2020年12月31日卖出上一年的投资组合，等权买入沪深A股自由流通市值排名后100位公司的股票，持股一年，截至2021年12月31日小公司策略组合的投资回报率见表11-6。

表11-6 2020/12/31—2021/12/31自由流通市值排名后100位的公司回报率

序号	证券代码	证券名称	自由流通市值 [交易日期]2020-12-31 [单位]元	区间涨跌幅 [起始交易日期]2020-12-31 [截止交易日期]2021-12-31 [复权方式]前复权 [单位]%
1	603996.SH	*ST中新	218,509,200.0000	11.3514
2	603157.SH	*ST拉夏	243,003,744.6600	45.8904
3	603389.SH	亚振家居	274,313,088.0000	50.6255
4	002260.SZ	*ST德奥	334,152,000.0000	0.0000
5	002356.SZ	*ST赫美	335,684,964.7400	383.1776
6	600734.SH	*ST实达	376,535,251.1800	145.5285
7	000835.SZ	*ST长动	404,856,103.7400	63.4831
8	603196.SH	日播时尚	406,800,000.0000	44.5751
9	000820.SZ	*ST节能	447,346,145.6100	189.7436
10	002876.			
:	:	:	:	:
92	603848.SH			
93	300789.SZ	唐源电气	655,530,226.5600	−1.0136
94	603551.SH	奥普家居	656,056,401.0000	−28.9356
95	000985.SZ	大庆华科	657,531,544.0000	10.7833
96	603038.SH	华立股份	657,758,724.5600	57.3029
97	002898.SZ	赛隆药业	658,944,000.0000	12.9730
98	002843.SZ	泰嘉股份	659,400,000.0000	32.8807
99	300539.SZ	横河精密	660,650,810.8800	12.1966
100	002719.SZ	麦趣尔	660,859,243.1100	38.4609
平均值	–	–	565,620,004.3474	41.5101

扫描二维码 >> 获取详细数据

数据来源：Choice数据

从以上表格的数据可以看到，如果等权买入自由流通市值排名后100位上市公司的股票，均持有1年，三年接力投资，每年回报率分别约为44.23%、15.19%和41.51%。三年买入小公司股票的累计回报率为135.08%。具体计算公式：[(1+44.23%)×(1+15.18%)×(1+41.51%) − 1]。

需要说明的是，这里的小公司是自由流通市值排名后100位的公司，其内涵和目前市场代表"中小公司"的基础指数"中证500"以及代表"小公司"的指数"中证1000"等都有很大的不同。相对来说，这些指数所代表的公司还是"太大"

了，这里的"小公司"是指自由流通市值排名靠后的公司，实际上对于大多数个人投资者来说，其具体实践的意义更大一些。

四、实证研究结论

根据上文股票投资的大公司策略，三年回报率为83.4%；而同样周期内，坚持小公司投资策略，三年回报率为135.08%，远远跑赢了大公司策略。这似乎向我们揭示了在资本市场，不为人关注的安静的地方也许才是富矿的区域。这背后的逻辑是：小公司大多数都是上市不久的次新公司，大多数还处于"成长期"，而高成长通常会带来高收益。大公司虽然"新闻性"更强，也常常是机构抱团的对象，但从成长性来看，也许不如市场上安静的小公司。

需要提醒的是，这个实证研究并没有考虑股票的流动性差异和退市风险等因素。根据常识，一般小公司的股票流动性较差，而且市场上接近退市的公司，一般市值也都会很小，尤其在未来退市变得更加容易，就有必要关注这些风险。也许在具体操作的时候，从安全性考虑，可以剔除处于明确退市边缘的小公司标的。

另外，也要注意研究方法的局限性，本研究结论的得出有以下一些前提假设：①100个样本选择；②投资持有一年周期；③2018年12月31日—2021年12月31日的样本区间。若以上假设条件发生变化，结论会有所不同。

以上策略是否颠覆了您对股票市场的认知？对您是否有所启发呢？

12 | 买低价股，还是高价股

刚进入股票市场的大众投资者，出于对风险的厌恶本能，一般只关注股价比较低的股票，潜意识里会认为低价股便宜，风险小，而且如果上涨的话，空间也会更大，毕竟高价股都是从低价涨上来的。至于股价100元甚至更高的股票，大众投资者一是觉得太贵买不起，二是觉得要是跌下来，摔得会更惨。

最近几年，资本市场最为大家关注的两只股票要算贵州茅台和宁德时代了，这两只股票也为投资者带来了丰厚的回报。2022年2月18日贵州茅台和宁德时代的收盘价分别为1907元和527.5元，在全部A股市场4700多只股票中分别排名第1位和第6位，股价实在不低，市场上估计有很多人对这样价位的股票敬而远之。

下面将用实证数据来揭示在国内A股市场到底是低价股还是高价股的投资回报率更出色。相信本实证研究的发现会给大多数投资者带来启发。

一、实证研究说明

我们仍然选取2018年12月31日到2021年12月31日完整三年的数据，因为这三年的市场环境对今天和未来更有参考意义。

样本选取和业绩比较方法：以沪深市场2018年12月31日的收盘价格信息为基准，分别选取股价排名前100位的上市公司、股价排名后100位的上市公司，按照公司等权分别买入100万元(也就是每家公司均买入1万元，您也可以把这个金额当作一个标准价值单位)，然后持有一年时间；2019年12月31日卖出前一年的投资组合，再按照一年前的逻辑，参考2019年12月31日收盘价，分别接力再买入股价排名前100位公司、股价排名后100位公司的股票，然后再持有一年。以此类推，经过2019年、2020年、2021年三年接力投资，我们最终比较一下高价股和低价股策略组合的累计回报率水平。

二、高价股的投资回报率

参考Choice数据，以2018年12月31日收盘价为基准，选取股价排名前100位的公司，每家公司各买入1万元(这是为了简单形象地说明问题，您也可以理解为各买入等值的最小单位)，共投资100万元。持有一年时间后，2019年12月31日的算术平均回报率信息见表12-1。

表12-1 2018/12/31—2019/12/31股价排名前100位的公司回报率

排序	证券代码	证券名称	收盘价 [交易日期]2018-12-31 [复权方式]前复权 [单位]元	区间涨跌幅 [起始交易日期]2018-12-31[截止交易日期]2019-12-31 [复权方式]前复权 [单位]%
1	600519.SH	贵州茅台	569.3283	103.4744
2	603444.SH	吉比特	136.8253	111.1188
3	300760.SZ	迈瑞医疗	107.3281	67.6798
4	300454.SZ	深信服	89.2853	27.8829
5	002304.SZ	洋河股份	88.3517	19.8316
6	000661.SZ	长春高新	86.9968	156.1113
7	600436.SH	片仔癀	85.5961	27.4619
8	603160.SH	汇顶科技	77.8716	163.0565
9	300750.SZ	宁德时代	73.5144	44.4524
10	000538.SZ	云南白药	67.5809	24.0962
11				
⋮	⋮	⋮	⋮	⋮
92	300577.SZ			
93	300596.SZ	利安隆	30.5329	19.0002
94	603260.SH	合盛硅业	30.3182	−4.1463
95	603816.SH	顾家家居	30.3046	45.5634
96	600276.SH	恒瑞医药	30.2908	99.6992
97	300653.SZ	正海生物	30.1495	54.0517
98	600779.SH	水井坊	30.1194	67.0070
99	300756.SZ	金马游乐	30.1083	−18.2202
100	002932.SZ	明德生物	29.9121	−17.2966
平均值	−	−	48.9777	43.7560

扫描二维码 >> 获取详细数据

数据来源：Choice数据

以2019年12月31日的市值为基准，卖出前一年的投资组合，再次等权买入当日股价排名前100位的公司股票，持有一年，业绩见表12-2。

表12-2　2019/12/31—2020/12/31股价排名前100位的公司回报率

排序	证券代码	证券名称	收盘价 [交易日期]2019-12-31 [复权方式]前复权 [单位]元	区间涨跌幅 [起始交易日期]2019-12-31 [截止交易日期]2020-12-31 [复权方式]前复权 [单位]%
1	600519.SH	贵州茅台	1,158.4375	70.4615
2	603444.SH	吉比特	288.8640	42.5194
3	000661.SZ	长春高新	222.8087	106.2835
4	603160.SH	汇顶科技	204.8463	−22.8679
5	300760.SZ	迈瑞医疗	179.9676	140.5118
6	688018.SH	乐鑫科技	166.2427	−12.2537
7	688111.SH	金山办公	163.4788	151.0305
8	688029.SH	南微医学	159.3862	18.5021
9	688188.SH	柏楚电子	155.8691	67.5746
10	688016.SH	心脉医疗	146.2867	73.6505
11	60			69.5386
⋮	⋮	⋮	⋮	⋮
91	688369.SH			
92	002913.SZ	奥士康	57.7255	1.8085
93	300761.SZ	立华股份	57.7003	−46.0047
94	300695.SZ	兆丰股份	57.6435	−2.9338
95	688321.SH	微芯生物	56.1000	−33.4711
96	688388.SH	嘉元科技	56.0243	55.9214
97	000333.SZ	美的集团	55.6064	73.6228
98	688399.SH	硕世生物	55.3990	245.5598
99	688333.SH	铂力特	55.0895	176.4974
100	603222.SH	济民医疗	54.9365	−74.5236
平均值	—	—	101.5602	59.7475

扫描二维码 >>
获取详细数据

数据来源：Choice数据

前两年高价股的投资回报率都非常出色，下面我们看一下第三年的业绩表现。以2020年12月31日的股价为基准，卖出前一年的投资组合，再次买入当日收盘股价排名前100位的上市公司股票，持有一年，业绩见表12-3。

表12-3　2020/12/31—2021/12/31股价排名前100位的公司回报率

排序	证券代码	证券名称	收盘价 [交易日期]2020-12-31 [复权方式]前复权 [单位]元	区间涨跌幅 [起始交易日期]2020-12-31 [截止交易日期]2021-12-31 [复权方式]前复权 [单位]%
1	600519.SH	贵州茅台	1,979.3634	7.0513
2	688169.SH	石头科技	1,034.0207	−18.4228
3	000661.SZ	长春高新	448.1939	−38.2196
4	688536.SH	思瑞浦	431.8428	89.6987
5	300760.SZ	迈瑞医疗	423.8485	−8.4502
6	603444.SH	吉比特	417.1488	−0.1041
7	688111.SH	金山办公	410.3816	−29.0661
8	300751.SZ	迈为股份	375.2405	72.7034
9	688185.SH	康希诺-U	374.1100	−14.7140
10	688200.SH	华峰测控	372.6764	50.8948
11	300⬚⬚			⬚⬚.⬚⬚⬚⬚
:	:	:	:	:
89	600486.SH			
90	603713.SH	密尔克卫	130.6964	6.2807
91	603267.SH	鸿远电子	128.3807	44.2069
92	300676.SZ	华大基因	128.1671	−30.4955
93	603882.SH	金域医学	127.8269	−12.3820
94	605009.SH	豪悦护理	126.7410	−57.3959
95	688561.SH	奇安信-U	126.1000	−29.0968
96	688286.SH	敏芯股份	124.2353	−23.4717
97	300033.SZ	同花顺	122.7774	22.9545
98	605358.SH	立昂微	120.2666	−2.2273
99	300759.SZ	康龙化成	120.2319	18.1358
100	688311.SH	盟升电子	119.9000	−32.1020
平均值	−		233.8012	18.8166

扫描二维码 >>
获取详细数据

数据来源：Choice数据

以上数据告诉我们，如果在2018年12月31日—2021年12月31日期间，每年初等权买入市场上股价排名前100位公司的股票，三年累计回报率高达172.88%。具体计算公式：[(1+43.76%)×(1+59.75%)×(1+18.82%) − 1]。

三、低价股的投资回报率

根据与高价股投资类似的逻辑和操作，这次买入股价排名后100位公司的股票，具体操作方法如下。

从2018年12月31日开始，根据沪深股市的收盘价，等权买入股价排名后100位上市公司的股票，持有一年时间，截至2019年12月31日，低价股策略投资组合回报率见表12-4。

表12-4   2018/12/31—2019/12/31股价排名后100位的公司回报率

序号	证券代码	证券名称	收盘价 [交易日期]2018-12-31 [复权方式]前复权 [单位]元	区间涨跌幅 [起始交易日期]2018-12-31 [截止交易日期]2019-12-31 [复权方式]前复权 [单位]%
1	002323.SZ	*ST雅博	0.7256	140.4580
2	000564.SZ	*ST大集	1.0640	−5.5336
3	000982.SZ	中银绒业	1.2700	46.4567
4	600157.SH	永泰能源	1.3400	6.7164
5	300116.SZ	保力新	1.3600	44.1176
6	601258.SH	庞大集团	1.3616	2.8169
7	002131.SZ	利欧股份	1.4600	102.0408
8	000727.SZ	冠捷科技	1.4700	42.1769
9	600010.SH	包钢股份	1.4708	−10.2534
10	600053			
⋮	⋮	⋮	⋮	⋮
93	600106.SH			
94	300083.SZ	创世纪	2.3600	69.0678
95	600759.SH	洲际油气	2.3600	17.3729
96	000683.SZ	远兴能源	2.3700	−4.2194
97	600467.SH	好当家	2.3735	3.7277
98	600121.SH	郑州煤电	2.3802	−0.4281
99	300048.SZ	合康新能	2.3900	0.8368
100	600252.SH	中恒集团	2.4079	29.4370
平均值	−	−	1.9787	17.8493

扫描二维码>>
获取详细数据

数据来源：Choice数据

2019年12月31日，卖出前一年的投资组合，等权买入当日沪深股市收盘价排名后100位的上市公司股票，持有一年时间，截至2020年12月31日，低价股策略投资组合的回报率见表12-5。

表12-5　2019/12/31—2020/12/31股价排名后100位的公司回报率

序号	证券代码	证券名称	收盘价 [交易日期]2019-12-31 [复权方式]前复权 [单位]元	区间涨跌幅 [起始交易日期]2019-12-31 [截止交易日期]2020-12-31 [复权方式]前复权 [单位]%
1	000564.SZ	*ST大集	1.0051	8.8235
2	000981.SZ	*ST银亿	1.1040	5.6701
3	002210.SZ	飞马国际	1.2900	70.6349
4	600010.SH	包钢股份	1.3200	-11.3636
5	002445.SZ	中南文化	1.3700	51.1111
6	600022.SH	山东钢铁	1.3969	0.7042
7	601258.SH	庞大集团	1.4000	-30.3448
8	600157.SH	永泰能源	1.4300	-6.2937
9	603077.SH	和邦生物	1.4800	-2.0690
10	000			
⋮	⋮	⋮		⋮
88	002630.SZ			
89	000509.SZ	*ST华塑	2.4000	13.0252
90	002770.SZ	*ST科迪	2.4000	-26.1411
91	300048.SZ	合康新能	2.4100	102.1008
92	300217.SZ	东方电热	2.4121	52.7105
93	000616.SZ	ST海投	2.4300	-1.2346
94	000767.SZ	晋控电力	2.4300	65.5602
95	600159.SH	大龙地产	2.4488	1.6574
96	000861.SZ	海印股份	2.4507	18.2249
97	002516.SZ	旷达科技	2.4563	40.8641
98	600575.SH	淮河能源	2.4606	-6.0810
99	600467.SH	好当家	2.4619	16.4552
100	600569.SH	安阳钢铁	2.4635	4.6956
平均值	–	–	2.0429	13.0525

扫描二维码 >>
获取详细数据

数据来源：Choice数据

2020年12月31日，卖出上一年的组合，再次等权买入当日沪深市场收盘价排名后100位上市公司的股票，持有一年，截至2021年12月31日，低价股策略投资组合回报率见表12-6。

表12-6　2020/12/31—2021/12/31股价排名后100位的公司回报率

序号	证券代码	证券名称	收盘价 [交易日期]2020-12-31 [复权方式]前复权 [单位]元	区间涨跌幅 [起始交易日期]2020-12-31 [截止交易日期]2021-12-31 [复权方式]前复权 [单位]%
1	601258.SH	庞大集团	1.0100	62.3762
2	000587.SZ	*ST金洲	1.0500	42.4528
3	000982.SZ	中银绒业	1.0600	224.0385
4	002147.SZ	*ST新光	1.0600	361.5385
5	002356.SZ	*ST赫美	1.0600	383.1776
6	002175.SZ	*ST东网	1.0700	120.7207
7	000564.SZ	*ST大集	1.0893	58.2101
8	600010.SH	包钢股份	1.1700	138.4615
9	000820.SZ	*ST节能	1.1700	189.7436
10	600112.SZ			97.4359
⋮	⋮	⋮	⋮	⋮
92	601016.SH	节能风电		102.8626
93	002516.SZ	旷达科技	3.4471	92.6766
94	300217.SZ	东方电热	3.6684	53.5995
95	300185.SZ	通裕重工	3.8155	-4.4175
96	000816.SZ	智慧农业	3.9500	1.9900
97	000767.SZ	晋控电力	3.9900	-11.9438
98	300048.SZ	合康新能	4.8100	50.0000
99	002239.SZ	奥特佳	4.8800	-20.1313
100	600121.SH	郑州煤电	9.3200	-47.1239
平均值	-	-	2.2784	48.9701

扫描二维码 >>
获取详细数据

数据来源：Choice数据

从以上的表格的数据可以看到，如果从2018年12月31日等权买入沪深市场股价排名后100位上市公司的股票，均持有一年，三年接力投资，每年回报率分别约为17.85%、13.05%和48.97%。三年低价股策略组合的累计回报率约为98.47%。具体计算公式：[(1+17.85%)×(1+13.05%)×(1+48.97%)−1]。

四、实证研究结论

从以上实证研究可以看到，在2018年12月31日—2021年12月31日期间，如果执行买入高价股的策略，每年初等权买入沪深市场股价排名前100位的公司股票，持有一年，然后循环操作，三年累计回报率达到惊人的172.88%。在此期间，创业板指数的回报率为170.41%，在全球股票市场处于领先地位，但相对于高价股策略，仍然有所不及，这恐怕是很多人想象不到的。

如果执行买入低价股的策略，回报率也比较出色，同样的三年时间累计达到98.47%，竟然远高于沪深300指数的66.37%，但是相比本实证研究高价股策略的172.88%，还是差了不少。

根据本实证研究，可以得出结论：每年坚持循环买入高价股的策略是一个很不错的策略，比买入低价股和大多数市场指数的业绩都要更加出色。为什么会这样呢？这也许与大多数高价股都是高成长性的上市公司有关，而股价长期表现和成长性的关系更大。市场上股价较低的公司，通常都是股价长期不涨或者调整幅度较大造成的，相对于高价股公司，其内生性成长没有那么强势。

如果用心观察，您就会发现，第三年低价股策略组合的回报率明显高于高价股策略组合。这就告诉我们，并非每年高价股策略都能跑赢低价股策略，只是多次持续博弈，累计回报率看高价股策略也许更优。

另外，本研究结论也许受到以下假设条件的局限：①100个样本选择；②投资持有一年周期；③2018年12月31日—2021年12月31日的样本区间。若以上假设条件发生变化，结论会有所不同。

资本市场常常是反人性的，我们从常理出发的一些下意识判断很多都是错误的。相信对大多数股票市场的个人投资者来说，关于高价股更优的实证研究也超乎想象，这也正是本研究带给投资者的启发和价值所在。

13 | 低市盈率，是价值洼地还是投资陷阱

股票市场是一个高风险的市场，趋利避害是人的天性。在股票市场有不少投资者对低市盈率的公司比较着迷，最简单的原因是这些公司"便宜""安全"，不知道您是否也有同样的看法呢？

大众投资者进入股市的目的主要是为了追求潜在的"收益"，在选择低市盈率的投资标的时，除了风险，当然也需要考虑潜在的收益。那么，市盈率低的公司是否整体上意味着处于"价值洼地"，潜在的投资回报率是否会更出色呢？

相信大多数大众投资者都会对这个问题感兴趣，或者说有自己长期坚持的个人判断。那么，到底您的判断是真知灼见，还是长期沉迷在误区里呢？这里将通过实证研究，将揭开答案。

一、实证研究说明

市盈率有静态市盈率、TTM市盈率、动态市盈率等不同划分，为了数据参考意义更准确、真实，便于实际参照和操作，我们选取TTM市盈率作为标准，实际上这个标准在专业的投资机构也很常用。

参考此前实证研究的方法，考虑到经济发展阶段和股票市场的成熟度，我们仍然选用2019年、2020年、2021年这三年的市场数据，默认这三年的实证研究规律对今天和未来的投资更有参考意义。

具体的做法：参考每年12月31日沪深两市收盘的所有股票TTM市盈率数据，选取市盈率排名后100位的上市公司(除去负值的所有样本，因为负值意味着每股对应的净利润是负的，公司是亏损的，实际上估值也是最贵的一类)的股票，等权

买入，持有一年；然后到年底12月31日卖出此前的投资组合，再次根据市场最新的TTM市盈率数据，重新买入市盈率排名后100位公司股票的组合，再持有一年时间。以此类推，坚持低市盈率策略，在2019年、2020年、2021年接力投资，坚持三年，最后计算累计的投资回报率水平。

为了生动地说明问题，我们需要找一个市场对比标杆。由于涉及沪深两个市场，我们选沪深300指数作为一个对比标杆，看低市盈率策略重复三年的累计投资业绩是否会更出色。

从图13-1可以看到2018年12月31日到2021年12月31日沪深300指数的回报率为66.37%，另外一个市场基础性指数中证500的回报率为78.11%。前者反映的是大盘蓝筹，后者反映的是沪深中小盘，沪深300指数通常用以代表股票市场的整体回报率水平。图13-1为2018年12月31日—2021年12月31日沪深300指数回报率。

图13-1 2018/12/31—2021/12/31沪深300指数回报率

数据来源：Choice数据、乌龟量化

二、"低市盈率"策略

参考Choice数据，以2018年12月31日沪深股市收盘价为基准，选取两市TTM市盈率排名后100位公司(剔除市盈率为负值的公司样本)股票等权买入，持有一年时间后，2019年12月31日的投资组合回报率见表13-1。

表13-1　2018/12/31—2019/12/31TTM市盈率排名后100位的公司回报率

序号	证券代码	证券名称	市盈率(PE,TTM) [交易日期]2018-12-31	区间涨跌幅 [起始交易日期]2018-12-31 [截止交易日期]2019-12-31 [复权方式]前复权 [单位]%
1	000016.SZ	深康佳A	1.4561	38.1344
2	000932.SZ	华菱钢铁	2.6011	10.4628
3	600782.SH	新钢股份	2.8557	4.7695
4	000717.SZ	韶钢松山	3.1602	4.1758
5	600282.SH	南钢股份	3.2934	8.6770
6	600708.SH	光明地产	3.2972	4.9847
7	600569.SH	安阳钢铁	3.3015	−13.0913
8	600738.SH	丽尚国潮	3.4709	6.5594
9	002110.SZ	三钢闽光	3.5285	23.5858
10				
⋮	⋮	⋮	⋮	⋮
90	000540.SZ			
91	601225.SH	陕西煤业	6.6162	25.2423
92	000410.SZ	ST沈机	6.6655	7.9239
93	000031.SZ	大悦城	6.6674	49.4532
94	002016.SZ	世荣兆业	6.6829	1.5714
95	600971.SH	恒源煤电	6.6885	34.7312
96	600426.SH	华鲁恒升	6.7235	66.9782
97	600173.SH	卧龙地产	6.7553	41.4252
98	600665.SH	天地源	6.7618	11.5715
99	600828.SH	茂业商业	6.7831	1.8696
100	000921.SZ	海信家电	6.8099	78.6013
平均值	–	–	5.3767	21.8427

数据来源：Choice数据

扫描二维码
获取详细数据 >>

　　从表13-1可以看出，第一年低市盈率策略选取的100个样本公司平均TTM市盈率为5.3767倍，投资组合持有一年时间的平均回报率约为21.84%。

　　继续坚持低市盈率策略，以2019年12月31日沪深两市的股价为基准，卖出前一年的投资组合，再次等权买入两市当日TTM市盈率排名后100位公司的股票，继续持有一年，截至2020年12月31日收盘时，业绩见表13-2。

表13-2　2019/12/31—2020/12/31TTM市盈率排名后100位的公司回报率

序号	证券代码	证券名称	市盈率(PE,TTM) [交易日期]2019-12-31	区间涨跌幅 [起始交易日期]2019-12-31 [截止交易日期]2020-12-31 [复权方式]前复权 [单位]%
1	600399.SH	抚顺特钢	2.2384	354.2683
2	000055.SZ	方大集团	2.6077	-4.5996
3	600807.SH	济南高新	3.0346	-0.5571
4	600052.SH	东望时代	3.2363	-32.2949
5	600370.SH	三房巷	3.2399	-3.9790
6	600782.SH	新钢股份	3.5533	-4.6094
7	000737.SZ	南风化工	3.7308	65.2174
8	000933.SZ	神火股份	4.2362	49.2160
9	000932.SZ	华菱钢铁	4.7100	7.4436
10	000			
⋮	⋮	⋮	⋮	⋮
90	000498.SZ			
91	000036.SZ	华联控股	7.6237	2.1886
92	600507.SH	方大特钢	7.7079	2.3251
93	600743.SH	华远地产	7.7158	-7.5472
94	600694.SH	大商股份	7.7416	-23.2033
95	600449.SH	宁夏建材	7.7446	27.9569
96	603113.SH	金能科技	7.7539	53.6654
97	000885.SZ	城发环境	7.7666	18.7781
98	600675.SH	中华企业	7.7754	-25.7411
99	600622.SH	光大嘉宝	7.7954	-10.3541
100	600502.SH	安徽建工	7.8140	-3.3168
平均值	-	-	6.1912	-0.1035

扫描二维码>>
获取详细数据

数据来源：Choice数据

　　第二年低市盈率策略选取沪深两市的100家样本企业的平均TTM市盈率水平为6.1912倍，投资组合持有一年时间的平均投资回报率约为-0.10%，可见第二年是亏损的。

　　继续以2020年12月31日沪深两市收盘价为基准，卖出前一年的投资组合；再次坚持低市盈率策略，以当日两市收盘价为基准，等权买入当日两市TTM市盈率排名后100位上市公司股票，持有投资组合一年时间，业绩见表13-3。

表13-3 2020/12/31—2021/12/31TTM市盈率排名后100位的公司回报率

序号	证券代码	证券名称	市盈率(PE,TTM) [交易日期]2020-12-31	区间涨跌幅 [起始交易日期]2020-12-31 [截止交易日期]2021-12-31 [复权方式]前复权 [单位]%
1	002188.SZ	*ST巴士	1.4491	45.5224
2	600289.SH	ST信通	1.8774	−9.4505
3	002164.SZ	宁波东力	2.3504	2.8912
4	002582.SZ	好想你	2.9096	−27.1179
5	300116.SZ	保力新	3.0575	21.2871
6	002146.SZ	荣盛发展	3.2873	−28.2993
7	600466.SH	蓝光发展	3.9088	−56.3169
8	000911.SZ	南宁糖业	4.0603	39.6867
9	600657.SH	信达地产	4.1181	−7.4442
10	6001			7.6956
⋮	⋮	⋮	⋮	⋮
94	600846.SH			
95	300552.SZ	万集科技	7.5257	−5.5101
96	600668.SH	尖峰集团	7.6799	36.2339
97	603609.SH	禾丰股份	7.7053	−10.6791
98	600507.SH	方大特钢	7.7485	27.0473
99	600170.SH	上海建工	7.7637	26.0215
100	600704.SH	物产中大	7.8046	40.2488
平均值	−	−	5.8045	6.3073

扫描二维码
获取详细数据 >>

数据来源：Choice数据

第三年低市盈率策略选取的沪深两市TTM市盈率排名后100位样本公司的平均市盈率为5.8045倍，投资组合持有一年时间的回报率约为6.31%。

三、实证研究结论

综合以上实证研究数据，如果在2018年12月31日—2021年12月31日期间每年初等权买入沪深两市TTM市盈率排名后100位公司的股票组合，持有一年时间，坚持投资三年时间，累计回报率约为29.40%。具体计算公式：[(1+21.84%)×

$(1-0.10\%) \times (1+6.31\%) - 1]$。对比同期沪深300指数66.37%的三年累计回报率，显然低市盈率策略29.40%的回报率远远跑输了沪深300大盘指数。

这个实证研究是不是让您大跌眼镜呢？进入股票市场的绝大多数大众投资者(也就是我们常说的散户)，尤其是初入市场经验尚不丰富的散户，都会不假思索地倾向于购买低市盈率的股票：一方面觉得其"便宜"，股票风险小；另一方面觉得其处于"价值洼地"，未来上涨空间大。殊不知，这些看起来便宜的股票，回报率却远逊色于大盘的平均水平，并非一个"价值洼地"。

为什么会这样呢？我想大概有两方面的原因：第一，金融市场一个比较普遍的规律是"高风险、高回报，低风险、低回报"，市场上市盈率较低的公司也许股价波动的风险的确比市场的平均水平小，但正是这个原因，收益率也会比市场平均水平低很多，这实际上是正常的风险收益匹配关系；第二，资本市场给投资者带来回报的最根本逻辑是公司内在的成长性，成长性高的公司，股价的涨幅一般也会更大。市盈率这个指标除了反映公司的"估值"水平之外，其实还隐含着市场对公司未来成长性的判断，所以沪深两市市盈率最低的公司意味着市场投资者一致的判断是：这些公司未来的成长性也是市场中最差的。

当然，需要说明的是，以上实证研究结论是在一定的样本数量、取样标准、观察周期等因素限定下得出的，若以上因素发生变化，结论会有差异。所以，在思考实证研究给我们带来的启发的时候，不宜过分夸大结论的效用。

四、更有趣的进一步发现

以上实证研究结论初步揭示了资本市场"低风险、低回报"的规律，当看到这个结论后，您是否会思考另外一个更有趣的问题：反其道行之，如果买入市场上市盈率最高的股票组合，是不是会获得超越大盘指数的高回报呢？

重复此前的实证研究过程，只是我们这次把买入沪深两市TTM市盈率排名后100位公司组合，换成买入沪深两市TTM市盈率排名前100位公司组合，重复执行"高市盈率策略"，三年的同期累计回报率又会怎么样呢？

显然，从人性来说，这是一个绝对疯狂的思路，也只有在看到了低市盈率策略的实证研究结论之后，才可能会有这样"反人性"的思维。限于文章的篇幅，这里只展示进一步延伸实证研究的结论。2018年12月31日—2021年12月31日TTM市盈率排名前100位的公司回报率见表13-4。

表13-4　2018/12/31—2021/12/31TTM市盈率排名前100位的公司回报率

时间阶段	初始平均市盈率	平均回报率(%)
2018/12/31—2019/12/31	763.6928	30.2200
2019/12/31—2020/12/31	3,254.5949	1.2464
2020/12/31—2021/12/31	2,978.2676	39.1229

数据来源：Choice数据

　　从表13-4的数据可以看到，每次选取的沪深两市TTM市盈率排名前100位的样本公司的平均市盈率的确太高了，分别达到约763.7倍、3254.6倍、2978.3倍。如果没有此前低市盈率策略的实证研究结论的启发，我想一个正常的投资者很难接受这种"只买贵的"的疯狂理念。

　　当然，投资最终还是要靠业绩说话，以上高市盈率策略三年的投资回报率分别达到约30.22%，1.25%和39.12%。高市盈率策略三年重复执行的累计回报率达到83.43%，远超低市盈率策略，也明显跑赢沪深300指数的66.37%，甚至也跑赢了更高的中证500指数的78.11%。具体计算公式：$[(1+30.22\%) \times (1+1.25\%) \times (1+39.12\%) - 1]$。通过每次选择100个样本的大样本量和连续三年重复执行的多次操作，再次向我们展示了资本市场"高风险、高收益"的特征。

　　实证研究的目的就是通过不带任何感情偏见的数据分析来发现规律，进而指导我们的投资实践。以上实证研究可以带给我们在股票市场进行投资的启发：①想在股票市场获得更高的回报，就要远离平均市盈率最低的行业赛道，包括市场上市盈率最低的公司；②在同样的市场环境下，对于能够给投资者带来长期丰厚回报的行业和公司，市场给予的市盈率估值水平普遍会更高一点，因为它们具有更好的内生性成长，大众投资者需要克服心理障碍，走近这些"富矿"做进一步的筛选，而不是远离它们。

14 | 最低估值百分位的公司，是好机会吗

价值投资的核心是"以便宜的价格，买入好公司的股票，静待花开"。但大多数投资者会发现，"好公司"的股票通常都不便宜，至少最近几年是这样。不过，市场上还是比较容易找到便宜的股票。

所谓"便宜"，最初级的认识是股价低，稍微进一步的认识是市盈率低。近几年还有一种越来越流行的对"便宜"的定义，就是处于历史估值百分位的低位。今后有机会还会和大家探讨另一个指标"PEG"，由于这里的"G"是公司未来的预估利润增长率，具有较大不确定性，所以我们暂且不讨论。

对于"低股价"和"低市盈率"的概念大家很好理解，那"估值百分位"又是什么意思呢？这个指标通常用股票或者指数当前的市盈率水平处于过去某一个连续统计周期内的时间轴百分位来表达。例如，某一只股票今天的市盈率水平处于"上市以来10%的估值百分位"或者"最近五年80%的估值百分位"，表示该公司今天的估值水平比"公司上市以来90%时期的估值水平低"或者"比最近五年80%时期的估值水平高"。估值百分位越低，说明股票的估值越便宜。通常认为"低于30%的估值百分位"表明处于"估值洼地"；"30%~70%的估值百分位"表明估值处于"正常波动区间"；"70%~90%的估值百分位"表明公司股价已经处于"泡沫化区间"；"90%以上的估值百分位"说明公司已经处于"估值天花板"，这时候要注意动态止盈，慎重追高。

那么，在"便宜"的股票和"好股票"之间，要把哪一个特征放在第一位考虑呢？对绝大多数投资者来说，这是一个很有现实意义的问题。如果只进行空洞的理论探讨，您会发现二者似乎都有道理，永远找不到答案。本篇仍将坚持从实证的角度来回答这个问题。

在此之前的实证研究已经向大家揭示了低价股策略和低市盈率策略的投资业绩并不出色，下面我们将一起通过实证研究来看一看，如果不考虑其他指标，选择市场上股价处于最低估值百分位的股票，投资业绩会怎么样。

一、实证研究说明

为了增强对比效果，并考虑到经济发展阶段和股票市场的成熟度，我们仍然选用2019年、2020年、2021年三年的市场数据，默认这三年的实证研究规律对今天和未来的投资更有参考意义。

低估值百分位策略的操作方法仍然是从2018年12月31日开始(年底最后一个交易日)，以当日沪深两市收盘价为基准，参考所有股票的TTM市盈率估值百分位数据(剔除市盈率为负值的亏损公司样本以及12月31日当日上市的公司样本)，选取两市TTM市盈率估值百分位排名后100位的上市公司股票作为样本，等权买入，持有一年；然后到2019年12月31日卖出此前的投资组合，再次根据沪深两市当日最新的TTM市盈率百分位数据，重新等权买入处于TTM市盈率估值百分位排名后100位上市公司股票的样本组合，然后持有一年时间。以此类推，重复执行同样的投资策略三年，最后计算累计的投资回报率水平。

我们把沪深300指数作为一个市场对比标杆，看低估值百分位策略重复三年的累计投资业绩是否会更出色。从图14-1可以看到，2018年12月31日到2021年12月31日沪深300指数的累计回报率为66.37%。

图14-1　2018/12/31—2021/12/31沪深300指数回报率

数据来源：Choice数据、乌龟量化

二、低估值百分位策略

参考Choice数据，以2018年12月31日沪深股市收盘价为基准，选取两市TTM市盈率估值百分位排名后100位的上市公司(剔除亏损公司和12月31日当日上市的公司)

股票，等权买入，持有一年时间后，2019年12月31日的投资组合回报率见表14-1。

表14-1 2018/12/31—2019/12/31TTM市盈率估值百分位最低的100家公司回报率

序号	证券代码	证券名称 (剔除亏损公司样本)	TTM市盈率 [交易日期] 2018-12-31	TTM市盈率 估值百分位 [交易日期] 2018-12-31 [单位]%	区间涨跌幅 [起始交易日期] 2018-12-31 [截止交易日期] 2019-12-31 [复权方式]前复权 [单位]%
1	000705.SZ	浙江震元	28.7086	0.0000	10.3916
2	000830.SZ	鲁西化工	4.4451	0.0000	11.6080
3	002088.SZ	鲁阳节能	10.0566	0.0000	32.2777
4	002195.SZ	二三四五	12.4536	0.0000	14.4851
5	002258.SZ	利尔化学	11.6439	0.0000	8.7696
6	002340.SZ	格林美	21.5221	0.0000	27.6779
7	002345.SZ	潮宏基	14.4396	0.0000	-9.8434
8	002365.SZ	永安药业	18.7200	0.0000	-4.6907
9	002377.SZ	国创高新	16.7658	0.0000	-1.1933
10	002391				
⋮	⋮	⋮	⋮	⋮	⋮
94	002386.SZ	*ST			
95	300230.SZ	永利股份	9.3257	0.0544	-11.0256
96	300237.SZ	美晨生态	8.3793	0.0547	-28.0992
97	300255.SZ	常山药业	16.9911	0.0558	33.5823
98	002611.SZ	东方精工	10.9116	0.0561	13.3333
99	300315.SZ	掌趣科技	25.2194	0.0618	74.7875
100	300324.SZ	旋极信息	21.8695	0.0625	-0.1783
平均值	–	–	17.2769	0.0105	15.6901

扫描二维码
获取详细数据 >>

数据来源：Choice数据

从以上数据可以看到，2018年12月31日选取的100个上市公司样本的平均TTM市盈率水平为17.2769倍，平均估值百分位只有约0.01%，显然，这个估值水平在各上市公司样本的历史记录中处在一个"价值洼地"。第一年低估值百分位策略组合的平均回报率约为15.69%。

继续坚持低估值百分位策略，以2019年12月31日沪深两市收盘价为基准，卖出上一年的投资组合，再次等权买入两市当日TTM市盈率估值百分位最低的100家公司(剔除亏损公司和12月31日当日上市的公司)股票组合，截至2020年12月31日，持股一年，业绩见表14-2。

表14-2　2019/12/31—2020/12/31TTM市盈率估值百分位最低的100家公司回报率

序号	证券代码	证券名称 (剔除亏损 公司样本)	TTM市盈率 [交易日期] 2019-12-31	TTM市盈率 估值百分位 [交易日期] 2019-12-31 [单位]%	区间涨跌幅 [起始交易日期] 2019-12-31 [截止交易日期] 2020-12-31 [复权方式]前复权 [单位]%
1	603012.SH	创力集团	21.8500	0.0000	-28.0597
2	603109.SH	神驰机电	32.5588	0.0000	29.0830
3	688218.SH	江苏北人	66.1200	0.0000	-32.4090
4	002382.SZ	蓝帆医疗	25.3667	0.1265	75.0988
5	603819.SH	神力股份	22.1416	0.2642	8.3949
6	002438.SZ	江苏神通	22.7399	0.4312	66.7946
7	002221.SZ	东华能源	10.7914	0.4861	34.6152
8	000963.SZ	华东医药	15.9701	0.5798	12.4040
9	002746.SZ	仙坛股份	8.7105	0.5887	-23.1351
10	601886				
⋮	⋮	⋮			⋮
92	002461.SZ	珠江			
93	603843.SH	正平股份	36.3152	2.7194	-17.3582
94	300452.SZ	山河药辅	25.8953	2.7385	50.4652
95	603018.SH	华设集团	10.7186	2.7408	31.4400
96	002381.SZ	双箭股份	15.6332	2.8246	2.5928
97	300067.SZ	安诺其	25.3940	2.8390	6.4973
98	600461.SH	洪城环境	12.5380	2.8458	18.2342
99	600663.SH	陆家嘴	14.7470	2.8485	-17.4301
100	603088.SH	宁波精达	29.2345	2.8662	25.5685
平均值	–	–	17.9665	1.7207	14.3697

扫描二维码 >>
获取详细数据

数据来源：Choice数据

　　第二年低估值百分位策略选取的沪深两市100家样本公司的平均TTM市盈率水平为17.9665倍，平均TTM市盈率估值百分位约为1.72%，也处在一个很低的水平，投资组合持有一年时间的平均投资回报率是14.37%。

　　继续以2020年12月31日沪深两市收盘价为基准，卖出上一年的投资组合；再次坚持低估值百分位策略，以当日两市收盘价为基准，等权买入两市TTM市盈率估值百分位最低的100家上市公司(剔除亏损公司和12月31日当日上市的公司)股票组合，持有一年时间，业绩见表14-3。

表14-3　2020/12/31—2021/12/31 TTM市盈率估值百分位最低的100家公司的回报率

序号	证券代码	证券名称 (剔除亏损 公司样本)	TTM市盈率 [交易日期] 2020-12-31 [单位]%	TTM市盈率 估值百分位 [交易日期] 2020-12-31 [单位]%	区间涨跌幅 [起始交易日期]2020-12-31 [截止交易日期] 2021-12-31 [复权方式]前复权 [单位]%
1	002100.SZ	天康生物	6.2547	0.0000	5.3966
2	605377.SH	华旺科技	17.5331	0.0000	27.1756
3	603699.SH	纽威股份	19.2956	0.0000	-8.4030
4	300587.SZ	天铁股份	21.7155	0.0000	166.7035
5	688679.SH	通源环境	22.8001	0.0000	-17.2134
6	688057.SH	金达莱	24.2887	0.0000	-19.6261
7	002973.SZ	侨银股份	25.1683	0.0000	-24.2519
8	688678.SH	福立旺	31.2490	0.0000	49.6181
9	688618.SH	三旺通信	40.3525	0.0000	-26.6989
10	688600				
⋮	⋮	⋮	⋮	⋮	⋮
92	002864.SZ	盘龙			
93	300400.SZ	劲拓股份	26.4526	0.5260	88.4188
94	002849.SZ	威星智能	22.6981	0.5285	8.9704
95	300259.SZ	新天科技	16.1670	0.5286	7.6712
96	002855.SZ	捷荣技术	35.3923	0.5411	-10.4484
97	603041.SH	美思德	19.2330	0.5453	-10.8280
98	002921.SZ	联诚精密	23.5694	0.5457	16.4191
99	603080.SH	新疆火炬	21.5374	0.5487	33.2326
100	300664.SZ	鹏鹞环保	14.2901	0.5502	-7.4295
平均值	–	–	21.0158	0.2807	15.8967

扫描二维码
获取详细数据 >>

数据来源：Choice数据

　　第三年低估值百分位策略选取的100家样本公司的平均市盈率水平为21.0158倍，平均TTM市盈率估值百分位约为0.28%，持有投资组合一年时间的回报率约为15.90%。

三、实证研究结论

　　综合以上实证研究数据，如果在2018年12月31日—2021年12月31日期间，每年初等权买入沪深两市"TTM市盈率估值百分位"最低的100家样本公司(剔除市盈率为负的经营亏损公司和12月31日当日新上市的公司)股票组合，持有一年时间，重复同样的投资策略三年时间，累计回报率约为53.35%。具体计算公式：$[(1+15.69\%)\times(1+14.37\%)\times(1+15.90\%)-1]$。

如果与同期沪深300指数66.37%的三年累计回报率对比，低估值百分位策略的投资组合回报率明显跑输了大盘。

也许您此前会有这样的疑问：是不是由于不同行业、不同公司的市盈率不能简单对比，当选择市盈率最低的公司时，样本过度集中到了某几个不景气的行业，所以未必真"便宜"。本实证研究告诉我们，即使将每一家样本公司和自身的历史估值水平相对比后，选取处于最低估值百分位的"便宜"公司，投资业绩也不好。

常识和直觉告诉我们，买"便宜"的公司股票意味着风险更低，未来估值修复的成长空间更大，但实证研究告诉我们以上策略在资本市场却是无效的。思考一下，为什么会这样呢？

回到股票市场，什么情况下一家公司的市盈率会处于历史最低的百分位呢？我们通常会认为：①在公司利润不变的情况下，这是由股价过度下跌造成的，未来有修复的空间。但实际上，还有两种情况也可能使公司的估值水平处于历史最低的百分位。②公司股价没变，利润恰好处在历史上最好的时期，在此之后利润开始一路下滑，这种情况经常出现在猪肉、大宗商品等周期性较强、较短的行业。③公司连续多年保持高成长，市场愿意对这样的公司长期给予较高的估值。但是，由于政策、行业或公司自身的原因，公司从某一年告别了高增长阶段，开始进入利润低增长，甚至负增长阶段，公司的市盈率估值水平通常也会快速降下来，和过去高增长的历史相比，就会处于估值低位。这种情况最近几年在白色家电、黑色家电、医疗器械(集采因素)等领域比较常见。现在看来，似乎后两种情况更普遍一些。

本实证研究对我们投资实践的指导意义在于当我们在股票市场追求"以便宜的价格，买入好的公司股票，静待花开"的境界时，首先要选择"好公司"，然后在"好公司"的基础上，等待一个更好的价格窗口买入，这个先后顺序不能颠倒。如果一家公司不是"好公司"，未来已经失去了成长性，则任何价格买入这样的公司股票都是时间的浪费，是没有获利空间的。所以，投资者在股票市场投资时，一定要坚持买"好公司"的股票，而不能贪图便宜。

当然，需要说明的是，以上实证研究结论是在一定的样本数量、取样标准、观察周期等因素限定下得出的，若以上因素发生变化，结论会有所差异。所以，在借鉴实证研究给我们带来的启发时，不宜过分夸大结论的效用。

15 | 成长性策略的显著优势

"以便宜的价格，买入好公司的股票，静待花开"反映了价值投资最核心的思想。

通过此前的实证研究我们发现，不考虑公司品质好坏，单纯只购买"便宜"公司的股票，是明显跑输大盘指数的。这似乎说明股票投资的重点不在于"便宜"，而在于所选择的公司是否是一家"好公司"。

关于"好公司"的指标有很多，在我看来最重要的有三个：利润成长性、销售净利率和净资产收益率。其中，最重要的是利润成长性。接下来的几节将分别通过实证研究分析这三个"好公司"的指标对股票投资业绩的影响，本篇我们聚焦公司利润成长性因素的影响。

购买股票，投资的是对公司未来的预期，这里的预期最重要的就是"利润的增长"。如果我们能够准确地知道未来一年公司的利润增长，选择股票的时候就容易多了。能够保持利润高增长的股票，股价通常也会表现得比较出色。实际情况是，我们在购买股票的时候，只能依据历史数据来判断未来。

投资股票时，如果选择上一年利润高增长的公司股票组合，未来一年的投资业绩会怎么样呢？这是一个具有实际操作指导意义的问题。我们将用实证研究的方法来揭示答案。

一、实证研究说明

考虑到经济发展阶段和股票市场的成熟度，同时兼顾实证研究不同策略的对比效果，我们仍然选用2019年、2020年、2021年三年的市场真实数据。这里还有另外一个潜台词，就是基于最近三年的大数据实证研究，对于指导今天和未来的股票投资会更有实际意义。

实证研究的具体方法是：在2018年12月31日(最后一个交易日)，买入2018年沪深两市净利润同比2017年增速排名前100位的上市公司股票组合，然后持有一年时间；在2019年12月31日(最后一个交易日)卖出此前的投资组合，再次买入2019年当年沪深两市净利润同比2018年增速排名前100位的上市公司股票组合，持有一年时间；2020年12月31日(最后一个交易日)卖出此前持有的投资组合，然后买入2020年沪深两市净利润同比2019年增速排名前100位的上市公司股票组合，持有一年时间，在2021年12月31日卖出所有的投资组合。最后，看一下坚持三年成长性选股策略的投资业绩怎么样。

同样，为了比较业绩，我们选择沪深300指数作为一个市场对比标杆，看成长性策略重复三年的累计投资业绩是否比市场对比标杆更出色。从图15-1可以看到，2018年12月31日到2021年12月31日沪深300指数的累计回报率为66.37%。

图15-1　2018/12/31—2021/12/31沪深300指数回报率

数据来源：Choice数据、乌龟量化

二、成长性策略

参考Choice数据，以2018年12月31日沪深股市收盘价为基准，选取两市2018年净利润同比2017年增速前100位上市公司股票，等权买入，持有一年时间，2019年12月31日投资组合回报率见表15-1。

表15-1 2018年沪深A股利润增速前100位的公司股票2019年持有回报率

序号	证券代码	证券名称	净利润同比增速 [报告期]2018年 [单位]%	区间涨跌幅 [起始交易日期]2018-12-31 [截止交易日期]2019-12-31 [复权方式]前复权 [单位]%
1	000801.SZ	四川九洲	11,023.9295	25.1162
2	300458.SZ	全志科技	6,288.3026	62.2124
3	000616.SZ	ST海投	4,265.6001	0.8299
4	000037.SZ	深南电A	3,202.4641	163.4454
5	300272.SZ	开能健康	3,120.1104	−8.8178
6	600302.SH	标准股份	3,097.7995	15.0685
7	002159.SZ	三特索道	2,736.8812	−29.9772
8	600387.SH	ST海越	2,684.2131	6.3899
9	002290.SZ	禾盛新材	2,549.9205	−48.1828
10				
⋮	⋮	⋮	⋮	⋮
92	300344.SZ	立方		
93	002785.SZ	万里石	296.6690	50.0453
94	600399.SH	抚顺特钢	294.9265	32.0000
95	002579.SZ	中京电子	294.0608	63.6991
96	000636.SZ	风华高科	292.6211	41.9337%
97	000713.SZ	丰乐种业	292.2558	140.5098
98	000720.SZ	新能泰山	291.5759	57.0605
99	300142.SZ	沃森生物	290.3636	70.0337
100	300308.SZ	中际旭创	285.8174	79.9688
平均值	−	−	991.0706	28.6869

扫描二维码
获取详细数据 >>

数据来源：Choice数据

从以上数据可以看到，2018年沪深两市当年净利润同比增速排名前100位的上市公司平均净利润同比增长约991.07%，2018年的成长性十分出色。如果在2018年12月31日买入这100家公司股票的投资组合，持有一年时间，2019年12月31日成长性策略组合的平均回报率约为28.69%。

坚持成长性策略，以2019年12月31日沪深两市收盘价为基准，卖出上一年的投资组合，再次等权买入沪深两市2019年净利润同比2018年增速排名前100位的公司股票组合，持股一年，截至2020年12月31日的业绩见表15-2。

表15-2 2019年沪深A股利润增速前100位的公司股票2020年持有回报率

序号	证券代码	证券名称	净利润同比增速 [报告期]2019年 [单位]%	区间涨跌幅 [起始交易日期]2019-12-31 [截止交易日期]2020-12-31 [复权方式]前复权 [单位]%
1	300552.SZ	万集科技	13,976.7896	0.5259
2	600858.SH	银座股份	5,215.7369	28.6807
3	002869.SZ	金溢科技	5,154.0039	−19.4868
4	600503.SH	华丽家族	4,648.6516	14.2310
5	300464.SZ	星徽股份	4,173.7306	23.6854
6	000893.SZ	亚钾国际	3,791.9635	38.9073
7	002379.SZ	宏创控股	3,652.1779	−20.9945
8	300236.SZ	上海新阳	3,335.5117	77.2066
9	601808.SH	中海油服	2,750.9741	−32.2745
10				
⋮	⋮	⋮	⋮	⋮
92	002006.SZ			
93	002234.SZ	民和股份	323.0414	−49.7492
94	601069.SH	西部黄金	322.5032	−9.6939
95	603508.SH	思维列控	320.4696	−41.9591
96	600751.SH	海航科技	316.9948	−10.2041
97	002250.SZ	联化科技	316.8582	44.9067
98	600719.SH	大连热电	316.3938	−17.5161
99	600053.SH	九鼎投资	312.3954	−15.4412
100	300491.SZ	通合科技	311.8516	21.2701
平均值	−	−	1,042.0699	13.9538

扫描二维码 >> 获取详细数据

数据来源：Choice数据

参考成长性策略，2019年沪深两市净利润同比2018年增速排名前100位的公司平均净利润同比增长约1042.07%，持有这100家公司的股票投资组合一年时间的投资回报率约为13.95%。

继续坚持成长性策略，以2020年12月31日沪深两市收盘价为基准，卖出上一年的投资组合；选取2020年沪深两市上市公司净利润同比2019年增速排名前100位的上市公司股票，以2020年12月31日收盘价等权买入，持有一年，以2021年12月31日收盘价卖出，业绩见表15-3。

表15-3　2020年沪深A股利润增速前100位的公司股票2021年持有回报率

序号	证券代码	证券名称	净利润同比增速 [报告期]2020年 [单位]%	区间涨跌幅 [起始交易日期]2020-12-31 [截止交易日期]2021-12-31 [复权方式]前复权 [单位]%
1	000955.SZ	欣龙控股	15,970.9324	−37.8003
2	600784.SH	鲁银投资	6,695.3375	9.5742
3	688289.SH	圣湘生物	6,527.8972	−46.5178
4	002164.SZ	宁波东力	6,471.7268	2.8912
5	601028.SH	玉龙股份	6,182.5152	55.1752
6	002030.SZ	达安基因	5,295.2633	−4.6588
7	688313.SH	仕佳光子	5,224.0619	−44.6430
8	600621.SH	华鑫股份	4,384.7043	−36.2693
9	603683.SH	晶华新材	4,372.1653	56.6255
10	600			
⋮	⋮	⋮	⋮	⋮
92	002351.SZ			
93	300246.SZ	宝莱特	382.2278	−11.4379
94	300203.SZ	聚光科技	379.6613	144.2655
95	300085.SZ	银之杰	379.6338	−13.4934
96	002714.SZ	牧原股份	379.3651	−0.4864
97	002469.SZ	三维化学	368.7190	23.7402
98	600392.SH	盛和资源	360.1910	129.9693
99	002386.SZ	天原股份	358.1497	114.6712
100	002414.SZ	高德红外	353.5923	−17.2663
平均值	−	−	1,386.3842	31.7140

扫描二维码 >>
获取详细数据

数据来源：Choice数据

第三年成长性策略选取的100家样本公司的2020年净利润同比平均增速约为1386.38%，持有投资组合一年时间的回报率约为31.71%。

三、实证研究结论

综合以上实证研究数据，在2018年12月31日—2021年12月31日期间，每年最后一天等权买入沪深两市当年净利润同比增速排名前100位的样本公司的股票组合，持有一年时间，重复同样的投资策略三年时间，累计回报率约为93.14%%。具体计算公式：[(1+28.69%)×(1+13.95%)×(1+31.71%)−1]。

与同期沪深300指数66.37%的回报率相比，坚持成长性策略三年的回报率明显跑赢了大盘。这说明在选择股票时，公司上一年的利润同比增速是一个对未来投资收益影响显著的因素。选择上一年利润增长显著领先的上市公司股票组合，长期坚持，业绩有较大概率跑赢大盘指数。

为什么上一年利润同比增长靠前的投资组合在下一年股价涨幅大概率比较出色呢？我想可能主要有两方面原因。

(1) 上一年利润增速比较靠前的公司，有较大的概率下一年利润增速也会比较出色，除了极个别的周期性极强的行业之外，大部分行业或公司的高景气度会持续不止一年时间。

(2) 上一年利润增速显著靠前，要么说明公司经营发生了否极泰来的突变，要么说明行业开启了少有的高景气，具有这些特征的行业和公司一般更受市场资金的青睐。

由此可见，选择股票的时候，公司是否具有"成长性"是未来投资业绩的一个重要的敏感性因素。虽然我们还不知道未来一年企业成长性的确切表现，但通过选择上一年在市场上能够保持利润明显高增长的公司，长期坚持，未来的投资组合业绩有较大的概率跑赢大盘指数。

当然，需要说明的是，每一个实证研究总有一定的限定条件。本实证研究结论是在一定的样本数量、取样标准、观察周期等因素限定下得出的，若以上因素发生变化，结论会有所差异。我们只能说成长性策略组合参考以上实证方法来重复操作，跑赢大盘指数的概率较大，但并不意味着可以确定无疑地持续跑赢市场。

16 销售净利率策略，能获得高回报吗

上市公司的财务报表就像一个人的体检表，能够反映一家公司基本面的健康情况，这些公开的信息极其重要。遗憾的是，大多数个人投资者由于缺乏财务方面的专业知识，而无法阅读这些报表，更不能领悟其含义。也许您不需要弄懂每一项财务报表的数据，但至少要能够从其中读懂几个最常用的、重要的数据信号，以此作为筛选投资标的的基本依据。

根据我的研究和投资经验，"销售净利率"这个指标是一个比较重要的数据，通常反映了一家公司所在行业的竞争程度(红海市场还是蓝海市场？)、上市公司的竞争优势(市场定价能力怎么样？是引领者还是跟随者？公司成本管理能力怎么样？)和公司的盈利能力(是否能获取超越市场平均水平的溢价利润？在行业产品价格降低的情况下，仍然能够保障持续盈利的能力)。

这篇文章将用实证数据来揭示如果不考虑其他因素，单纯依靠"销售净利率"选股策略所展现的让人印象深刻的投资业绩优势。相信本实证研究的发现会给大多数投资者带来启发。

一、比较基准

由于我们考虑的是沪深两市的A股投资，所以，这里的比较基准选取市场基础性指数：沪深300指数。

2019年以来，随着经济的发展和A股市场一系列改革的推进，市场风格和2019年之前的市场有较大的区别，所以我们优先参考2019年、2020年、2021年三年的市

场指数表现，这对制定未来市场的投资策略有更实际的启发。图16-1为2018年12月31日—2021年12月31日沪深300指数回报率。

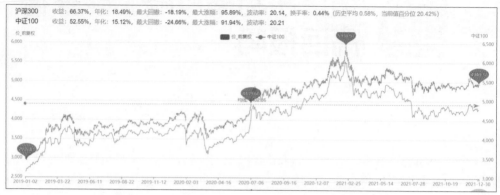

图16-1   2018/12/31—2021/12/31沪深300指数回报率

数据来源：Wind、乌龟量化

根据来自Wind和乌龟量化的数据，2018年12月31日—2021年12月31日，沪深300指数累计涨幅为66.37%。

二、销售净利率选股策略

沪深300指数的成分股每年都有两次更新的机会，我们在利用销售净利率选股策略的时候也要每年做一次调整。根据上一年沪深A股销售净利率排名前100位的公司(扣除非经常性损益带来的扭曲因素，如销售净利率高于、等于或接近于销售毛利率的异常样本)股票组合，等权买入，持有一年；然后在下一年年初时，卖出上一年的投资组合，根据前一年的销售净利率排名再次全仓等权买入销售净利率排名前100位的公司股票。以此类推，一共持股三年，最终看一下多轮执行销售净利率策略后的投资业绩到底怎么样。

参考Choice数据，以2018年12月31日沪深两市收盘价为基准，选取销售净利率排名前100位的公司股票，等权买入，持有一年时间，2019年12月31日的算术平均回报率见表16-1。

表16-1　2018/12/31—2019/12/31销售净利率排名前100位的公司回报率

排序	证券代码	证券名称	销售净利率 [报告期]2018年 [单位]%	区间涨跌幅 [起始交易日期]2018-12-31 [截止交易日期]2019-12-31 [复权方式]前复权 [单位]%
1	600382.SH	*ST广珠	60.7350	18.4037
2	000429.SZ	粤高速A	59.1339	5.0770
3	603444.SH	吉比特	55.5002	111.1188
4	300741.SZ	华宝股份	55.0326	8.6815
5	600790.SH	轻纺城	54.1670	−2.2556
6	300696.SZ	爱乐达	53.4390	1.2408
7	002818.SZ	富森美	51.7319	7.3219
8	600516.SH	方大炭素	51.3971	8.4026
9	600519.SH	贵州茅台	51.3718	103.4744
10	600901.SH	江苏租赁	51.3433	10.2688
11	300326.SZ	凯利泰	49.4530	60.5976
12				
90	300553.SZ			
91	002736.SZ	国信证券	34.2067	51.4067
92	002016.SZ	世荣兆业	34.0445	1.5714
93	000681.SZ	视觉中国	33.9378	−25.8835
94	601288.SH	农业银行	33.8515	7.2740
95	600703.SH	三安光电	33.8345	65.3349
96	600908.SH	无锡银行	33.6996	9.3023
97	002304.SZ	洋河股份	33.5902	19.8316
98	300559.SZ	佳发教育	33.4281	62.2252
99	002926.SZ	华西证券	33.2035	32.6063
100	300459.SZ	汤姆猫	33.1583	−21.1010
平均值	−	−	40.2430	35.6326

扫描二维码 >> 获取详细数据

数据来源：Choice数据

以2019年12月31日的市值为基准，卖出前一年的投资组合，再次等权买入上一年销售净利率排名前100位的公司股票，持有一年，业绩见表16-2。

表16-2　2019/12/31—2020/12/31销售净利润率排名前100位的公司回报率

排序	证券代码	证券名称	销售净利率 [报告期]2019年 [单位]%	区间涨跌幅 [起始交易日期]2019-12-31 [截止交易日期]2020-12-31 [复权方式]前复权 [单位]%
1	000995.SZ	皇台酒业	68.8437	327.0415
2	688188.SH	柏楚电子	65.4505	67.5746
3	002458.SZ	益生股份	60.7991	−28.9860
4	300777.SZ	中简科技	58.2642	62.1243
5	300741.SZ	华宝股份	57.3809	89.1269
6	688008.SH	澜起科技	53.6824	16.5031
7	000007.SZ	*ST全新	52.9001	−28.2922
8	300144.SZ	宋城演艺	52.2600	4.1830
9	300033.SZ	同花顺	51.5285	12.2898
10	600519.SH	贵州茅台	51.4693	70.4615
11	600382.SH	*ST广珠	50.6544	10.4930
12				
⋮	⋮	⋮		⋮
89	000567.SZ			
90	000886.SZ	海南高速	35.8592	18.2061
91	603160.SH	汇顶科技	35.7989	−22.8679
92	300642.SZ	透景生命	35.5686	42.8167
93	000776.SZ	广发证券	35.5559	8.7578
94	603666.SH	亿嘉和	35.3957	97.0136
95	600908.SH	无锡银行	35.3688	13.7462
96	603360.SH	百傲化学	35.1878	−38.9162
97	300107.SZ	建新股份	35.1846	−6.3667
98	002736.SZ	国信证券	34.8661	10.0578
99	300347.SZ	泰格医药	34.7918	163.6867
100	000785.SZ	居然之家	34.6828	−13.6355
平均值	−	−	41.3416	24.2923

扫描二维码 >>
获取详细数据

数据来源：Choice数据

按照此前确定的策略继续执行，以2020年12月31日的收盘价为基准，卖出前一年的投资组合，再次以当日收盘价等权买入上一年销售净利率排名前100位的上市公司股票，持有一年，业绩见表16-3。

表16-3 2020/12/31—2021/12/31销售净利率排名前100位的公司回报率

排序	证券代码	证券名称	销售净利率 [报告期]2020年 [单位]%	区间涨跌幅 [起始交易日期]2020-12-31 [截止交易日期]2021-12-31 [复权方式]前复权 [单位]%
1	688188.SH	柏楚电子	64.7499	49.9592
2	300896.SZ	爱美客	61.1019	52.7404
3	300033.SZ	同花顺	60.6244	22.9545
4	688008.SH	澜起科技	60.5201	2.5054
5	300777.SZ	中简科技	59.6494	24.2806
6	300059.SZ	东方财富	57.9969	54.1761
7	300741.SZ	华宝股份	57.3024	−8.7631
8	688289.SH	圣湘生物	54.9363	−46.5178
9	002945.SZ	华林证券	54.5373	−4.9786
10	000987.SZ	越秀金控	54.1867	−13.9417
11	002714.SZ	牧原股份	53.9736	−0.4864
12				

扫描二维码 >> 获取详细数据

91	000776.SZ			
92	002142.SZ	宁波银行	36.8174	16.0871
93	688088.SH	虹软科技	36.8068	−36.1551
94	002007.SZ	华兰生物	36.7129	−28.7507
95	603087.SH	甘李药业	36.6078	−47.4982
96	000858.SZ	五粮液	36.4846	−21.6364
97	688019.SH	安集科技	36.4575	−1.3944
98	002214.SZ	大立科技	36.3675	−12.7292
99	002467.SZ	二六三	36.3016	−14.7146
100	601988.SH	中国银行	36.2661	2.3234
平均值	−	−	44.0003	6.6646

数据来源：Choice数据

根据以上实证研究数据，在2018年12月31日—2021年12月31日三年时间，每年初等权买入市场上年销售净利率排名前100位的公司(扣除非经常性损益因素的影响，如销售净利率大于、等于或者接近销售毛利率的样本)股票，三年累计回报率约为79.80%。具体计算公式：[(1+35.63%)×(1+24.29%)×(1+6.66%)−1]。

三、实证研究结论

通过对比我们可以发现，一个简单的销售净利率策略在2018年12月31日—2021年12月31日三年期间的投资回报率竟然达到79.80%，明显高于沪深300指数的66.37%。这说明销售净利率对投资回报率来说是一个敏感因子，按照以上策略投资的回报率会有明显改善和提高。

当然，这个实证研究也有几个假设条件：①等权买入前一年销售净利率排名前100位的公司股票；②持有一年时间；③2018年12月31日—2021年12月31日之间的样本时间；④扣除非经常性损益因素的影响，如销售净利率大于、等于或者接近销售毛利率的样本。若以上假设条件发生变化，结论会有所不同。

为什么会有这样的业绩表现呢？其背后的道理是什么呢？正如开篇所讲的，在沪深市场几千家上市公司中，销售净利率排名居前一般说明公司所处的行业并非竞争过度的"红海市场"或夕阳产业；公司在行业的竞争优势比较明显，某种程度上具有定价优势，如爱美客、贵州茅台、五粮液、泰格医药等，或者具有明显的经营成本优势，如同花顺、东方财富、顶点软件、欧普康视等。也许选取一家具体的公司的不确定性会较大，但如果选取了销售净利率排名前100位的公司，则在某种程度上选择了在这个阶段赚钱能力较强的样本，可以说，这些公司处于高景气的发展阶段。

销售净利率策略的实证研究并非建议投资者在制定自己的投资策略时不考虑其他因素，而只参考销售净利率这一个指标确定自己的投资组合。本研究的意图主要是告诉投资者，在筛选"好公司"的时候，"销售净利率"是一个对投资业绩影响显著的因子；在其他条件接近的情况下，投资者可以把"销售净利率"的差异作为资产选择的重要指标，以优化、提高投资业绩。

像股东一样选公司，回报率怎么样

"净资产收益率"一般用英文简写"ROE"(Return on Equity)来表示，是判断"好公司"的一个重要指标。

对于大多数个人投资者来说，也许不容易理解净资产收益率这个过于"财务"的术语，因为在日常生活中很少用到。如果换位思考，站在股东的角度观察公司，您就很容易理解净资产收益率了，它指的就是公司经营管理层利用股东们提供的有限的股东权益赚钱的能力和效率。

在对公司进行杜邦分析的时候，金融分析师常常把净资产收益率分解成：ROE=净利润/净资产= (净利润/营业总收入)×(营业总收入/总资产)×(总资产/净资产)=销售净利率×资产周转率×权益乘数。多少有些财务知识就可以看出，我们谈到的净资产收益率和公司的净利润率、资产周转率和杠杆率直接相关。在同样的行业里，在其他经营条件一样的情况下，如果一家公司的净利润率更高，或者周转的速度更快，或者杠杆率更高，通常就能够为股东创造更多的收益回报。

如果在二级市场进行股票投资的时候，像公司股东一样思考问题，长期坚持投资净资产收益率表现突出的公司，投资业绩到底会怎么样呢？接下来将用实证研究的方法来揭示答案，这对我们的实际股票投资会有现实的参考和启发。

一、实证研究说明

参考前几章的研究方法，我们仍然选用2019年、2020年、2021年三年沪深A股的上市公司数据进行实证回溯研究。

具体方法：分别选取2018年、2019年、2020年沪深两市净资产收益率排名前100位的公司股票作为样本组合，在2018年12月31日以收盘价买入2018年净资产收益率排名前100位的公司股票，然后在2019年12月31日、2020年12月31日分别以收盘价为参考，卖出此前持有的组合，全仓买入2019年、2020年沪深两市净资产收益率排名前100位的公司股票组合，均持有一年。那么，连续三年净资产收益率策略的累计回报率会怎么样呢？

我们选择沪深300指数作为市场对比标杆，看净资产收益率策略重复三年的累计投资业绩是否比市场对比标杆更出色。从图17-1可以看到，2018年12月31日到2021年12月31日沪深300指数的累计回报率为66.37%。

图17-1　2018/12/31—2021/12/31沪深300指数回报率

数据来源：Choice、乌龟量化

二、净资产收益率策略

参考Choice数据，以2018年12月31日沪深股市收盘价为基准，选取沪深两市2018年净资产收益率排名前100位的公司股票作为投资组合，等权买入，持有一年时间，2019年12月31日投资组合回报率见表17-1。

表17-1　2018年沪深A股净资产收益率排名前100位的公司股票2019年持有回报率

排序	证券代码	证券名称	净资产收益率(ROE) [报告期]2018年 [单位]%	区间涨跌幅 [起始交易日期]2018-12-31 [截止交易日期]2019-12-31 [复权方式]前复权 [单位]%
1	000737.SZ	北方铜业	410.0102	3.8869
2	600399.SH	抚顺特钢	171.3550	32.0000
3	600870.SH	*ST厦华	81.0366	−10.5105
4	600408.SH	ST安泰	75.3922	−8.4615
5	600793.SH	宜宾纸业	74.8975	9.0602
6	000717.SZ	韶钢松山	72.2712	4.1758
7	600800.SH	渤海化学	68.5385	10.5788

（续表）

排序	证券代码	证券名称	净资产收益率(ROE) [报告期]2018年 [单位]%	区间涨跌幅 [起始交易日期]2018-12-31 [截止交易日期]2019-12-31 [复权方式]前复权 [单位]%
8	600678.SH	四川金顶	65.5090	39.2157
9	600738.SH	丽尚国潮	65.2230	6.5594
10	000720.SZ	新能泰山	65.1505	57.0605
11				
⋮	⋮		⋮	⋮
96	603444.SH	吉比特	27.7585	111.1188
97	002059.SZ	云南旅游	27.5911	−2.4058
98	300142.SZ	沃森生物	27.5270	70.0337
99	603568.SH	伟明环保	27.4952	37.2668
100	603589.SH	口子窖	27.2422	60.6010
平均值	−	−	**44.4791**	**32.4201**

数据来源：Choice数据

2018年沪深A股市场净资产收益率排名前100位公司的平均ROE约为44.48%，等权买入，持有一年时间，至2019年12月31日的平均回报率约为32.42%。

持续以2019年12月31日沪深两市的收盘价为基准，卖出上一年的投资组合，再次等权买入2019年净资产收益率排名前100位的公司股票组合，持股一年，截至2020年12月31日的业绩见表17-2。

表17-2　2019年沪深A股净资产收益率排名前100位的公司股票2020年持有回报率

序号	证券代码	证券名称	净资产收益率(ROE) [报告期]2019年 [单位]%	区间涨跌幅 [起始交易日期]2019-12-31 [截止交易日期]2020-12-31 [复权方式]前复权 [单位]%
1	600186.SH	莲花健康	1,104.1024	14.4934
2	000504.SZ	南华生物	460.7378	52.6185
3	002175.SZ	*ST东网	162.5978	−44.5596
4	600961.SH	株冶集团	145.1533	−11.2195
5	600877.SH	声光电科	121.8214	47.6844
6	002207.SZ	准油股份	114.0584	6.9565
7	002458.SZ	益生股份	83.7598	−28.9860

扫描二维码
获取详细数据 >>

(续表)

序号	证券代码	证券名称	净资产收益率(ROE) [报告期]2019年 [单位]%	区间涨跌幅 [起始交易日期]2019-12-31 [截止交易日期]2020-12-31 [复权方式]前复权 [单位]%
8	002234.SZ	民和股份	83.4736	−49.7492
9	002629.SZ	仁智股份	76.7945	−19.7080
10	300552.SZ	万集科技	72.5390	0.5259
11	300			13.9213
:	:	:	:	:
96	603568.SH	伟明环保	26.7419	8.4339
97	002035.SZ	华帝股份	26.7151	−32.7599
98	300357.SZ	我武生物	26.6275	78.2371
99	600309.SH	万华化学	26.6079	67.1492
100	600408.SH	ST安泰	26.5503	2.9412
平均值	−	−	57.1379	34.3841

扫描二维码 >> 获取详细数据

数据来源：Choice数据

2019年沪深两市净资产收益率排名前100位公司的平均ROE约为57.14%，持有一年投资组合的投资回报率约为34.38%。

继续以2020年12月31日沪深两市收盘价为基准，卖出上一年的投资组合；选取沪深两市2020年净资产收益率排名前100位的公司股票作为投资组合，在2020年12月31日以收盘价等权买入，持有一年，截至2021年12月31日的投资业绩见表17-3。

表17-3　2020年沪深A股净资产收益率排名前100位的公司股票2021年持有回报率

序号	证券代码	证券名称	净资产收益率(ROE) [报告期]2020年 [单位]%	区间涨跌幅 [起始交易日期]2020-12-31 [截止交易日期]2021-12-31 [复权方式]前复权 [单位]%
1	600462.SH	ST九有	248.9509	22.1239
2	002164.SZ	宁波东力	238.5110	2.8912
3	600083.SH	*ST博信	231.3012	1.5986
4	002069.SZ	獐子岛	208.5672	−16.9192
5	600961.SH	株冶集团	161.3419	27.9230
6	300461.SZ	田中精机	134.4984	−9.5348
7	300677.SZ	英科医疗	129.5064	−46.2963

(续表)

序号	证券代码	证券名称	净资产收益率(ROE) [报告期]2020年 [单位]%	区间涨跌幅 [起始交易日期]2020-12-31 [截止交易日期]2021-12-31 [复权方式]前复权 [单位]%
8	688298.SH	东方生物	124.3515	16.2238
9	600132.SH	重庆啤酒	107.4686	28.9256
10	002113.SZ	ST天润	105.5940	41.6058
11	688×××			16.5178
⋮	⋮	⋮	⋮	⋮
⋮	⋮	⋮	⋮	⋮
96	603444.SH	吉比特	30.4455	−0.1041
97	600248.SH	陕西建工	30.3387	3.5428
98	002626.SZ	金达威	30.2783	−5.4241
99	002214.SZ	大立科技	30.2212	−12.7292
100	600860.SH	京城股份	30.1771	350.8009
平均值	–		**55.3171**	**10.4759**

数据来源：Choice数据

第三年净资产收益率策略选取的净资产收益率排名前100位的样本公司的平均ROE约为55.32%，持有一年时间的平均投资回报率约为10.48%。

三、实证研究结论

综合以上实证研究数据，如果在2018年12月31日—2021年12月31日期间，每年最后一个交易日等权买入沪深两市净资产收益率排名前100位的样本公司的股票组合，持有一年时间，重复同样的投资策略三年时间，累计回报率约为96.59%。具体计算公式：[(1+32.42%)×(1+34.38%)×(1+10.48%)−1]。

同期沪深300指数三年累计涨幅为66.37%，相对而言，坚持净资产收益率策略累计三年96.59%的投资回报率明显跑赢大盘。

由此可见，净资产收益率是一个对二级市场的股票投资组合回报率具有显著影响的因素。从价值投资的思路出发，坚持动态买入净资产收益率高的股票组合，滚动操作，长期有较大的概率跑赢大盘指数。

当然，需要说明的是，每一个实证研究总有一定的限定条件，以上的实证研究结论是在一定的样本数量、取样标准、观察周期等因素限定下得出的，若以上因素发生变化，结论会有所差异。另外，我们也可以看到每年的组合回报率具有波动性，在净资产收益率排名前100位的公司股票组合中，有的股票回报率并不出色，甚至比较差。这都告诉我们，公司个股表现的影响因素很多，具有一定的偶然性，具体参考净资产收益率选择一只个股的风险仍然很大。净资产收益率策略对一揽子投资组合的回报率有显著影响，但也只是大概率事件，并不是绝对的。

第三部分

术业专攻，知进知退

股票市场每天的大幅度波动很容易给投资者一种"赚钱很容易"的感觉，总觉得闭上眼睛做买卖也有50%的赚钱概率，如果再做点功课或者听点内幕消息，赚钱岂不是成为大概率事件了吗？

当您跃跃欲试准备进入股票市场的时候，必须认识到：个人投资者要慎重进入股票市场，股市有风险，入市需谨慎。这既与股票市场本身的高风险有关，更与大众投资者的知识结构、交易习惯和风险意识有关。大众投资者很容易把一朵浪花看成一个浪潮。在股价的上蹿下跳中，大多数散户都成了情绪的奴隶，尤其是重仓之后，基本上已经完全失去了理性的辨别力。

散户进入股市，必须建立对股票市场的感知系统，并遵守严格的投资纪律。例如，什么样的资金可以买股票，什么样的资金不可以买股票？具体选股的时候有哪几个重要指标？究竟该买几只股票？应该集中持股还是分散持股？择时、择势和择股哪个更重要？散户适合左侧交易还是右侧交易？股市见顶和股市见底有哪些重要信号？主力资金和北上资金净流入、净流出对股价有什么影响？价值投资是否有必要止损止盈，怎么操作？……

本部分将具体讨论这些问题。相信您在股票市场迟早都会遇到这些问题，也需要找到自己的方法，并养成良好的投资习惯。早一点明白这些道理，您的付出成本就会更小一些。

内容聚焦

18 股市箴言：这些资金坚决不可以入市

正如《业绩说话：散户赚钱并不容易》一文中用数据揭示的真相，虽然股票市场大盘指数表现可圈可点，但大多数散户赚钱实际上很难，最重要的原因是绝大多数大众投资者缺乏风险意识和风险防范的具体操作方法。

股市最大的对手，不是机构和庄家、不是大股东、不是监管部门、也不是媒体，而是自己的情绪和双手。无数人把"股市有风险，入市需谨慎"背得滚瓜烂熟，但在贪婪和恐惧面前马上原形毕露，败下阵来。

股票风险管理不是从买入股票后才开始，而是从进入股市之前就开始了。无论您以什么理由进入股市，有些资金都是坚决不可以入市的，这是雷打不动的原则。一旦这个底线和原则失去了，您基本上已经陷入被动。守住投资纪律的底线是散户在股市保持相对从容心态的基础，也是其在追逐财富的路上确保事业进步、生活幸福的前提。

一、"有用的"钱不可以入市

所谓"有用的"钱，主要是指已经有明确用途和安排的钱，如以下这些用途的钱是坚决不可以进入股市的：

(1) 准备结婚的钱。

(2) 准备买房的钱。

(3) 准备装修婚房的钱。

(4) 准备生孩子的备用资金。

(5) 准备用于孩子上学的钱。

(6) 准备自己留学或者读研的钱。

(7) 准备还债的钱。

(8) 准备给老人看病的钱。

(9) 养老用的钱。

(10) 帮亲戚朋友暂时保管的钱。

为什么这些资金不可以进入股市呢？一方面，因为股市风险较大，数据统计告诉我们在股市能够赚钱的散户只是少数人；另一方面，这些资金关联着我们家庭生活的重大安排或承诺，是不能动的。在股市赚钱了，从某种意义上理解，是对我们家庭生活的锦上添花，但如果赔钱了，会直接影响到家庭生活的质量或和谐。所以，这些资金入市的收益和潜在风险是完全不成正比的。

对于大多数散户投资者来说，一般只有"闲钱"可以考虑入市。如果这些钱没把握住最后赔了，就当成经验教训，算是在股市投资路上交的学费；如果赚了，则生活锦上添花，手头更加宽裕。

二、不可以借钱炒股

散户投资者不可以借钱炒股，包括透支银行信用卡，向家庭成员、同学、同事、亲戚朋友借钱炒股，更不用说以更高的利息成本向借贷机构、融资平台高息借钱炒股。

我向来不赞成散户利用券商的融资融券工具来借钱或者借券放大杠杆炒股，这种做法非常危险。根据上市券商披露的数据，融资融券业务已经成为券商利润增长的重要来源，大体贡献的利润比重占到了不少券商利润的15%~20%。如果仔细观察，您会发现，每一轮市场大幅调整的时候，在散户融资买入的额度排名靠前的股票中大多数的调整幅度都远超大盘，虽然券商并没有公布散户通过融资融券杠杆投资的业绩怎么样(估计永远不会公布)，但确定的是券商赚得盆满钵满。

除了不赞成散户参与融资融券外，我还更加反对大众投资者通过场外配资放大杠杆炒股。一则其风险极大，在一个本来就风险极高的股票市场加了几倍，甚至高达10倍的杠杆，不要说大众投资者最终无法收场，即使对于专业的机构投资者来说，也是无法驾驭的豪赌；二则其门槛极低，场外配资环境是一个"只认钱、不认人"的高息赌局，任何股市小白，任何资金实力的投资人，只要接受配资的高利息成本，接受强制平仓的后台设计，都可以拿到资金，如果任其发展，最终会酿成社会问题。截至2021年底，最近10年最大的牛市发生在2015年上半年，但因为一场整顿场外配资的运动，从6月15日到8月26日，上证指数跌了43.3%。除了市场高位自身调整的因素之外，对场外配资的整顿是一个极其重要的因素，在这次整顿中，很多场外配资的投资者损失惨重。

一个理性的投资者一定要明白，债务是刚性兑付的，是必须偿还的，甚至还有较高的利息成本和偿债周期的硬性时间约束。炒股是高风险投资，能否有回报是不确定的，更不能保证在某一个时间段内取得超越利息成本的回报率。一旦股票出现调整和账面亏损，会严重影响情绪和身体健康，影响工作和生活，如果出现债务兑付危机，会立即使自己和家庭陷入巨大的麻烦中。

在过去的20年，我经历过历史上最大的牛市(2007年)和最近10年最大的牛市(2015年)，但是每一轮牛市过后，无论从媒体报道还是从周边的朋友中，都会发现由于"借钱炒股"酿成的家庭悲剧，这些人有的拥有经济学博士学位，有的在企业中当高管，有的拥有专业金融机构的投资经历……

三、不可以卖房炒股

每当股市大幅调整或股价迅速上涨的时候，总会有一些"侥幸""贪婪"的个人投资者把持不住"抄底"和"一夜暴富"的心理，跃跃欲试想"赌一把大的"，其中比较有代表性的操作就是卖房炒股，这是极其危险的行为。

当然，这里谈到的卖房炒股中的"房子"主要是家庭有实际刚需用途的住房。在过去20年，我所认识的有一定社会地位的朋友卖房炒股的不乏其人，甚至有的曾经在大的金融机构担任中高层职务，可惜卖房炒股的没有一例能成为财富的赢家，甚至失去了家庭。

在所有的家庭资产中，房子是与众不同的资产，它和黄金、债券、股票、基金等都不一样。在中国，一方面房子是一种相对低风险的资产，除了升值、出租带来的金融收益之外，最重要的是它可以为我们遮风挡雨、解决居住的实际问题，甚至还影响到孩子的上学问题，而其他金融资产只能带来纯粹的金融层面的价值波动体验。简单地说，房子没了，后果常常不单单是"钱"没了，"家"可能也没了。

其实，敢于卖房炒股的人，其"赌性"本身在股票市场已经是风险极大了，如果真的再赌上家里刚需的房子，后果实在不堪设想。

卖房炒股的想法，必须悬崖勒马！

四、不能把全部金融资产都买股票

股票市场波动很大，意味着股票在某些阶段市场的"赚钱效应"可能很显著，不少股票投资者这个阶段会赚钱很快，以致忘乎所以，过度自信，倾向于把更多的家庭金融资产投入股市。

投资者一定要在入市之前，趁还能保持冷静的时候，给自己定一个红线，这个红线也可以是和家庭成员协商制定的，主要是为了多一双风险防范的"眼睛"。一般来说，家庭除去不可动用的资金之外，其他金融资产购买股票的比例不要超过其总金额的30%。

假如，您的家庭金融资产有100万元，日常应急备用的资金需求在10万元，有确切用途的资金需求在20万元，那么意味着您可以进入股票市场的投资资金在20万元以内。这样即使市场出现了较大的风险和波动，您的潜在亏损即使达到了30%，其占家庭金融总资产的比重也在10%以下，对家庭的整体财富规模和生活质量影响不大。

如果您是一个"高风险"偏好者，在控制股票投资比例的前提下，您还可以拿出另外一部分资金，如30%~50%，通过定投的方法购买公募股票基金或指数基金。

随着中国从全面小康社会进入高收入社会，投资对于绝大多数家庭和个人来说都是一场没有尽头的马拉松，是一场知识、情绪和人性的修炼。股票市场本来就是一个高风险的市场，这个市场中贪婪是最大的魔鬼，投资者一定要使自己冷静下来，通过投资方法的设计，控制住情绪，坚持做到慢慢致富。

每一个股市投资者都要养成一个好的交易习惯，千万不能简单靠情绪决定交易。面对热点事件和股价波动，既不能"见风就是雨"，放大每一次事件和股价波动的影响，把浪花当成浪潮，也不能每天盯着股价的上蹿下跳，心存侥幸，过度投机，频繁交易。

解决这个问题的根本就是要不断摸索，建立一套适合自己的不断完善的股票交易系统，从选股、建仓、仓位管理，到止损、止盈、落袋为安，整个过程都要有最基本的章法，每一个步骤都要有一定的具体的量化指标来参照，而不是凭感觉做决策。专业的基金经理和交易员虽然有丰富的专业知识和经验，但在做重要的交易决策时也都需要参考具体的量化指标。

前面通过实证分析的方法向投资者介绍了一些影响股价的重要因素，它们在实际操作中可以作为选股的重要指标体系，投资者通过股票交易软件可以比较方便地找到相关的数据。这里就从选股开始，用实际案例分析的方法来介绍选股的五个重要指标。

一、成长性

股票投资追求的主要是公司未来利润的成长性。股价虽然每天都有波动，但如果以年为单位来观察，那么成长性是支撑和推动股价的重要因素。

未来1~2年的利润成长性是关键，但毕竟未来还没有发生，所以我们需要从过去一年甚至2~3年的成长性来寻找规律。对于最近2~3年，甚至最近半年时间都始终没有表现出高成长的公司，一定要慎重对待其未来高成长的预期，因为一家公司发生突变的难度是很大的。

如何选择成长性较好的公司？首先我们要观察一家公司在最近2~3年营业收入和营业利润的数据及其表现出的规律，然后观察这些规律和行业的发展情况对照起来是否突兀。这里以隆基股份2018年以来的年报数据为例进行分析。

参考Choice数据库，根据2018年年报—2021年三季报，隆基股份的营业收入保持每年34.38%~66.13%的高增长，通过这个数据可以判断公司的业务规模扩张很快，成长速度很稳健。隆基股份的营业利润、归属母公司股东的净利润稍有变化，2018年是负增长，2019—2021年保持较高的增速，但是增速呈现回落的态势，尤其是2021年前三季报(年报还没有出)。结合经营收入高增长的数据，大体上可以判断该公司经营成本的变化是影响利润增速波动的最主要因素，但该公司毫无疑问是一个成长性不错的公司。隆基股份财务指标(成长能力)如图19-1所示。

		2021年三季报	2020年年报	2019年年报	2018年年报
同比增长率					
每股收益-基本(%)		16.53	54.42	96.00	-27.91
每股收益-稀释(%)		17.50	53.74	96.00	-28.68
每股经营活动产生的现金流量...		-47.93	35.02	414.46	-36.89
营业总收入(%)		66.13	65.92	49.62	34.38
营业收入(%)		66.13	65.92	49.62	34.38
营业利润(%)		17.41	58.33	119.48	-28.18
利润总额(%)		16.29	58.67	117.86	-28.63
归属母公司股东的净利润(%)		18.87	61.99	106.40	-28.24
归属母公司股东的净利润-扣除...		23.02	59.87	117.35	-32.36
经营活动产生的现金流量净额(%)		-25.27	35.02	595.34	-11.67

图19-1　隆基股份财务指标(成长能力)

数据来源：Choice数据

在此基础上，我们看一下券商研究机构一致预期的隆基股份未来1~2年的利润增长前景，由于是预测，就一定有偏差，所以不要太"较真"，但由于是专业的研究员、分析师的一致预期，所以还是有参考意义的。我们可以在交易软件里看到如图19-2所示的对隆基股份未来盈利的一致性预期数据。

盈利预测综合值一览						导出Excel
	2018A	2019A	2020A	2021E	2022E	2023E
营业总收入(百万元)	21,987.61	32,897.46	54,583.18	88,328.87	115,341.86	134,289.32
增长率(%)	34.38	49.62	65.92	61.82	30.58	16.43
归属母公司股东的净利润(百万元)	2,557.96	5,279.55	8,552.37	11,083.21	15,152.13	18,875.37
增长率(%)	-28.24	106.40	61.99	29.59	36.71	24.57
每股收益(摊薄)(元)	0.9166	1.3997	2.2675	2.0473	2.7990	3.4871
市盈率	19.03	17.74	40.66	39.10	28.60	22.96
PEG	-0.67	0.17	0.66	1.32	0.78	0.93
基准股本(百万股)	2,790.79	3,772.02	3,771.77	5,418.16	5,417.28	5,412.95

图19-2　隆基股份盈利一致性预期

数据来源：Choice数据

从券商研究机构的分析师对隆基股份的一致性盈利预测数据可以看出，预计2021年净利润增长29.59%，2022年增长36.71%，2023年增长24.57%。如果能够保持如此的利润增速，对于隆基股份这样一个行业的"巨无霸"企业来说，应该是很出色的。在整个A股市场，能够保持连续3年每年利润增速都超过30%的企业大概不到1%。如果想进一步了解到底有多少券商分析师对隆基股份进行了分析和预测，以及他们分析预测得更丰富的数据信息有哪些，可以借助图19-3所示的隆基股份盈利一致性预期数据分布。

每股收益(摊薄)		每股经营现金流		每股股利		每股净资产		ROA		ROE	
单位(元)	2018A	2019A	2020A	2021E	2022E	2023E
预测家数	-	-	-	18	18	18
平均值	0.9166	1.3997	2.2675	2.0473	2.7990	3.4871
中值	-	-	-	2.0347	2.7754	3.4571
最大值	-	-	-	2.3193	3.0850	3.8748
最小值	-	-	-	1.9064	2.6597	3.2808
标准差				0.1009	0.1088	0.1949

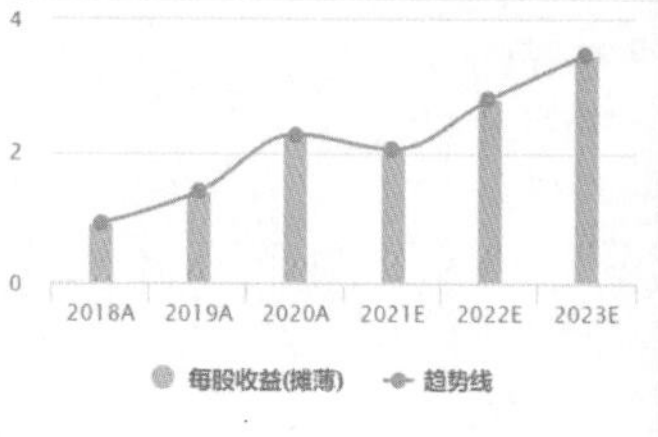

图19-3　隆基股份盈利一致性预期数据分布

数据来源：Choice数据

从图19-3可以看到，一共有18家券商研究机构发布了对于隆基股份未来经营的盈利分析和预测，2022年其每股收益的平均值为2.7990元，最大值为3.0850元，最低值为2.6597元。从这一组数据您可以对隆基股份2022年的利润和利润增速大致有一个"边界"的认知。

一般来说，在选择股票的时候，对于未来两年每年利润增速预期都低于15%的公司，要慎重选择，其大概率很难有财富效应。

二、销售净利率

第二个指标在此前的篇章做过分析，就是"销售净利率"。它主要反映一家公司在行业或者细分赛道的定价权和成本管理能力。

销售净利率既然是反映公司在行业或者细分赛道的竞争优势，在观察这个指标的时候，就要在行业里做对比。在资本市场按照申万宏源证券最新版本的行业划分，有29个一级行业，104个二级行业，通常我们会将其放在二级行业来做对比。在对比的时候，要重视细分产业链的竞争对手的对比。

仍以隆基股份为例，从Choice数据库可以看到电力设备一级行业下属的光伏设备在二级行业中一共有46家成分股票。这里就需要投资者对光伏行业的细分产业链以及隆基股份的基本业务有所熟悉。基本情况是整个光伏行业从上游到下游大体划分成如下几个产业链：光伏专用设备、硅料、硅片、光伏玻璃、电池片、胶膜、电池组件、逆变器、光伏发电企业。其中，隆基股份硅片、电池组件的产能、出货量和市场占有率均居全球第一位；电池片产量居行业第二位，但基本都是供下游电池组件自用。按照2020年年报的数据，公司28%的收入、35%的利润来自硅片，66%的收入、55%的利润来自电池组件。从这组数据可以看到2020年公司硅片的毛利率更高，电池组件的收入占比更大。隆基股份财务分析(销售净利率)如图19-4所示。

行业: 申万二级行业(2021)		基准报告期: 2021 三季报 查看行业内: 全部成分股 确定							导出
排序	代码	简称	每股收益EPS-基本(元)	每股净资产BPS(元)	销售毛利率(%)	销售净利率(%)	净资产收益率ROE(%)	基本每股收益同比增长率(%)	营业收入同比增长率(%)	净利润同比增长率(%)
		行业均值(整体法)	0.58	5.16	20.60	9.96	12.41	-82.10	192.19	-67.19
		行业中值	0.70	7.87	22.10	8.31	8.65	-3.95	45.42	13.00
16	600438.SH	通威股份	1.32	7.83	25.57	13.56	18.00	64.56	47.42	78.38
17	601012.SH	隆基股份	1.41	8.50	21.30	13.44	18.23	16.53	66.13	18.87
18	688390.SH	固德威	2.44	17.96	34.55	12.39	14.16	-18.12	65.12	9.33
19	688556.SH	高测股份	0.69	6.72	33.17	11.47	10.76	122.58	91.90	177.24
20	002129.SZ	中环股份	0.91	7.09	20.02	11.27	13.55	205.84	117.46	226.29
21	300274.SZ	阳光电源	1.03	10.62	27.42	10.45	13.54	25.61	29.09	25.89
22	688560.SH	明冠新材	0.53	8.41	16.63	9.10	6.42	-17.19	57.35	10.32

图19-4 隆基股份财务分析(销售净利率)

数据来源：Choice数据

参考2021年三季报的最新数据，隆基股份销售净利率为13.44%，高于硅片市场排名第二的中环股份的11.27%。在电池组件细分产业链全球市场占有率排名靠前的晶澳科技销售净利率为5.2%，天合光能销售净利率为3.78%，晶科能源销售净利率为2.97%。从这些数据可以看出，隆基股份在硅片和光伏组件两个细分产业链的销售净利率几乎都是最高的，这也反映了隆基股份的竞争优势。

如果进一步对隆基股份进行研究，就会发现隆基股份的收入、利润、研发投入、电池效率等重要指标都处于行业领先地位，公司上下游产业一体程度也是最高的，隆基股份甚至还通过参股的方式与通威股份合作投资了最上游的硅料项目。这就意味着它可以有效地对抗硅片、电池片、电池组件等细分产业链由于供求关系波动而产生的成本压力。

三、估值水平

在此前的篇章讨论过，如果不关心公司的基本面，如成长性、销售净利率、净资产收益率等，而单纯购买"便宜"的股票，并没有财富效应。但如果通过以上指标初步筛选出了"好公司"，就需要进一步关心公司的估值水平是否合理。

在判断估值水平的时候有两个方法，建议同时使用：一是市盈率水平，主要是在行业，尤其是细分产业链的横向比较；二是市盈率估值百分位，主要是与自身历史估值水平的比较。一般来说，在预期利润增速相同的情况下，市盈率水平和市盈率估值百分比相对其他竞争对手越低越好。下面分别看一下这些数据是怎么进行比较的(图19-5)。

价值分析(电力设备-光伏设备)												
排序	代码	简称	最新日期	每股收益			市盈率PE			市净率PB (MRQ)	市现率PCF (TTM)	市销率PS (TTM)
				TM	22E	23E	TTM	22E	23E			
		行业均值(整体法)		0.66	1.78	2.26	61.72	30.08	23.77	8.21	91.40	5.07
		行业中值		0.87	2.40	3.30	56.34	33.79	24.59	7.38	45.76	5.88
1	601012.SH	隆基股份	2022-03-01	1.80	2.80	3.49	44.43	28.60	22.96	9.42	45.94	5.63
2	600438.SH	通威股份	2022-03-01	1.82	2.72	2.99	23.79	15.95	14.51	5.54	42.91	2.93
3	300274.SZ	阳光电源	2022-03-01	1.52	2.69	3.42	80.59	45.72	35.92	11.79	-143.16	8.02
4	688599.SH	天合光能	2022-03-01	0.90	1.75	2.33	83.31	43.14	32.29	9.54	67.84	3.51
5	002129.SZ	中环股份	2022-03-01	0.93	1.63	2.02	51.59	29.38	23.73	7.21	38.01	4.46

图19-5　隆基股份估值分析(行业对比)

数据来源：Choice数据

从图19-5可以看到，隆基股份预计2022—2023年的市盈率水平(参考截屏当日即2022年3月1日收盘价)分别为28.60倍、22.96倍。

光伏设备二级行业46家样本股票2022—2023年市盈率估值的平均水平分别为30.08倍、23.77倍，市盈率估值的中位数水平分别为33.79倍、24.59倍。其中，硅片细分产业链的中环股份市盈率估值的平均水平、中位数水平分别为29.38倍、23.73倍；电池组件细分产业链的晶澳科技分别为38.58倍、28.8倍，晶科能源分别为47.27倍、29.37倍，天合光能分别为43.14倍、32.29倍。

通过以上行业和竞争对手估值水平的对比，可以发现隆基股份的估值水平相对具有"低估值"的特征。

除了行业对比之外，我们还需要做自身历史估值百分位的对比，在很多交易软件都可以查询到类似的数据，这里参考乌龟量化的近10年的数据(图19-6)。

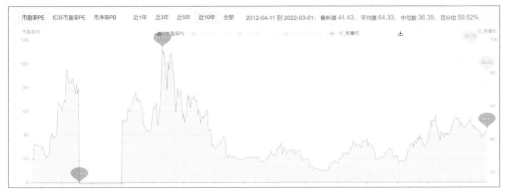

图19-6　隆基股份近10年估值百分位

数据来源：乌龟量化

　　从图19-6可以看到，截至2022年3月1日收盘，隆基股份的TTM市盈率是44.43倍，其最近10年的市盈率平均值是64.33倍，中位数是36.39倍，2022年3月1日的估值处于最近10年59.52%的百分位。一般来说，在30%~70%的估值百分位都属于正常水平，低于30%意味着处于"价值洼地"，70%~90%意味着估值有一定的"泡沫区域"，高于90%意味着处于"估值顶部区域"。

　　2022年3月1日隆基股份处于最近10年59.52%的百分位，大体上可以判断隆基股份当日的股价并没有明显泡沫或者高估，是一个比较正常的水平。

四、资金流动

　　所有股票的股价变化都是资金推动的，当市场环境变差或者公司估值太高的时候，都会出现主力资金流出的局面；当市场和行业前景乐观，公司估值处于相对低位的时候，就会逐渐有资金流入。我们一般关注主力资金、北上资金和股东数的变化。下面仍然以隆基股份为例来说明这些选股指标的应用。

　　关于主力资金，不同的券商和数据服务商的数据会有不同，主要涉及对"主力"的定义的不同，还有对"流入""流出"的定义的不同。这里就不去细究这些定义了，您可以这样理解：主力资金流入就是推动股价上涨的大资金买进，主力资金流出就是推动股价下跌的大资金卖出。两者之间的差值就是主力资金净流入，正值就表示做多的大资金更多，负值就表示做空的大资金占优势。当然我们尽量选择主力资金最近正在持续净流入的股票，尤其是经历过大幅持续流出一个阶段之后，出现了主力资金净流入的趋势性转折的股票，它们会有更好的投资机会。隆基股份主力资金净流入如图19-7所示。

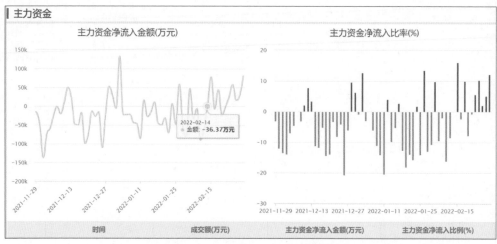

图19-7　隆基股份主力资金净流入

数据来源：Choice数据

从图19-7可以看到，隆基股份从2021年11月底开始整体上呈现了主力资金持续净流出的局面，但这种局面在2022年2月14日发生了转变，随后一周多时间，主力资金明显呈现了持续净流入的特征，这是一个比较乐观的信号。

通过此前篇章的内容，我们已经知道北上资金被称为"聪明的资金"，虽然资金规模不大，但是对市场的判断常常比较准确，其投资业绩也非常出色。下面我们看一下北上资金的流动情况(图19-8)。

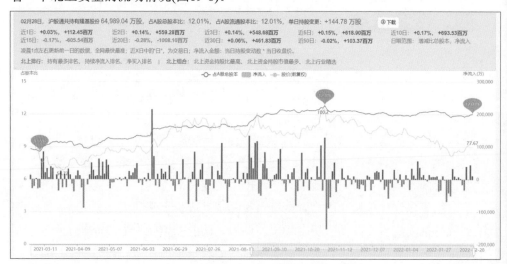

图19-8　隆基股份北上资金净流入趋势

数据来源：乌龟量化

通过Wind、Choice、同花顺、通达信等各交易软件和数据平台都可以查到北上资金截至前一天的每天资金净流入数据。根据乌龟量化的数据，我们可以看到截至2022年2月28日，北上资金持有隆基股份流通股12.01%的比例，与一年前的8.55%相比呈现长期持续稳定增长态势。从短期看，最近5个交易日(一周)、10个交易日(两周)北上资金都表现为净流入。这些信息告诉我们，北上资金对隆基股份是长期看好，经过此前的短期波动后，重新看多、做多。

最后，我们来看一下股东数的变化。一般来说，股东数的减少意味着散户在交出筹码离场，机构主力在进场收集筹码；股东数的增加说明散户在购买，机构在离场。您也可以理解为通过股东数的变化能够观察机构资金买入和卖出的动态变化。一般来说，散户很难主导行情，股票的涨跌主要是由机构投资者的动向决定的，股东数减少通常意味着后市看涨的概率比较大。反之，股东数的不断增加间接说明机构在离场，后市调整或者横盘的概率更大。

从图19-9可以看到，隆基股份季报、年报披露的最近的股东数数据是2021年第三季度末的数据，离现在(2022年3月1日)已经5个月，数据相对滞后，参考意义不大。但从股东数来看，2021年第一季度到第三季度整体变化不大。

有一些上市公司常常通过公告和投资者平台的互动不间断更新公司股东数的数据，最稳妥的信号就是股东数连续两个季度明显减少，但股价却没有明显上涨。当然，这个信号也仅供参考。

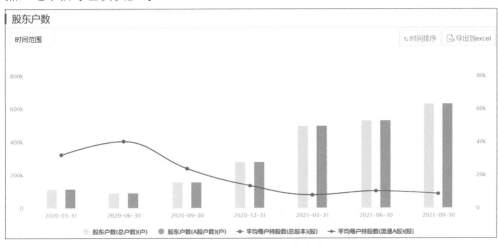

图19-9　隆基股份股东数变化

数据来源：Choice数据

五、技术指标

技术派认为K线图就是股价走势，反映了影响公司股价的所有信息。股票市场上大多数散户投资者都很看重K线图这些技术指标，甚至有一些似懂非懂的个人投资者完全沉迷于技术分析。散户更依赖技术分析的原因在于K线图相对直观、明了、刺激，而分析上市公司的基本面和财务报表所要求的专业知识很多，大多数个人投资者对此都有障碍。

价值投资者认为，股票投资购买的是公司的未来，但技术指标反映的完全是公司过去股价的足迹，从K线图上看不到公司竞争力、成长性、估值水平、资金流动等影响股价的重要信息。公司的基本面决定了未来的股价，而不是股价决定了公司的未来，技术派是因果关系的倒置。

根据我的投资实践和研究，技术分析并非一无是处，但只适合在以上几种重要的因素都分析之后，作为"最后一公里"的补充分析和参考，不宜过度夸大技术指标的作用，它更多反映的是市场当前的情绪。在技术指标中，有一个指标比较简单，就是均线。最常用的均线有5日均线、10日均线、20日均线等，在短线交易中，其参考意义会更大一些。

一般来说，5日均线对于把握短期买入、卖出时点参考意义更大，一部分短线交易的技术派投资者，会考虑在股价跌破5日均线时卖出股票，在股价突破5日均线时买入股票。如图19-10所示的隆基股份股价走势与股价均线，如果按照这个理论，则应该在2022年2月15日股价突破5日均线时买入隆基股份，实际上通过观察后市您会发现，突破5日均线后又出现了回踩5日均线的表现，不过整体上后市的走势的确验证了这个短线交易的策略基本正确。

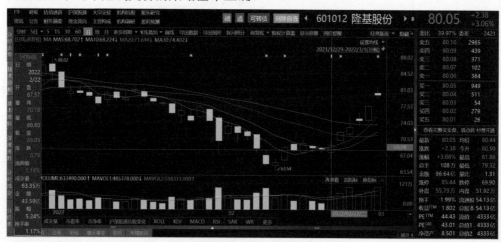

图19-10　隆基股份股价走势与股价均线

数据来源：Choice数据

10日均线是更慎重的短线投资者参考的依据，他们一般会在突破或者跌破5日均线的时候，开始把股票放入重点观察的股票池，然后继续观察，如果突破或者跌破了10日均线，再决定买入或卖出。例如，图19-10中隆基股份参考10日均线的最近买点发生在2022年2月22日。从图中走势看，这一天买入似乎效果要比5日均线更稳妥一点。

20日、30日均线一般作为中线投资者持有或者清仓的依据。即使对一只股票的未来信心较强，但当股价跌破了20日、30日均线的时候也需要减仓或者清仓离场观望。一般来说，股价跌破20日均线意味着此前支撑和推动股价上涨的因素已经消耗殆尽，市场对股价未来出现了阶段性的多空转变。2019年以来，股票市场出现了几次白马股突然大幅调整30%以上的情形，甚至有的"好股票"短期调整幅度超过50%，所以阶段性减仓也是必要的。

除了均线之外，量价关系也是一个很重要的技术指标。有不少专业机构的投资者都会参考量价关系的明显变化，从而决定进场或者离场。

本篇所介绍的选股方面的五个量化指标综合考虑了以下四点：①公司基本面，即公司是不是一个好公司；②公司估值水平，即当前的价格是不是一个好价格；③公司资金面，即是不是有大资金做多的力量；④公司技术面，即当前的股价是否在上升趋势上。这些经验分享既遵循了严谨的金融分析师的大体知识框架，也结合了我自己的投资实践体会。

除了以上这些量化的指标外，在选股的时候，也要思考自己计划持有多长时间；在可预见的持股周期内，有哪些股价上涨的激发因素，如超预期的季报、公司产品价格的持续上涨、即将出台的产业利好政策、公司具有决定意义的新产品的推出等。

必须说明的是，选股的方法有很多，以上这些相对系统的方法从框架上是比较完整的，对于具体的指标，投资者可以根据自己的投资时间和对股市的理解不断完善和优化。

相对集中持股

面对进入视野的眼花缭乱的股票代码和口袋里有限的筹码，到底应该持有几只股票，应该怎么组合搭配，怎么建立一个长期动态的股票池呢？这是绝大多数个人投资者都需要认真思考而且必须渡过的关卡，否则投资业绩很难提高。

一、优秀基金持股的启发

散户在持股方面最容易犯的错误是"持股太多，筹码太分散"。

我们之所以购买股票而没有购买基金，往往是因为心中有一个"小目标"：跑赢基金。我们知道，由于监管的要求，公募基金在持股方面有严格的规定，原则上股票型基金在买入的时候任何一只股票的仓位都不能超过10%。当然，这对防范风险是很有帮助的，但也由于过度分散降低了收益的预期，还增加了选股的难度，基金经理们常常要为每一只基金选择二三十只股票。

如果您认真观察就会发现，每年收益率排名突出的股票型基金，在奠定收益率最重要的季度里，一般前十大重仓股的仓位占比都在60%以上，如图20-1所示。这仍然是相对集中持股的原则，对个人投资者也是有启发的。

通过天天基金网我们可以看到，2021年全年股票型基金回报率排名第一的是前海开源公用事业基金，全年收益率119.42%，遥遥领先。我们看一下前海开源公用事业基金的阶段收益率走势曲线(图20-2)，主要目的是观察其在2021年取得这么出色的业绩，主要是哪个阶段(季度)奠定的领先基础。

选择时间: 2020-12-31 到 2021-12-31 查询 隐藏区间内成立的基金 基金申购费率1折起 按基金公司筛选: 输入基金公司名称筛选

全部(13756) 股票型(2561) 混合型(6523) 债券型(3129) 指数型(2165) QDII(378) ETF(580) LOF(387)

比较	序号	基金代码	基金简称	期间涨幅	期间分红(元/份)	分红次数	起始日期	单位净值	累计净值	终止日期	单位净值	累计净值	成立日期	手续费	可购 全部
□	1	005669	前海开源公用事业	119.42%	---	0	2020-12-31	1.6614	1.6614	2021-12-31	3.6455	3.6455	2018-03-23	0.15%	购买
□	2	011229	创金合信数字经济	68.10%	---	0	2021-01-20	1.0000	1.0000	2021-12-31	1.6810	1.6810	2021-01-20	0.15%	购买
□	3	011230	创金合信数字经济	67.31%	---	0	2021-01-20	1.0000	1.0000	2021-12-31	1.6731	1.6731	2021-01-20	0.00%	购买
□	4	000729	建信中小盘先锋股	67.26%	---	0	2020-12-31	2.5260	2.5260	2021-12-31	4.2250	4.2250	2014-08-20	0.15%	购买
□	5	004784	招商稳健优选股票	66.09%	---	0	2020-12-31	2.1795	2.1795	2021-12-31	3.6200	3.6200	2017-09-20	0.15%	购买
□	6	007130	中庚小盘价值股票	65.15%	---	0	2020-12-31	1.4042	1.4042	2021-12-31	2.3191	2.3191	2019-04-03	--	购买
□	7	011328	景顺长城新能源产	65.07%	---	0	2021-02-22	1.0000	1.0000	2021-12-31	1.6507	1.6507	2021-02-22	0.15%	购买
□	8	159863	鹏华中证光伏产业	65.06%	---	0	2021-02-22	1.0000	1.0000	2021-12-31	1.1004	1.6506	2021-02-22	--	购买
□	9	011329	景顺长城新能源产	64.92%	---	0	2021-02-22	1.0000	1.0000	2021-12-31	1.6492	1.6492	2021-02-22	0.00%	购买
□	10	001877	宝盈国家安全沪港	64.84%	---	0	2020-12-31	1.1260	1.1260	2021-12-31	1.8561	1.8561	2016-01-20	0.15%	购买

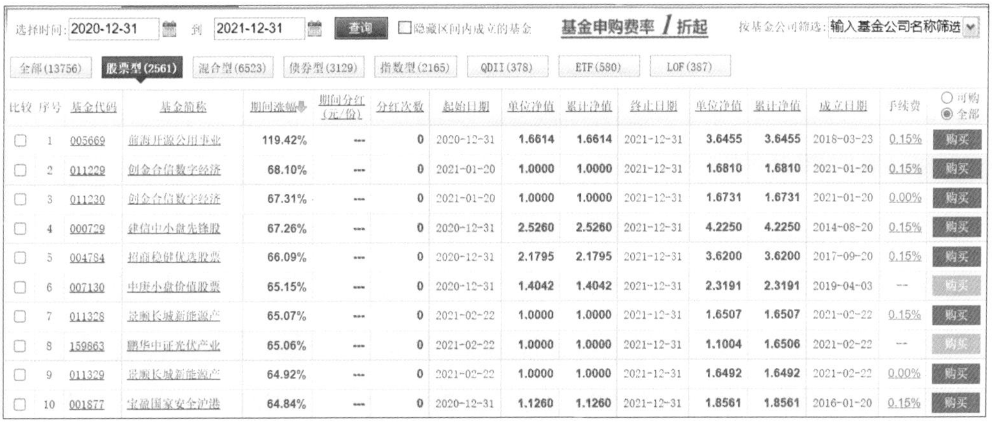

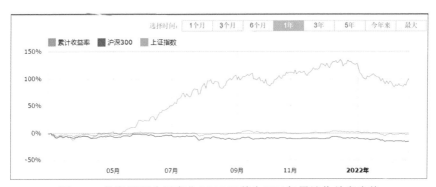

图20-1 2021年股票型基金收益率排名TOP10

数据来源：天天基金网

图20-2 前海开源公用事业(005669)基金2021年累计收益率走势

数据来源：天天基金网

通过图20-2可以看到，前海开源公用事业基金的领先优势是在2021年第二、第三季度建立的，尤其是第二季度。我们接着看一下该基金2021年第二季度的持仓结构(表20-1)。

表20-1 2021年第二季度前海开源公用事业(005669)基金持仓结构

序号	股票代码	股票名称	占净值比例(%)	持股数(万股)	持仓市值(万元)
1	01211	比亚迪股份	7.90	112.75	21,784.31
2	300014	亿纬锂能	7.74	205.26	21,332.65
3	300035	中科电气	7.49	844.14	20,639.23
4	300750	宁德时代	7.38	38.05	20,349.14
5	688599	天合光能	7.24	703.61	19,947.23
6	600563	法拉电子	7.02	122.23	19,356.68

（续表）

序号	股票代码	股票名称	占净值比例(%)	持股数（万股）	持仓市值（万元）
7	300118	东方日升	6.85	973.47	18,885.31
8	300568	星源材质	6.51	433.85	17,948.42
9	300438	鹏辉能源	5.28	635.87	14,561.39
10	002192	融捷股份	5.12	205.47	14,107.57
11	002459	晶澳科技	3.67	206.50	10,118.50
12	600110	诺德股份	3.24	733.57	8,934.88
13	002466	天齐锂业	3.20	142.15	8,816.14
14	002756	永兴材料	2.67	123.89	7,357.73
15	603396	金辰股份	2.54	122.56	6,999.40
16	300057	万顺新材	1.52	633.13	4,185.00
17	002129	中环股份	0.88	62.71	2,420.61
18	300274	阳光电源	0.71	16.90	1,944.51
19	002594	比亚迪	0.28	3.12	783.12
20	600089	特变电工	0.15	31.16	400.41
21	688626	翔宇医疗	0.00	0.12	12.23
22	688216	气派科技	0.00	0.20	9.53
23	300957	贝泰妮	0.00	0.04	9.38
24	688456	有研粉材	0.00	0.34	9.00
25	688499	利元亨	0.00	0.21	8.35
26	301018	申菱环境	0.00	0.78	6.48
27	688676	金盘科技	0.00	0.38	6.09
28	688239	航宇科技	0.00	0.49	5.66
29	688087	英科再生	0.00	0.25	5.42
30	301017	漱玉平民	0.00	0.56	4.92
31	300979	华利集团	0.00	0.05	4.33
32	300973	立高食品	0.00	0.04	4.17
33	601528	瑞丰银行	0.00	0.22	3.47
34	300981	中红医疗	0.00	0.03	2.76
35	301021	英诺激光	0.00	0.29	2.74
36	300953	震裕科技	0.00	0.02	2.40
37	001207	联科科技	0.00	0.07	2.26
38	301009	可靠股份	0.00	0.08	2.23
39	300941	创识科技	0.00	0.04	1.99
40	301015	百洋医药	0.00	0.05	1.79
41	688226	威腾电气	0.00	0.27	1.73

(续表)

序号	股票代码	股票名称	占净值比例(%)	持股数(万股)	持仓市值(万元)
42	300982	苏文电能	0.00	0.03	1.44
43	300968	格林精密	0.00	0.12	1.40
44	001208	华菱线缆	0.00	0.18	1.36
45	300614	百川畅银	0.00	0.03	1.33
46	300942	易瑞生物	0.00	0.04	1.26
47	603171	税友股份	0.00	0.06	1.22
48	300997	欢乐家	0.00	0.09	1.21
49	301002	崧盛股份	0.00	0.02	1.16
50	605287	德才股份	0.00	0.03	1.10
51	300955	嘉亨家化	0.00	0.02	1.07
52	300996	普联软件	0.00	0.02	1.02
53	300956	英力股份	0.00	0.04	0.96
54	301016	雷尔伟	0.00	0.03	0.91
55	300966	共同药业	0.00	0.03	0.90
56	300945	曼卡龙	0.00	0.05	0.89
57	300948	冠中生态	0.00	0.03	0.89
58	300961	深水海纳	0.00	0.04	0.87
59	300950	德固特	0.00	0.02	0.86
60	605162	新中港	0.00	0.14	0.84
61	300958	建工修复	0.00	0.03	0.82
62	300986	志特新材	0.00	0.03	0.81
63	300978	东箭科技	0.00	0.06	0.81
64	300993	玉马遮阳	0.00	0.04	0.79
65	300971	博亚精工	0.00	0.02	0.69
66	301004	嘉益股份	0.00	0.03	0.68
67	300991	创益通	0.00	0.03	0.67
68	300963	中洲特材	0.00	0.03	0.64
69	300975	商络电子	0.00	0.05	0.60
70	301011	华立科技	0.00	0.02	0.59
71	300943	春晖智控	0.00	0.03	0.59
72	300967	晓鸣股份	0.00	0.05	0.59
73	300972	万辰生物	0.00	0.04	0.54
74	300960	通业科技	0.00	0.02	0.54
75	605011	杭州热电	0.00	0.05	0.47
76	300995	奇德新材	0.00	0.02	0.45

（续表）

序号	股票代码	股票名称	占净值 比例(%)	持股数 (万股)	持仓市值 (万元)
77	301007	德迈仕	0.00	0.03	0.44
78	300998	宁波方正	0.00	0.02	0.43
79	301012	扬电科技	0.00	0.02	0.41
80	300992	泰福泵业	0.00	0.02	0.41
81	301010	晶雪节能	0.00	0.02	0.38

数据来源：天天基金网

在2021年第二季度，根据天天基金网的数据，前海开源公用事业(005669)基金资产配置的结构是股票资产占全部净资产的比重为87.45%，持有的股票数量一共81只，但从具体股票的净值来看，真正有意义的持仓在前20只股票。通过进一步研究可以发现，前十大重仓股净值占到了基金资产净值的68.53%，更是占到全部股票净值的78.36%。

其实，对每年表现最出色的股票型公募基金进行同样的分析，几乎都能得到类似的结论：公募基金要想取得出色的业绩，就需要相对集中持仓，关键是"好股票"的持仓比例一定要尽可能高。

对于个人投资者来说，由于精力、能力和知识有限，不可能对十几家、几十家公司的情况都及时跟踪、了如指掌，所以一定不要持有太多股票，这样既不能取得好的业绩，也会分散注意力。我给投资者的建议是100万元以下的资金，持有的股票一般不超过3只；1000万元以下的资金，持有的股票一般不超过5只；1亿元以下的资金，持有的股票一般不超过10只。追求更高的回报率的关键在于"精"，而不在于"多"，这样可以对自己持有的股票有更深入的聚焦研究，更专注一些。

二、合理分散风险

前边谈到的"相对集中持股"的目的是追求更高的投资回报率，但在买入股票的时候，除了考虑收益，也需要通过设计投资组合来分散风险。对于专业的基金经理等投资者来说，在任何一个投资领域，都需要设计投资组合的相关性，以降低组合的风险。具体的操作建议如下。

(1) 不能把所有的筹码孤注一掷地买一只股票，这种投资的方法"赌性"太大，迟早会由于决策失误或者市场突发的意外风险而前功尽弃。投资是长跑，不是百米冲刺。

（2）持有的股票尽量分散在不同的行业赛道，最低的要求是不能拥挤在同一个行业的同一个细分赛道。比如，您持有三只股票，稳妥的方案是将其分散在新能源、半导体、消费三个不同的行业赛道；如果您在认真研究的基础上，对某一个行业非常有信心，如新能源，在基础数据相差不大的情况下，最好将其分散在光伏、风电和新能源汽车等相关性不太强的行业赛道。底线是三只股票绝对不可以都是多晶硅企业，或者都是锂电池企业，这样的分散持股，实际上几乎没有起到分散风险的作用。

（3）根据对行业、上市公司具体情况的研究，在投资组合的持股权重上可以灵活安排。比如，对某一只股票有信心，可以适当增加其持股的权重，但一般不要超过50%的比例，核心思想仍然是适当分散风险。

三、动态的股票池

除了账户持有的股票之外，每个投资者还需要准备一个动态的股票池。股票池里的股票是重点观察名单，如果手中持有的股票由于某种原因卖出了，股票池的股票就是未来买入的候选对象。原则上所有放入股票池的股票都必须符合前文所述的"用五个指标选股"的标准。

股票池的股票数量不要太多，通常不超过10只，否则没有精力照顾。股票池的股票虽然没有在账户上买入，但它们是今后重点跟踪、观察、研究的对象。投资者除了熟悉公司基本面的数据之外，也要逐步对股票的股性有所熟悉。只有建立在长期研究、观察的基础上，一个投资者才可能熟悉自己的投资标的，这也是做投资需要养成的良好习惯。

对于准备放入股票池的股票，投资者必须阅读相关公司发布的所有重大公告、券商研究机构发布的所有最新研究报告，至少做到这些才能将其放入动态的股票池中。绝对不可以听了一个小道消息，或者看到某一只股票某一天或者某一段时间表现很出色，就不问青红皂白，将其一股脑放进自己的股票池。听消息炒股是散户赔钱的一个重要原因。另外，那些最近上涨的股票并不意味着您买入后它还会上涨，市场上出现大幅调整的股票通常都是前期涨幅较大的股票。

股票池里股票对应的公司品质怎么样，很大程度上会影响到投资者的投资决策和未来的投资业绩。

21 择时不如择势，择势不如择股

择时，几乎做不到，但并不等于什么都不做。

从金融分析师的专业知识体系到投资大师的经验教训都告诉我们，股票市场择时是做不到的，一些技术派的投资者每天盯着K线图，甚至分钟图，都试图练就择时的本领，但基本上最终都成了"韭菜"。因为当投资者的目光过于聚焦眼前一小步的时候，他们已经看不到更长远的未来，但股票投资的偏偏就是未来。虽然择时很难，但并不等于完全不用考虑买入的时机，还是有一些基本的原则需要遵循的，如散户应尽量避免左侧交易。虽然从大处着眼对业绩改善有限，但从微观上看还是有一些帮助的。

择时，其实并没有想象得那么重要，如对于长期投资者来说，或者和择股相比。但择时在大多数散户看来似乎非常重要，他们每天盯盘所做出的交易决策几乎都和"择时"有关。但股市理论和实证研究都可以清楚地给出答案：对于长期投资者来说，择时并没有那么重要；对于绝大多数投资者来说，择股比择时要重要得多。

为什么择时没那么重要？为什么择时这么难？散户买入股票的时机到底怎么把握？下面就来探讨这些问题。

一、择时概率小、成本大

择时，讲究高抛低吸，常常以"天"甚至更精确的"时"为单位来考虑买入还是卖出，以赚取差价。绝大多数个人投资者在进行股票投资决策时，把太多的精力放在了"择时"，而把较少的精力放在了"择股"，且常常忽视了"择势"，这种投资习惯是错误的，或者说难度太大，基本上做不到。

（一）择时是小概率事件

有研究者统计了从1996年到2015年长达20年时间里美国标普500指数的回报率。如果在这20年内持股(指数)不动，投资回报率是年化4.8%左右。如果错过了这20年里涨幅最大的5天，那么回报率就会下降到年化2.7%；如果错过了涨幅最大的40天，那么回报率就会变成年化-4%。

类似的研究和道理在A股同样存在。以上证指数为例，在1996年到2015年这20年里，如果持股(指数)不动，回报率是年化10%；如果错过涨幅最大的5天，回报率就降到了年化8%；如果错过涨幅最大的40天，回报率就会变成年化-3.8%。

对于长期主义者来说，只要耐得住寂寞，能够坚持持有指数4000多个交易日，那几根大阳线确定是出现的，收获的是资本市场的长期红利；对于每天精于计算择时的投资者来说，要想获得时间复利的回报，就意味着要在4000多个交易日里通过各种技术分析主动寻找那几根大阳线出现的时机，然后提前买入，显然这是一个成功概率极小的事件。一旦错过了那几十天关键的阳线，择时是无论如何都很难赚到钱的。

（二）择时的成本很大

择时一般是在一个相对较短的时间内判断机会和风险，自然意味着频繁交易。此前的内容已经讲过，频繁交易增加了博弈的次数，非但不能提高博弈的胜率，反而增加了股票投资的摩擦成本。

假设一个投资者投资1万元，一年换手2次，第一次涨10%，第二次跌10%，则不考虑交易佣金、税费等交易成本，投资者仍然亏损了1%；如果换手10次，5次涨10%，5次跌10%，则一年亏损5%；如果换手20次，10次涨10%，10次跌10%，则一年亏损10%。如果考虑每次交易的佣金(40×3‰=1.2%)、印花税(20×0.1%=2%)等成本，又有大约3.3%的亏损。

财富有很多数学密码，静下心来计算并不难，而且这似乎是一个常识性的问题，但面对股价波动的诱惑时，投资者受情绪驱使想抓住每次"择时"的机会，财富就是这样通过频繁敲击键盘从指缝中流失了。

（三）慎重左侧交易

虽然说择时成功的概率很小，尤其是从一个更长的周期视野回看，绝大多数择时交易都是没有意义的，但这并不是说买入股票完全不用考虑当时的股价走势，闭着眼睛做决策。例如，我给绝大多数个人投资者的建议是：慎重左侧交易。

可能有的投资者还不了解什么叫左侧交易和右侧交易。简单地说，所谓左侧交易，就是在股票价格调整阶段开始买入。它的逻辑是抄底，因为股票已经跌得不少了，很便宜了，所以进行买入抄底。而右侧交易，是看到股票已经开始出现上涨时买入，其逻辑是认为未来它还会持续上涨。

对散户来说，不适合左侧交易。换句话说，在股票调整的时候不要轻易抄底。这是因为我们大多数个人投资者并不明白股价调整的原因是什么，究竟调整到什么地步才是一个相对比较安全的位置。我们经常听到一句话：熊市不言底，牛市不言顶。股票调整的时候，尤其是一些热点行业赛道的股票，其价格常常是由机构和情绪来主导的。一旦机构开始抛售，股价就会下跌，市场情绪变坏，散户开始争相踩踏；龙头股价下跌，进一步波及整个行业赛道或者主题板块，导致基金投资者开始赎回，进一步出现机构踩踏……循环往复，对于每一轮大级别的调整，我们都不知道它会调整到什么价格。

最近几年，如2020年3月份，2021年2月份，2022年1月份，我们看到股市都因为各种原因出现了短期较大的调整，大盘指数每一次调整幅度都超过了15%。一些从各方面看都是"好公司"的大白马股票，跌幅甚至超过40%。如果刚开始调整就急于抄底，岂不是损失惨重？

左侧交易除了继续下跌的风险之外，还有另外一个问题：不少股票经历过大幅调整后，即使企稳了，可能还需要横盘几个月甚至半年时间来消化，重新聚集人气。有多少个人投资者能够耐得住几个月横盘整理的寂寞呢？

对于大多数散户来说，选择右侧交易会更好一些。因为股价经过左侧调整之后，出现企稳放量反弹信号，相对来说持续下跌的风险已经小了很多。虽然右侧交易时投资者可能错过了股价上涨的最初阶段，如一周的时间，但经过长期调整之后，真正的上涨机会一旦出现，就不是一周时间可以结束的，除非这只是下跌通道的中继休整，那也就没有买入的必要了。

对于绝大多数散户投资者来说，如果把右侧交易理解为"吃鱼"，那么也许可能没有吃上"鱼头"，但至少吃到了"鱼身"。如果再遵守投资的纪律，能够做到动态止盈，则至少能够留一部分"鱼"装到口袋里。

在左侧交易的时候，散户手头那点筹码是改变不了任何一只股票的趋势的。右侧交易的根本逻辑是：顺势而为，市场永远是对的。

二、择时不如择势

如果说"择时"是以"天"为单位来思考交易的机会，那么比"择时"的时间维度更开阔的是"择势"。后者是以阶段性的趋势逻辑为思考依据，常常是以"月"为单位来思考买入节奏，以季度为最小周期来考虑持股。这个逻辑可以用一个形象的比喻来表达：您也许不知道明天的精确温度，但知道现在所处的季节，而且知道未来一年要经历的几个季节和每个季节的重要特征。

从图21-1可以看到，在三年时间里，最有投资价值的机会在图中两个椭圆形的区域，分别是2018年第四季度央行加速降息、2020年第一季度新冠肺炎疫情危机爆发后，这两个时期开始释放巨量信贷增长。这是最典型的"择势"的大机会。如果在这两个时期没有入场，其他时期的交易都可以更多地理解为"波动性小机会"。以上证指数为例，可以看出"择势"是多么重要，择时既辛苦，风险又高。

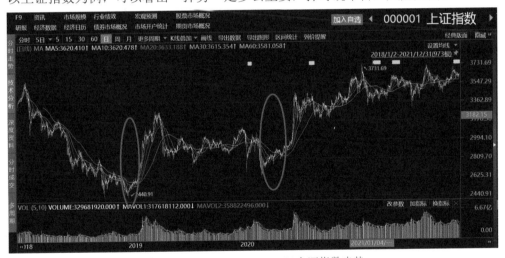

图21-1　2018/1/2—2021/12/31上证指数走势

数据来源：Choice数据

择时的逻辑是根据技术分析，预判明天的"温度"；择势的逻辑是根据"气象条件"，预判所处的"季节"，您说哪一种胜率更大呢？

2004年美林证券在*The Investment Clock*中提出了"美林时钟"的理论。这一理论基于对美国1973年到2004年的30年历史数据的研究，将资产轮动及行业策略与经济周期联系起来，是资产配置领域的经典理论，是一个非常实用的指导投资周期的工具，是"择势"的重要基本理论框架。

美林时钟根据经济增长率(GDP)和通货膨胀率(CPI)这两个宏观指标，将经济周期分成了四个阶段：①衰退期(低GDP+低CPI)；②复苏期(高GDP+低CPI)；③过热期(高GDP+高CPI)；④滞胀期(低GDP+高CPI)。(图21-2)

图21-2　"美林时钟"投资周期理论

经历从繁荣至萧条不同的周期，四个阶段顺时针推进，在此过程中债券、股票、商品和现金资产依次循环优于其他资产。

其实，如果您阅读并理解了本书第9篇影响股价的六个主要因素，再结合"美林时钟"的理论，参考经济增长、通货膨胀、货币政策、产业政策、热点事件、行业估值水平、板块轮动特征等，您就能更准确地确定买入资产的类别以及仓位的轻重。

三、择势不如择股

通过进一步研究发现，在同样的周期里、同样的市场大环境下，不同行业赛道的回报率大相径庭，见表21-1。

表21-1　2016—2021年申万一级行业指数涨跌幅和市盈率

序号	证券代码	行业名称	区间涨跌幅 [起始交易日期]2016-12-31 [截止交易日期]2021-12-31 [单位]%	TTM市盈率 [交易日期]2021-12-31 [剔除规则]不调整
1	841009.EI	食品饮料	346.6483	46.5473
2	841017.EI	休闲服务	129.6003	100.9499

(续表)

序号	证券代码	行业名称	区间涨跌幅 [起始交易日期]2016-12-31 [截止交易日期]2021-12-31 [单位]%	TTM市盈率 [交易日期]2021-12-31 [剔除规则]不调整
3	841023.EI	电气设备	124.8476	65.0078
4	841006.EI	电子	97.9883	45.6938
5	841008.EI	家用电器	88.2004	20.3669
6	841021.EI	建筑材料	67.4164	15.9993
7	841005.EI	有色金属	64.7640	31.6470
8	841003.EI	化工	58.7345	21.4163
9	841012.EI	医药生物	49.2374	45.6089
10	841007.EI	汽车	46.9789	43.8095
11	841004.EI	钢铁	39.3184	8.0316
12	841018.EI	银行	31.7594	5.3049
13	841001.EI	农林牧渔	27.3257	351.7894
14	841025.EI	国防军工	27.2006	95.7568
15	841026.EI	计算机	19.3247	118.3115
16	841019.EI	非银金融	18.4009	15.5069
17	841024.EI	机械设备	13.3789	36.0411
18	841013.EI	公用事业	12.4500	30.4002
19	841014.EI	交通运输	8.2871	26.5957
20	841002.EI	采掘	5.4129	11.1961
21	841011.EI	轻工制造	-2.7501	27.0212
22	841022.EI	建筑装饰	-16.5587	9.7201
23	841015.EI	房地产	-20.6533	11.3588
24	841028.EI	通信	-21.9220	41.4909
25	841020.EI	综合	-29.6083	-1,313.0683
26	841016.EI	商业贸易	-35.7889	163.8555
27	841010.EI	纺织服装	-36.7520	41.2391
28	841027.EI	传媒	-41.4754	156.3786

数据来源：Choice数据

由表21-1可知，在2016年12月31日—2021年12月31日的5年时间里，白酒所在的食品饮料行业回报率将近350%，遥遥领先；以旅游观光为代表的休闲服务行业和以新能源为代表的电气设备行业回报率均超过100%，居于前三位。如果选择了这三个行业赛道，有较大的概率回报率不会太差。同样，在这5年时间里，传媒、纺织服装、商业贸易等行业的回报率均是-30%以上，这意味着在这些行业里，无论投资者如何"择时"或者"择势"，都是难以获得回报的。这告诉我们，行业赛道的选择是决定投资回报的一个更重要的因素。

通过进一步分析可以发现，即使同样在食品饮料这个高景气的行业里，不同股票的回报率也会大相径庭(表21-2)，对于投资者来说，最重要的还是找到"好公司"。从一个更长的周期看，"择股"的重要性是第一位的，股票的不同所带来的回报率的差异是最根本的差异。

表21-2　2016—2021申万食品饮料行业成分股涨跌幅

排序	证券代码	证券名称	区间涨跌幅 [起始交易日期]2016-12-31 [截止交易日期]2021-12-31 [复权方式]前复权 [单位]%
1	831726.BJ	朱老六	8,579.3823
2	600809.SH	山西汾酒	1,752.4899
3	603345.SH	安井食品	1,486.9751
4	000799.SZ	酒鬼酒	961.6839
5	600702.SH	舍得酒业	918.4223
6	002847.SZ	盐津铺子	869.0054
7	600132.SH	重庆啤酒	809.5250
8	000568.SZ	泸州老窖	735.6936
9	000858.SZ	五粮液	599.0838
10	600779.SH	水井坊	576.8882
11	600519.SH	贵州茅台	554.5526
12	002840.SZ	华统股份	540.6336
13	603517.SH	绝味食品	522.5695
14	603288.SH	海天味业	492.5269
15	000596.SZ	古井贡酒	464.8505
16	600882.SH	妙可蓝多	421.4153
17	300973.SZ	立高食品	368.4721
18	002507.SZ	涪陵榨菜	340.9615
19	603369.SH	今世缘	339.8980
20	002568.SZ	百润股份	332.4593
21	002557.SZ	洽洽食品	322.8040
22	605499.SH	东鹏饮料	295.9674
23	603198.SH	迎驾贡酒	275.0956
24	001215.SZ	千味央厨	270.5283
25	603755.SH	日辰股份	267.3333

(续表)

排序	证券代码	证券名称	区间涨跌幅 [起始交易日期]2016-12-31 [截止交易日期]2021-12-31 [复权方式]前复权 [单位]%
26	603719.SH	良品铺子	260.1464
27	600298.SH	安琪酵母	257.1408
28	300997.SZ	欢乐家	252.9488
29	600600.SH	青岛啤酒	252.7209
30	603317.SH	天味食品	252.0814
31	605337.SH	李子园	249.6134
32	605089.SH	味知香	232.4571
33	300898.SZ	熊猫乳品	208.1809
34	002946.SZ	新乳业	195.7673
35	600872.SH	中炬高新	180.6837
36	605338.SH	巴比食品	175.1352
37	603043.SH	广州酒家	168.0486
38	600887.SH	伊利股份	167.7386
39	300783.SZ	三只松鼠	167.6714
40	002304.SZ	洋河股份	160.9464
41	603027.SH	千禾味业	158.8139
42	002626.SZ	金达威	158.1373
43	300146.SZ	汤臣倍健	152.2570
44	603589.SH	口子窖	142.9749
45	600305.SH	恒顺醋业	137.5923
46	603697.SH	有友食品	130.5419
47	000860.SZ	顺鑫农业	129.6839
48	600559.SH	老白干酒	128.2358
49	603919.SH	金徽酒	122.6884
50	003000.SZ	劲仔食品	119.7896
51	603536.SH	惠发食品	103.8633
52	600197.SH	伊力特	102.2439
53	002991.SZ	甘源食品	100.5827
54	605339.SH	南侨食品	97.9464
55	000895.SZ	双汇发展	92.1983
56	605300.SH	佳禾食品	91.3778
57	002216.SZ	三全食品	89.5165
58	600199.SH	金种子酒	84.7686

(续表)

排序	证券代码	证券名称	区间涨跌幅 [起始交易日期]2016-12-31 [截止交易日期]2021-12-31 [复权方式]前复权 [单位]%
59	605567.SH	春雪食品	80.5085
60	001219.SZ	青岛食品	77.9070
61	300791.SZ	仙乐健康	73.5697
62	605179.SH	一鸣食品	66.4483
63	603886.SH	元祖股份	59.5275
64	002461.SZ	珠江啤酒	58.7584
65	600873.SH	梅花生物	58.0435
66	002910.SZ	庄园牧场	57.7341
67	600238.SH	海南椰岛	47.3258
68	002956.SZ	西麦食品	44.6971
69	000995.SZ	皇台酒业	41.0674
70	002726.SZ	龙大美食	38.1667
71	603866.SH	桃李面包	37.6691
72	300908.SZ	仲景食品	37.4464
73	605388.SH	均瑶健康	37.2680
74	000848.SZ	承德露露	29.3394
75	600059.SH	古越龙山	25.3198
76	000729.SZ	燕京啤酒	24.0355
77	300915.SZ	海融科技	23.5694
78	603711.SH	香飘飘	20.1934
79	600597.SH	光明乳业	17.4482
80	002646.SZ	天佑德酒	12.0393
81	603156.SH	养元饮品	3.0369
82	002650.SZ	加加食品	−1.2777
83	000869.SZ	张裕A	−4.4374
84	600189.SH	泉阳泉	−16.5070
85	601579.SH	会稽山	−16.6603
86	600429.SH	三元股份	−22.2196
87	600616.SH	金枫酒业	−22.2834
88	002732.SZ	燕塘乳业	−25.0209
89	600073.SH	上海梅林	−25.5761
90	300106.SZ	西部牧业	−30.7456
91	600573.SH	惠泉啤酒	−33.8675

(续表)

排序	证券代码	证券名称	区间涨跌幅 [起始交易日期]2016-12-31 [截止交易日期]2021-12-31 [复权方式]前复权 [单位]%
92	600300.SH	ST维维	−35.3725
93	600186.SH	莲花健康	−36.5187
94	600530.SH	交大昂立	−39.9069
95	002695.SZ	煌上煌	−41.0657
96	002702.SZ	海欣食品	−44.7096
97	600419.SH	天润乳业	−45.0632
98	600381.SH	青海春天	−45.3307
99	002582.SZ	好想你	−45.5992
100	002330.SZ	得利斯	−46.3411
101	603696.SH	安记食品	−46.6344
102	002515.SZ	金字火腿	−48.3818
103	000929.SZ	兰州黄河	−48.9101
104	600543.SH	莫高股份	−53.0378
105	002495.SZ	佳隆股份	−55.9212
106	000716.SZ	黑芝麻	−56.5159
107	603777.SH	来伊份	−58.8960
108	002570.SZ	贝因美	−60.9756
109	002770.SZ	*ST科迪	−61.2830
110	600365.SH	ST通葡	−63.7578
111	002820.SZ	桂发祥	−64.3730
112	600084.SH	*ST中葡	−66.4148
113	002719.SZ	麦趣尔	−66.5436
114	000752.SZ	*ST西发	−68.4549
115	002329.SZ	皇氏集团	−68.5348
116	603779.SH	威龙股份	−72.2568

数据来源：Choice数据

　　从表21-2可以看到，同样是食品饮料行业，在2016年12月31日—2021年12月31日，回报率最高的公司涨幅超过80倍，3家公司回报率达到15倍，10家公司回报率超过5倍，40家公司回报率超过1倍。同样在食品饮料行业，还有35家公司回报率是负的，其中持有5年时间亏损超过50%的公司竟然有13家之多。

四、实证研究结论

通过以上数据分析，我们可以看到"择时"难度很大，成功的概率很小，但由于频繁"择时"，交易的成本却增加了很多。虽然准确"择时"很难，但在具体操作上，左侧交易的风险更大，选择右侧交易相对更适合散户。

与"择时"的精益求精相比，"择势"重在根据各种信号和条件对市场"大趋势"进行判断，其相对难度降低了一些。但从大智慧来看，"择势"是否合理对投资回报率的影响比"择时"要重要得多。

即使做了"择时"和"择势"的努力，您仍然会发现，由于行业赛道选择的不同，所获得的回报率也可能会有天然的行业景气度差异。进一步挖掘可以发现，在同一个行业里，选对合适的股票即"择股"是获得投资回报的第一步，也是最重要的一步。

22 主力资金流向的信号重要吗

根据基本的常识，资金进出会对股价产生影响。我们在分析报告、交易软件和专业的财经数据平台(如Wind、东方Choice、同花顺、通达信等)上也经常看到关于"主力资金净流入、净流出"的数据和分析。

这些数据信息到底有多大参考价值，对股价的影响真的显著吗？大众投资者在做投资决策的时候有必要关注或者参考这些信息吗？这些问题可能是很多个人投资者面临的困惑。

这里仍然从实证分析的角度来讨论主力资金净流入、净流出对股价的影响，希望通过本文的讨论能够为大众投资者提供具有实践意义的参考和指导。

一、什么是主力资金

主力资金是市场投资者比较关注的变量，但细心的投资者会发现各交易软件对主力资金的实时统计数据差别很大，这主要是因为各机构对主力资金的定义有差别。

我们这里以Choice对主力资金的定义为例来说明什么是主力资金，看看与您想象的定义是否一样。

超大单：大于等于50万股或者100万元的成交单。

大单：大于等于10万股或者20万元且小于50万股或者100万元的成交单。

中单：大于等于2万股或者4万元且小于10万股或者20万元的成交单。

小单：小于2万股或者4万元的成交单。

流入：主动买入(外盘)的成交资金，买家以卖家的卖出价而买入成交，当所在时刻的成交价大于等于上一时刻的买卖中间价。

流出：主动卖出(内盘)的成交资金，卖家以买家的买入价而卖出成交，当所在时刻的成交价小于上一时刻的买卖中间价。

主力流入：超大单加大单买入成交额之和。

主力流出：超大单加大单卖出成交额之和。

主力净流入：主力流入-主力流出。

净额：流入-流出；净占比：(流入-流出)/总成交额。

从以上Choice给出的定义我们可以看到，对主力资金的定义是单笔成交10万股或者20万元以上的资金。有的交易软件和财经数据平台把50万元以上的资金作为主力资金，有的只考虑成交金额，不考虑成交量。由于这些定义的不同，最终的统计数据就会有较大差异。但无论具体的定义有什么不同，一个基本的道理是一致的：推动股价上涨的单笔大额成交资金被称为主力资金净流入，推动股价下跌的单笔大额成交资金被称为主力资金净流出。

二、主力资金对大盘指数的影响

股票投资要求具有全局视野，在决定交易一只股票的时候，有必要首先看一下大盘指数的环境。在讨论主力资金的时候，我们也应先从大盘指数开始，看一下主力资金对大盘指数的影响。具体参考表22-1。

表22-1　沪深市场基础指数主力资金净流入与涨跌幅的关系

指数名称	5日净流入额单位(万元)	5日涨幅(%)	20日净流入额单位(万元)	20日涨幅(%)	60日净流入额单位(万元)	60日涨幅(%)
深证B指	−27,075,872	−0.9200	−91,785,936	−1.6400	−224,257,065	−4.2400
小盘价值	−565,521,595	1.7400	−13,975,668,154	5.4400	−59,415,224,124	1.5000
科创50	−1,018,719,534	−3.0500	−3,356,903,265	−2.1300	−17,569,330,562	−15.8400
中盘价值	−1,512,875,769	1.2400	−9,931,040,275	5.9900	−59,412,001,343	1.0800
小盘成长	−4,884,952,003	−0.9000	−19,514,394,832	1.6800	−85,709,686,811	−9.8700
中盘成长	−5,193,172,790	−2.1300	−12,677,688,125	0.0500	−64,401,623,328	−12.0100
大盘价值	−7,535,609,457	0.1900	−28,085,813,061	0.7600	−39,744,195,988	3.7100
创业大盘	−8,755,330,895	−4.1000	−19,220,852,528	−5.8700	−75,690,534,385	−23.5000
上证50	−8,888,146,496	−0.4300	−20,650,886,454	0.2700	−81,391,118,298	−4.0300
创业板指	−11,696,017,604	−3.7500	−30,715,928,414	−5.5100	−114,979,951,421	−20.7200
中证500	−13,929,840,192	−0.2300	−63,443,630,960	3.3900	−290,006,897,608	−5.8900
巨潮中盘	−15,808,904,063	−1.3100	−39,296,241,465	2.1900	−218,299,014,832	−8.1300
中小100	−17,185,335,070	−3.5200	−26,753,871,140	−1.9900	−110,813,515,289	−8.1200
巨潮小盘	−17,822,412,423	−0.6300	−62,864,427,568	3.5100	−268,964,976,319	−6.9500
大盘成长	−18,043,539,085	−3.0800	−39,013,452,829	−4.5900	−145,473,191,476	−14.2800
上证180	−19,865,669,499	−0.5500	−48,016,517,683	0.9300	−208,159,718,503	−4.4300

（续表）

指数名称	5日净流入额单位(万元)	5日涨幅(%)	20日净流入额单位(万元)	20日涨幅(%)	60日净流入额单位(万元)	60日涨幅(%)
深证100R	−27,830,509,402	−3.6000	−56,437,928,127	−4.8800	−190,022,506,541	−13.1800
中证100	−27,998,585,938	−1.8200	−66,679,262,016	−2.5300	−185,417,185,766	−6.5200
中小300	−28,369,065,297	−3.1500	−49,730,871,537	−0.8200	−207,772,574,525	−8.9100
申万50	−29,481,968,097	−3.2800	−48,812,774,368	−3.2800	−171,931,466,356	−10.5800
申万创业	−36,754,701,316	−2.5100	−114,561,116,741	−1.6400	−448,205,601,685	−15.9400
创业板综	−36,851,693,412	−2.6700	−114,867,704,771	−1.9700	−451,688,402,338	−16.1500
A股指数	−39,658,247,544	−0.1000	−112,781,055,918	2.5800	−507,338,173,176	−3.5300
新综指	−39,674,902,444	−0.1100	−112,836,658,515	2.5700	−507,394,387,830	−3.5300
上证指数	−39,683,595,350	−0.1100	−112,855,848,574	2.5600	−507,450,007,611	−3.5300
深证300R	−41,375,742,459	−3.1400	−92,345,541,541	−3.0500	−360,628,400,014	−12.4100
巨潮大盘	−43,316,716,046	−1.8200	−88,863,336,508	−1.6100	−317,208,120,572	−7.5300
申万中小	−46,102,737,445	−2.6000	−105,546,756,253	0.6300	−404,050,120,518	−7.6000
中小综指	−46,928,696,119	−2.4400	−107,233,245,655	0.3100	−409,400,892,777	−6.9800
沪深300	−48,253,365,843	−1.6800	−108,288,983,428	−1.4800	−402,347,607,870	−7.4100
深证成指	−50,666,359,933	−2.9300	−122,400,471,127	−2.3100	−476,689,364,710	−11.8200
中信证券500	−54,520,708,729	−1.6000	−133,288,051,868	−0.7700	−527,286,174,180	−7.6500
申万300	−61,902,438,886	−2.3100	−113,622,272,090	−0.8400	−473,127,540,024	−9.3600
新指数	−104,808,953,517	−2.2200	−283,006,644,772	−0.2200	−1,084,806,073,118	−9.4700
深证A指	−105,837,105,896	−1.9700	−287,130,688,550	0.1000	−1,103,378,693,042	−9.7300
深证综指	−105,864,181,768	−1.9700	−287,226,688,297	0.1000	−1,103,743,190,451	−9.7200
中信证券A指	−140,030,076,806	−1.3500	−374,973,820,112	1.0200	−1,511,143,197,909	−7.4600
申万A指	−145,302,435,571	−1.3500	−400,696,041,071	1.1800	−1,602,542,247,578	−7.1900
中信证券A综	−147,307,211,238	−1.2900	−402,842,502,456	1.1500	−1,617,347,910,081	−7.2500
东方财富全A	−147,693,118,962	−0.9100	−406,069,153,298	1.5700	−1,627,266,679,797	−5.8600

数据来源：Choice数据

　　由于各指数所代表的成分股数量和市值差异巨大，不能简单地把不同指数的资金流入和流出进行横向对比，但从以上Choice的数据可以看到大盘指数涨跌幅与主力资金净流入之间的关系。

　　(1) 截至2022年3月4日周五收盘，最近60个交易日、最近20个交易日、最近5个交易日市场所有的主要指数对应的成分股均表现为主力资金净流出，说明主力资金对市场前景仍然不乐观。

　　(2) 随着主力资金的持续净流出，整体来看，几乎所有指数都呈现了持续的下跌，大体可以看出，主力资金持续流出对大盘指数来说意味着利空，会带来调整压力。

三、主力资金对行业指数的影响

从表22-1的数据可以看出，站在大盘指数的角度来看，主力资金在持续流出，大盘指数在持续调整。我们知道市场常常会出现分化，或者叫结构性行情，通常在市场调整一个阶段之后，行业之间的资金流入和涨跌会出现分化。下面我们看一下各行业的主力资金净流入分化是否会对行业的涨跌有明显影响，具体见表22-2。

表22-2　申万一二级行业主力资金净流入与涨跌幅的关系

代码	申万行业名称	5日净流入额 单位(元)	5日涨幅 (%)	20日净流入额 单位(元)	20日涨幅 (%)
801951	煤炭开采	2,198,472,375	11.1900	1,740,398,249	26.8500
801154	医药商业Ⅱ	1,150,359,483	5.3900	174,774,516	6.9700
801992	航运港口	1,149,810,155	8.1500	−135,335,733	12.6400
801055	工业金属	996,101,220	3.4600	1,416,580,370	16.4100
801784	城商行Ⅱ	239,119,697	2.2200	−2,134,606,912	2.0100
801014	饲料Ⅱ	232,617,960	3.6700	−636,558,112	−1.7400
801993	旅游及景区	219,187,971	4.9200	−1,563,173,844	6.9300
801124	食品加工	163,050,966	2.6200	−925,421,585	−1.0000
801991	航空机场	150,564,725	3.0700	94,913,963	2.4600
801017	养殖业	136,561,450	4.1900	−2,154,010,307	4.6700
801126	非白酒	61,870,475	0.3900	−430,738,810	2.6700
801219	酒店餐饮	40,793,274	6.1900	−714,125,833	5.6500
801032	化学纤维	3,450,502	0.3200	−919,886,098	6.1700
801769	出版	−7,213,211	1.5800	−955,706,259	4.7700
801016	种植业	−14,680,003	4.6200	−1,341,817,876	11.5600
801145	文娱用品	−15,760,351	−1.2100	−331,281,145	0.7700
801767	数字媒体	−36,691,404	0.0500	−1,135,550,166	−3.0900
801782	国有大型银行Ⅱ	−38,943,672	1.7700	−251,106,088	2.1900
801115	照明设备Ⅱ	−43,425,954	−0.8600	−129,923,140	0.1900
801218	专业服务	−71,702,151	−0.5900	−1,534,452,135	−4.9600
801766	影视院线	−80,311,181	1.4800	−2,237,849,926	−5.2000
801183	房地产服务	−88,615,228	−2.0800	−319,571,508	−1.9500
801112	黑色家电	−97,116,904	−0.3500	−608,658,346	−2.8800
801981	个护用品	−98,071,424	−0.1000	−470,487,580	1.3200
801881	摩托车及其他	−99,040,602	−4.2400	−259,573,824	−4.8600
801018	动物保健Ⅱ	−101,428,668	2.2200	−165,716,830	5.5700
801037	橡胶	−124,287,200	−1.6400	−368,249,959	4.3100

（续表）

代码	申万行业名称	5日净流入额 单位(元)	5日涨幅 (%)	20日净流入额 单位(元)	20日涨幅 (%)
801116	家电零部件Ⅱ	−135,813,723	−1.1300	−183,327,589	3.0600
801039	非金属材料Ⅱ	−145,194,201	−2.5400	380,233,232	22.7400
801043	冶钢原料	−145,346,245	1.7600	−388,857,575	9.8900
801735	光伏设备	−157,515,904	2.3600	2,406,071,400	9.4100
801015	渔业	−165,269,626	2.1200	−697,342,662	2.2500
801785	农商行Ⅱ	−173,301,423	1.6900	−915,465,307	2.3900
801994	教育	−176,059,702	0.9600	−1,451,858,815	10.4100
801092	汽车服务Ⅱ	−178,166,329	−0.4700	−666,187,012	1.5800
801114	厨卫电器	−184,172,074	−5.5700	−495,448,835	−5.4700
801206	互联网电商	−186,601,798	−1.7500	−1,137,358,704	−3.9400
801128	休闲食品	−194,895,809	−1.5100	−879,457,049	−1.4300
801142	家居用品	−202,341,713	−0.5300	−861,150,233	−1.6400
801982	化妆品	−203,718,369	−1.4500	−801,212,167	0.8600
801044	普钢	−215,186,183	2.0400	−2,717,973,594	9.9300
801076	轨交设备Ⅱ	−241,241,507	−0.4000	−1,324,000,141	1.9600
801972	环保设备Ⅱ	−242,814,989	−2.4300	−639,649,946	1.9500
801132	服装家纺	−268,304,279	1.0000	−882,364,721	3.5000
801995	电视广播Ⅱ	−281,437,243	−0.7300	−2,238,228,515	5.2500
801113	小家电	−302,997,399	−5.9500	−604,736,164	−5.8100
801086	电子化学品Ⅱ	−306,120,243	−1.3800	−1,068,123,435	4.4900
801202	贸易Ⅱ	−350,743,091	0.0300	−597,144,781	6.8600
801156	医疗服务Ⅱ	−360,726,205	−1.8300	−2,661,510,516	2.3000
801722	装修装饰Ⅱ	−390,981,279	−2.7800	−1,047,531,808	1.8400
801204	专业连锁Ⅱ	−399,105,657	−2.5800	−867,616,697	5.0100
801231	综合Ⅱ	−410,891,043	2.5200	−1,366,100,737	9.6900
801952	焦炭Ⅱ	−418,261,909	5.5000	−1,573,082,449	13.7200
801129	调味发酵品Ⅱ	−420,655,638	−0.2900	−615,760,690	2.3100
801012	农产品加工	−423,417,773	1.1100	−1,100,602,657	4.5700
801741	航天装备Ⅱ	−436,855,890	−3.1100	−687,892,712	2.8700
801141	包装印刷Ⅱ	−444,483,727	−1.7800	−2,358,691,794	−1.4700
801713	装修建材	−445,563,211	−2.9600	−2,337,890,997	−9.0300
801127	饮料乳品	−494,546,094	−0.2700	−1,222,000,511	3.1000
801736	风电设备	−528,012,854	1.3100	−3,634,254,229	0.2000
801743	地面兵装Ⅱ	−553,261,807	−2.9100	−266,125,225	9.2400
801711	水泥	−555,715,549	0.5100	−1,030,240,864	5.8600

（续表）

代码	申万行业名称	5日净流入额 单位(元)	5日涨幅 (%)	20日净流入额 单位(元)	20日涨幅 (%)
801096	商用车	−572,527,883	−2.6300	−1,760,177,670	−4.0000
801131	纺织制造	−576,977,705	0.4700	−1,275,409,536	4.1800
801133	饰品	−617,163,782	−1.5900	−1,282,573,281	7.2500
801163	燃气Ⅱ	−650,853,274	−0.1500	−1,034,573,859	9.0500
801143	造纸Ⅱ	−682,983,550	3.9100	−1,820,140,328	9.7200
801744	航海装备Ⅱ	−699,585,780	−1.3300	−1,623,698,841	2.4500
801971	环境治理	−722,216,919	0.6800	−4,547,471,129	7.6800
801726	工程咨询服务Ⅱ	−749,633,420	−3.9800	−2,230,483,903	6.0900
801764	游戏Ⅱ	−779,814,536	0.7300	−6,733,853,947	−3.1000
801178	物流Ⅱ	−820,297,370	1.6500	−3,639,177,480	2.4700
801033	化学原料	−891,547,563	1.2900	−5,535,329,225	11.1200
801712	玻璃玻纤	−899,569,920	−2.9600	−2,288,949,396	−0.0600
801733	其他电源设备Ⅱ	−901,149,232	−1.7600	−2,425,590,783	0.7300
801181	房地产开发Ⅱ	−910,919,831	1.3400	−6,524,418,547	1.2500
801179	铁路公路	−950,659,827	1.8200	−2,035,562,455	6.3900
801053	贵金属	−996,773,450	−1.5500	−1,246,951,417	11.5800
801223	通信服务	−1,003,898,654	−0.4700	−1,943,653,008	5.1900
801191	多元金融Ⅱ	−1,006,428,769	−0.7200	−2,773,422,627	2.4700
801082	其他电子Ⅱ	−1,047,973,172	−6.3800	−1,412,031,121	3.7100
801724	专业工程	−1,066,645,315	−1.0000	−2,869,298,945	6.1700
801151	化学制药	−1,125,299,272	2.6200	−7,202,901,810	5.6400
801078	自动化设备	−1,149,973,901	−3.0300	−2,136,384,646	0.7300
801203	一般零售	−1,210,004,401	0.3800	−5,085,773,036	1.6500
801721	房屋建设Ⅱ	−1,217,127,918	3.1100	−5,132,255,403	9.9900
801045	特钢Ⅱ	−1,271,686,944	−5.7200	−1,681,037,247	1.3100
801962	油服工程	−1,352,476,122	4.6600	−1,974,575,620	21.3600
801731	电机Ⅱ	−1,420,264,766	−3.7900	−643,280,629	9.9800
801723	基础建设	−1,428,843,072	1.0400	−14,273,449,501	2.5300
801083	元件Ⅱ	−1,451,320,485	−5.0500	−3,840,730,186	−5.3000
801152	生物制品Ⅱ	−1,453,341,136	−0.6500	−2,879,768,507	4.5400
801036	塑料Ⅱ	−1,510,972,596	−2.8900	−3,144,388,645	−0.6400
801051	金属新材料	−1,665,355,561	−4.6900	−2,450,058,331	5.5000
801765	广告营销	−1,680,311,198	−3.0100	−6,259,657,489	−0.9100
801745	军工电子Ⅱ	−1,756,943,143	−2.0600	−2,973,616,636	−0.1900
801111	白色家电	−1,859,101,282	−3.6800	−6,414,057,940	−9.0300

(续表)

代码	申万行业名称	5日净流入额 单位(元)	5日涨幅 (%)	20日净流入额 单位(元)	20日涨幅 (%)
801742	航空装备 II	−1,882,544,744	−2.7200	−1,502,895,535	2.7400
801077	工程机械	−1,948,747,377	−4.3000	−4,814,191,190	−5.9400
801194	保险 II	−2,100,166,407	−2.0500	−2,881,492,985	0.6700
801155	中药 II	−2,163,282,157	−0.3300	−5,806,643,211	3.5300
801161	电力	−2,178,284,565	2.0600	−5,571,573,818	8.6500
801081	半导体	−2,377,563,897	−2.1700	−3,681,144,582	2.0200
801153	医疗器械 II	−2,650,659,930	−1.0300	−8,845,884,593	2.3900
801783	股份制银行 II	−2,716,015,268	−1.6300	−5,005,981,977	0.2900
801101	计算机设备 II	−2,726,757,870	−3.0200	−11,348,045,051	0.6900
801072	通用设备	−2,796,997,680	−1.8200	−6,390,894,526	2.0400
801074	专用设备	−2,840,816,848	−0.7400	−6,351,531,018	5.7200
801102	通信设备	−2,928,972,167	−1.9400	−10,374,628,376	3.4600
801963	炼化及贸易	−2,935,193,883	−3.5600	−3,401,753,989	3.5000
801738	电网设备	−3,009,912,182	−3.4800	−7,907,718,358	−1.7600
801095	乘用车	−3,444,436,157	−4.7500	−4,855,141,166	−0.9500
801125	白酒 II	−3,948,644,890	−2.8900	−8,403,340,285	−4.6700
801104	软件开发	−4,046,648,459	−2.1800	−15,488,780,599	−3.3400
801084	光学光电子	−4,408,023,006	−3.6000	−12,216,518,366	−3.0100
801193	证券 II	−4,629,853,573	−1.2300	−25,367,591,348	−6.7600
801054	小金属	−4,685,651,489	−2.4900	−1,583,674,471	17.6100
801038	农化制品	−4,703,912,116	−3.0500	−7,191,949,788	11.3300
801034	化学制品	−4,753,399,844	−3.0400	−7,444,957,825	3.2400
801085	消费电子	−4,856,153,291	−7.4100	−10,629,893,291	−9.8200
801093	汽车零部件 II	−4,975,477,017	−4.8000	−10,551,377,192	−5.5200
801056	能源金属	−5,030,867,077	−5.3600	162,724,300	9.8000
801103	IT服务 II	−5,523,742,377	−3.6100	−22,055,904,128	1.9900
801737	电池	−10,664,284,710	−7.9500	−13,468,721,601	−10.7300

数据来源：Choice数据

从表22-2可以看到，截至2022年3月4日，最近5个交易日，按主力资金净流入金额从大到小排序，只有煤炭开采、医药商业、航运港口、工业金属、城商行、饲料、旅游及景区、食品加工、航空机场、养殖业、非白酒、酒店餐饮、化学纤维等13个行业主力资金净流入，这13个行业指数最近5个交易日均表现为上涨，而且涨跌幅大体呈现从高到低的特征。最近5个交易日主力资金净流入前10名的行业，最近5个交易日行业指数平均上涨4.89%。最近20个交易日，按主力资金净流入金额从大到小排序，只有光伏设备、煤炭开采、工业金属、非金属材料、医药商业、航空机场、能源金属等7个行业主力资金净流入，这7个行业指数在最近20个交易日均表现为比较明显的上涨。最近20个交易日主力资金净流入前10名的行业，最近20个交易日行业指数平均上涨11.3%。

虽然有的行业主力资金净流出，但其行业指数仍然表现为上涨。整体来说，主力资金净流出明显的行业，行业指数大多数都呈现下跌走势。最近5个交易日主力资金净流出排名前10位的行业，行业指数平均下跌4.25%，最近20个交易日主力资金净流出排名前10位的行业，行业指数平均下跌3.05%。

从以上数据我们可以简单得出行业主力资金净流入与行业指数走势之间的关系规律：

(1) 在一个阶段内主力资金持续净流入靠前的行业，有很大的概率行业指数表现会领先大盘，表现为上涨。

(2) 在一个阶段内主力资金持续净流出的行业，指数调整的概率比较大，要格外慎重观察。

四、主力资金对个股股价的影响

大盘指数和行业赛道对应的主力资金的净流入数据可以帮助我们在投资时大体识别当前的市场机会和风险，但具体投资的时候，选择个股也很重要。下面我们通过表22-3看一下个股主力资金净流入和涨跌幅之间的关系以及主力资金对个股股价的影响，这个指标也许会是一个更直接的参考依据。

表22-3 沪深300指数成分股主力资金净流入与涨跌幅的关系

排名	证券名称	主力资金净流入 [起始交易日期] 2022-02-26 [截止交易日期] 2022-03-04 [单位]元	区间涨跌幅 [起始交易日期] 2022-02-26 [截止交易日期] 2022-03-04 [复权方式]前复权 [单位]%	主力资金净流入 [起始交易日期] 截止日2周前 [截止交易日期] 2022-03-04 [单位]元	区间涨跌幅 [起始交易日期] 截止日2周前 [截止交易日期] 2022-03-04 [复权方式]前复权 [单位]%
1	中远海控	1,184,526,000	12.2462	712,634,010	9.2870
2	隆基股份	1,086,852,752	4.3455	2,115,308,720	11.9424
3	紫金矿业	1,010,937,184	5.7534	459,639,584	2.7507
4	中国铝业	583,416,411	12.3223	860,274,910	15.2350
5	中国核电	508,585,968	7.3204	676,630,071	9.5910
6	复星医药	341,873,408	6.2470	112,475,710	6.7542

(续表)

排名	证券名称	主力资金净流入 [起始交易日期] 2022-02-26 [截止交易日期] 2022-03-04 [单位]元	区间涨跌幅 [起始交易日期] 2022-02-26 [截止交易日期] 2022-03-04 [复权方式]前复权 [单位]%	主力资金净流入 [起始交易日期] 截止日2周前 [截止交易日期] 2022-03-04 [单位]元	区间涨跌幅 [起始交易日期] 截止日2周前 [截止交易日期] 2022-03-04 [复权方式]前复权 [单位]%
7	中国神华	341,805,993	10.7855	94,053,556	7.5464
8	宁波银行	268,248,105	2.3028	−323,463,799	−3.5679
9	上汽集团	204,366,529	1.5242	128,270,172	−1.1659
10	天合光能	197,198,830	3.9989	299,513,119	21.2955
11	山西汾酒	196,697,187	−2.3464	163,010,025	−4.7683
12	智飞生物	196,053,437	1.7762	187,327,807	5.4816
13	凯莱英	169,562,304	−0.5843	776,368,237	11.2094
14	万科A	156,552,836	−4.1987	−394,151,753	−5.5051
15	阳光电源	141,944,844	3.8153	755,532,235	13.0390
16	宋城演艺	139,921,755	3.5622	72,945,882	1.4594
17	爱尔眼科	138,435,091	−1.1306	5,676,657	−0.0571
18	中国建筑	137,566,800	7.4951	−484,953,793	1.6791
19	中煤能源	136,417,673	15.6156	87,489,318	15.2695
20	金地集团	127,886,704	9.6215	124,200,807	11.1111
21	江西铜业	122,279,185	4.8365	45,186,296	2.9398
22	福莱特	120,982,712	6.9623	205,939,293	12.2779
23	建设银行	110,898,165	2.1631	−234,722,197	−1.7600
24	江苏银行	108,791,346	4.3609	−46,344,392	2.6627
25	晶澳科技	108,247,899	5.7898	26,086,324	12.0238
26	上海机场	107,518,521	4.6621	−41,888,117	0.4529
27	正泰电器	105,289,500	−0.8951	196,810,415	7.8369
28	牧原股份	98,067,984	2.6923	−713,734,040	−1.4430
29	宝钢股份	92,351,057	3.9052	−137,164,463	0.8119
30	通威股份	90,154,397	1.4968	772,323,311	7.7427
31	同仁堂	87,420,958	1.9402	105,385,428	5.5658
32	温氏股份	78,365,915	6.3109	−91,975,103	1.5686
33	双汇发展	73,510,787	3.8961	−153,600,930	−2.2780
34	交通银行	72,065,397	2.0833	−383,271,867	−0.6085
35	东方雨虹	71,424,064	−3.7053	−166,791,679	−12.1807
36	国电电力	64,940,988	3.2374	81,176,210	5.9041
37	长江电力	59,448,880	5.2747	−51,286,359	3.0551

(续表)

排名	证券名称	主力资金净流入 [起始交易日期] 2022-02-26 [截止交易日期] 2022-03-04 [单位]元	区间涨跌幅 [起始交易日期] 2022-02-26 [截止交易日期] 2022-03-04 [复权方式]前复权 [单位]%	主力资金净流入 [起始交易日期] 截止日2周前 [截止交易日期] 2022-03-04 [单位]元	区间涨跌幅 [起始交易日期] 截止日2周前 [截止交易日期] 2022-03-04 [复权方式]前复权 [单位]%
38	青岛啤酒	59,096,482	4.7334	34,989,450	1.6910
39	福斯特	57,628,452	−0.9200	151,746,130	7.4907
40	国投电力	55,257,958	2.6627	61,121,431	3.2738
41	华鲁恒升	55,173,013	2.2753	111,705,190	4.2319
42	欧派家居	53,474,906	2.7441	120,218,690	1.0196
43	药明康德	47,495,854	−1.4410	302,999,100	3.5671
44	南京银行	45,926,063	5.3971	−129,979,898	1.8701
45	北新建材	45,785,033	−0.5270	−201,048,786	−12.6157
46	宝丰能源	44,436,084	3.2948	−12,766,259	5.8022
47	招商蛇口	43,563,064	6.8915	50,586,940	8.1602
48	光大银行	40,407,839	1.4970	−209,046,930	−1.4535
49	中国国航	35,995,822	2.7944	53,420,466	1.4778
50	世纪华通	35,653,465	2.9366	−291,562,417	−4.5845
51	传音控股	34,742,490	−7.4286	66,053,734	−0.9174
52	中公教育	32,495,584	1.6997	109,655,576	10.1227
53	中国银行	29,529,796	1.2862	−210,981,841	−0.9434
54	保利发展	28,922,524	7.6534	293,872,097	9.8773
55	新希望	28,547,284	7.8014	−215,431,447	2.0757
56	中海油服	28,246,809	1.8193	21,565,727	6.4680
57	康龙化成	25,906,709	−6.1552	50,520,948	−3.3755
58	兆易创新	24,755,344	0.0452	206,501,535	3.6568
59	杭州银行	23,840,976	3.7037	76,898,552	0.6784
60	南方航空	22,442,827	4.4669	12,239,603	0.5548
61	华侨城A	19,547,843	1.5942	101,568,389	−0.8487
62	北京银行	19,205,850	0.4425	−143,398,716	−1.7316
63	华能水电	18,568,047	3.4483	−41,751,155	2.7732
64	紫光股份	18,100,899	1.5457	−58,901,746	6.5356
65	春秋航空	17,907,921	2.1121	10,067,156	−2.9318
66	汇顶科技	17,152,684	−1.6071	6,880,906	−2.7237
67	天坛生物	12,112,642	3.9897	−43,758,632	2.5127
68	沪硅产业-U	11,914,822	0.2536	−61,823,339	4.0351

（续表）

排名	证券名称	主力资金净流入[起始交易日期]2022-02-26[截止交易日期]2022-03-04[单位]元	区间涨跌幅[起始交易日期]2022-02-26[截止交易日期]2022-03-04[复权方式]前复权[单位]%	主力资金净流入[起始交易日期]截止日2周前[截止交易日期]2022-03-04[单位]元	区间涨跌幅[起始交易日期]截止日2周前[截止交易日期]2022-03-04[复权方式]前复权[单位]%
69	上海临港	6,538,791	2.1142	−15,107,442	0.4158
70	甘李药业	3,517,094	0.5861	−19,477,605	1.2142
71	苏泊尔	2,357,096	−2.9143	7,311,492	−1.2646
72	上海医药	1,756,163	2.7912	−27,301,570	1.3764
73	海大集团				−2.2026

扫描二维码 >>
获取详细数据

排名	证券名称				
247	中国石化	263,			
248	恒瑞医药	−273,053,813	−0.8227	−629,577,107	−2.0438
249	国电南瑞	−279,951,793	−4.2120	−369,183,548	−2.3086
250	中国电信	−280,641,514	−0.4831	−749,362,282	−2.3697
251	海螺水泥	−282,172,620	−0.8931	−544,200,674	−6.2867
252	分众传媒	−286,499,935	−7.5835	−581,965,188	−10.4608
253	美的集团	−310,206,281	−3.6994	−1,539,615,864	−9.2293
254	沃森生物	−315,050,482	−3.7381	−1,404,391,486	−9.5814
255	卓胜微	−329,803,084	−7.0915	217,944	−1.9685
256	用友网络	−343,121,677	−4.5223	−655,298,059	−7.8106
257	万华化学	−355,262,459	−3.2063	−750,210,923	−6.4628
258	长安汽车	−361,448,398	−3.8168	−391,446,850	−3.3001
259	蓝思科技	−362,471,121	−5.0374	−565,702,562	−5.2310
260	华泰证券	−369,135,851	−1.4465	−1,236,364,189	−7.0030
261	韦尔股份	−370,420,473	−4.4366	−199,913,176	−3.6064
262	浪潮信息	−386,804,334	−5.6593	−878,701,886	1.1757
263	TCL科技	−388,975,875	−4.4326	−528,202,004	−5.2724
264	中国石油	−390,517,081	1.3962	−749,065,468	1.9298
265	新和成	−413,015,415	2.0670	−142,218,421	9.5283
266	兴业银行	−434,975,396	−1.8091	−563,328,516	−2.6457
267	海康威视	−454,845,672	−5.1399	−352,559,807	−0.6943
268	潍柴动力	−457,316,577	−2.0793	−737,241,165	−2.9620
269	东方证券	−469,788,385	−5.1136	−683,481,091	−5.8776

（续表）

排名	证券名称	主力资金净流入 [起始交易日期] 2022-02-26 [截止交易日期] 2022-03-04 [单位]元	区间涨跌幅 [起始交易日期] 2022-02-26 [截止交易日期] 2022-03-04 [复权方式]前复权 [单位]%	主力资金净流入 [起始交易日期] 截止日2周前 [截止交易日期] 2022-03-04 [单位]元	区间涨跌幅 [起始交易日期] 截止日2周前 [截止交易日期] 2022-03-04 [复权方式]前复权 [单位]%
270	中国电建	−484,816,735	0.0000	−2,708,903,368	−13.0726
271	中环股份	−501,508,379	−1.2424	−409,106,186	8.0396
272	贵州茅台	−513,645,664	−1.0316	−2,409,377,376	−5.6434
273	东方盛虹	−540,377,416	−8.9640	−479,821,520	−7.8762
274	长城汽车	−556,419,020	−10.1622	−615,341,386	−14.5062
275	长春高新	−569,876,585	−5.3208	−169,565,882	5.2410
276	恒力石化	−571,174,225	−11.2564	−521,790,188	−11.7114
277	华友钴业	−625,433,801	−7.0300	−240,687,696	−0.6490
278	恩捷股份	−631,174,516	−13.8664	−701,022,845	−9.3258
279	福耀玻璃	−636,733,642	−8.8963	−1,002,636,088	−12.9527
280	中国中免	−685,617,011	−4.1262	−1,318,922,430	−8.6519
281	平安银行	−713,042,762	−3.5849	−1,490,521,014	−6.6382
282	顺丰控股	−781,746,720	−1.9366	−1,430,516,639	−4.7202
283	东方财富	−786,379,408	−1.5897	−2,737,093,776	−5.5576
284	中信证券	−816,468,045	−2.5300	−1,907,582,841	−6.4994
285	包钢股份	−842,468,240	−3.0075	−521,529,292	−1.1494
286	片仔癀	−971,391,779	−11.4323	−1,102,690,066	−11.2782
287	歌尔股份	−1,086,664,507	−12.1314	−825,945,481	−11.6180
288	京东方A	−1,088,916,732	−2.9228	−3,106,379,995	−5.2953
289	格力电器	−1,300,196,719	−3.6051	−3,014,547,198	−7.2723
290	三一重工	−1,401,544,465	−6.1477	−2,323,939,120	−8.7711
291	招商银行	−1,427,202,255	−2.2285	−2,484,911,806	−5.3634
292	立讯精密	−1,548,914,543	−11.5554	−1,658,116,656	−13.5922
293	宁德时代	−1,592,750,592	−6.9989	−2,953,272,176	−8.0766
294	中国平安	−1,698,998,476	−2.5292	−3,761,005,426	−6.6170
295	赣锋锂业	−1,800,720,784	−5.5300	−1,129,728,768	−5.1626
296	北方稀土	−1,856,312,944	−6.0935	−1,826,882,176	−6.4255
297	天齐锂业	−1,857,528,800	−5.7448	−2,270,729,024	−3.3570
298	比亚迪	−2,106,065,616	−5.6649	−1,995,852,944	−4.7309
299	亿纬锂能	−2,293,330,544	−12.5350	−1,933,958,879	−12.0230
300	五粮液	−2,930,832,832	−7.4076	−4,964,807,824	−10.6716

数据来源：Choice数据

选取涵盖沪深两市的沪深300指数所代表的300家成分股作为实证分析的样本，截至2022年3月4日，最近一周时间沪深300指数下跌1.78%，最近两周时间下跌3.33%。

以Choice数据为依据，截至2022年3月4日最近一周时间，沪深300成分股中主力资金净流入排名前20位的公司中，有16家的股价表现为上涨，占比80%，最近一周这20只股票平均上涨5.02%，明显好于沪深300指数下跌1.78%的表现；主力资金净流出排名前20位的公司中，最近一周其股价全部下跌，占比100%，平均下跌-5.76%，大幅落后于沪深300指数的表现。

截至2022年3月4日最近两周时间，沪深300成分股主力资金净流入排名前20位的公司中，有18家的股价最近两周表现为上涨，占比90%，这20家公司的股价平均涨幅为8.24%；主力资金净流出排名前20位的公司中，最近两周其股价全部下跌，平均跌幅为7.66%。

五、实证研究结论

通过以上实证分析，我们可以看到主力资金净流入/净流出是判断股票市场短期走势和做出买卖决策的一个重要参考依据，主力资金流向是一个很有价值的参考指标。

如果大盘的主力资金持续流出，说明市场仍在调整下跌的通道上，入市需谨慎，重仓的投资者可以适当考虑减轻仓位；如果选择入市，尽量聚焦最近一周主力资金持续净流入靠前的行业，对于主力资金持续流出的行业暂且观望，持有这些行业的股票的投资者可以适当减仓；对于具体的个股，优选最近一周主力资金持续净流入、涨幅尚且不大的个股，对于主力资金持续流出的个股，暂且观望，重仓投资者要注意止损止盈控制风险，当连续一周主力资金净流入再考虑不迟。

大智若愚的北上资金

北上资金是指通过沪港通和深港通通道由香港金融市场流入沪深两市A股市场的资金。由于沪港通和深港通分别在2014年和2016年开通，所以北上资金的历史并不长。

根据本书第8篇"业绩说话，散户赚钱并不容易"的分析，我们发现2016年上证指数跌幅12.31%，在个人投资者、机构投资者和产业资本都亏损的情况下，北上资金持沪市股份比例虽然只有0.72%，但竟然是盈利的；2017年上证指数涨幅5.46%，北上资金持沪市股份比例只有1.18%，但盈利占全部沪市投资者盈利的2.99%。2016—2017年两年时间，上证指数累计跌幅6.56%，北上资金持股比例为0.72%~1.18%，但两年的累计盈利占沪市所有投资者盈利的7.37%。

在2018年3月4日，北上资金累计净流入A股只有28.26亿元，但截至2022年3月4日，北上资金累计净流入A股的金额已经达到12803.83亿，4年增长452倍。

北上资金很长一段时间被市场称为"聪明的资金"，是A股市场一支极具进取心的年轻有为的力量。

前面我们讨论了主力资金净流入对股市和个股的影响，那么北上资金净流入对股市和个股又会有什么影响，与主力资金对比有什么异同呢？下面我们仍然从实证分析的角度来讨论北上资金流动的影响，希望对大众投资者的股票投资决策能够有现实的参考意义。

一、北上资金和大盘指数的关系

首先，我们用长镜头看一下在最近4年时间(2018—2022年)北上资金累计净流入和大盘指数走势之间的关系(图23-1)。时间相对长一些，更容易过滤掉其中偶然因素的干扰。

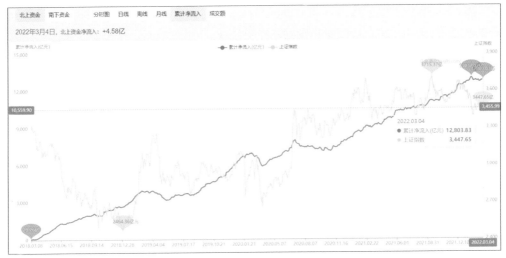

图23-1 北上资金累计净流入和上证指数走势

数据来源：乌龟量化

从图23-1可以看出，从2018年3月4日到2022年3月4日，北上资金呈现了清晰的"看多A股、做多A股"的投资逻辑。即使在2018年中美爆发激烈的贸易摩擦、中国经济增速下滑压力加大、上证指数创造2009年以来最大年度跌幅24.59%的背景下，北上资金仍然持续净流入，这是需要很大勇气的。在此后每当大盘指数呈现阶段性大幅上涨之后，北上资金都在一个季度左右的时间内略有调整，如2019年第一季度、2020年第一季度、2020年第三季度呈现短期净流出，但很快重新持续净流入。即使在2021年第四季度末和2022年第一季度初大盘指数出现大幅调整的情况下，北上资金仍然呈现持续流入。

从北上资金净流入与上证指数走势的关系可以看出：

(1) 北上资金在战略上坚持"看多A股、做多A股"，是市场的一个长期方向性指标，从过去4年的长周期来看，北上资金是大赢家。

(2) 北上资金累计净流入，对判断大盘指数短期走势的参考意义相对有限。

(3) 北上资金短期累计净流出，大盘调整的概率比较大。

二、北上资金和行业指数的关系

很多大众投资者在做行业赛道选择的时候都喜欢参考北上资金的行业净流入数据。那么，北上资金流动和行业指数的关系到底是怎样的呢？二者的短期关系和长期关系密切吗？

我们先筛选2022年3月4日北上资金净流入排名靠前的行业，看一下当天这些行业的指数表现怎么样。具体参见图23-2和图23-3。

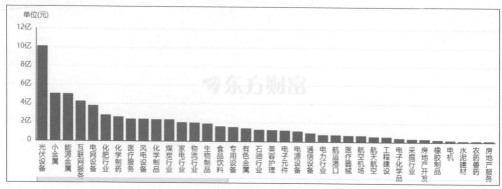

图23-2　2022年3月4日北上资金净流入行业板块

数据来源：东方财富

北向资金增持行业板块排行

| 今日排行 | 3日排行 | 5日排行 | 10日排行 | 月排行 | 季排行 | 年排行 |

序号	名称	相关	最新涨跌幅	北上资金今日持股				北上资金今日增持估计			
				股票只数	市值	占板块比	占北上资金比	股票只数	市值	市值增幅	占板块比	占北上资金比
1	光伏设备	详细 股吧	-0.64%	18	1092.56亿	6.04%	6.59%	14	10.11亿	0.93%	0.56‰	0.61‰
2	小金属	详细 股吧	-1.67%	20	144.78亿	2.23%	0.87%	15	5.042亿	3.53%	0.78‰	0.30‰
3	能源金属	详细 股吧	-1.87%	6	214.06亿	4.42%	1.29%	6	5.008亿	2.35%	1.03‰	0.30‰
4	互联网服务	详细 股吧	-2.03%	41	408.21亿	4.31%	2.46%	15	4.232亿	1.00%	0.45‰	0.26‰
5	电网设备	详细 股吧	-1.57%	19	465.15亿	7.34%	2.81%	11	3.779亿	0.81%	0.60‰	0.23‰
6	化肥行业	详细 股吧	-1.60%	10	44.43亿	1.31%	0.27%	4	2.755亿	6.34%	0.81‰	0.17‰
7	化学制药	详细 股吧	1.34%	48	436.49亿	3.41%	2.63%	34	2.563亿	0.59%	0.20‰	0.15‰
8	医疗服务	详细 股吧	0.82%	14	592.33亿	6.06%	3.57%	9	2.344亿	0.40%	0.24‰	0.14‰
9	风电设备	详细 股吧	-0.10%	8	134.12亿	5.39%	0.81%	7	2.338亿	1.81%	0.94‰	0.14‰
10	化学制品	详细 股吧	-1.84%	27	493.67亿	4.72%	2.98%	13	2.296亿	0.46%	0.22‰	0.14‰

图23-3　2022年3月4日北上资金净流入TOP10行业板块涨跌幅

数据来源：东方财富

以2022年3月4日北上资金净流入排名前10位的行业来看，当天只有化学制药和医疗服务行业的指数上涨，其余8个行业的指数都是下跌的，说明当天的行业指数走势对北上资金的净流入敏感度不高，这个特点和此前主力资金的短期显著影响形成了鲜明对比。

我们再随机选择3个行业指数，看一下在相对长的时期内，北上资金的净流入走势和行业指数的中长期走势的关系如何。参见图23-4。

在同花顺中，电力设备行业指数成分股包括了"碳达峰、碳中和"概念所涉及的光伏、风电和动力电池等主要上市龙头企业。从2020年3月开始，北上资金持续净流入电力设备行业，但电力设备行业指数的波动却比较大；从2020年10月到2021年5月长达大半年的时间行业指数横盘整理，但北上资金持续净流入。

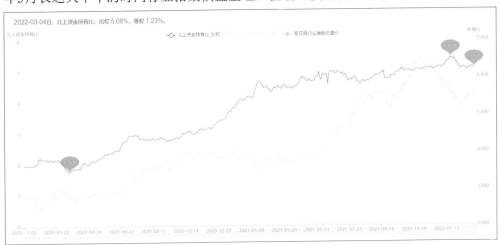

图23-4　2020/03/04—2022/03/04电力设备行业指数和北上资金净流入走势

数据来源：乌龟量化

电力设备行业北上资金净流入走势和行业指数走势之间的关系有点类似于最近4年上证指数和北上资金累计净流入的关系。北上资金坚定地长期看多、做多电力设备行业，行业指数保持上涨趋势，但过程波动较大，在波动过程中北上资金持续净流入。

下面我们看一下同花顺中饮料制造行业指数，其由46只成分股构成，最主要的权重股是以贵州茅台、五粮液、泸州老窖、汾酒为代表的白酒股票。图23-5为2020年3月4日—2022年3月4日饮料制造行业指数和北上资金净流入走势。

从图23-5可以看出，从2020年3月到2022年3月的两年时间里，北上资金大幅减持白酒行业，态度也非常坚决。即使2020年3月到2020年底饮料制造行业指数全年实现翻倍上涨，2021年3月底到5月底饮料制造行业指数涨幅超过50%，北上资金也坚决持续减仓。从2021年8月到2022年3月，北上资金持股比例基本稳定。总之，北上资金的净流入和食品饮料行业的短期走势、中期走势似乎都没有相关性，呈现一路上涨、一路离场的操作逻辑。

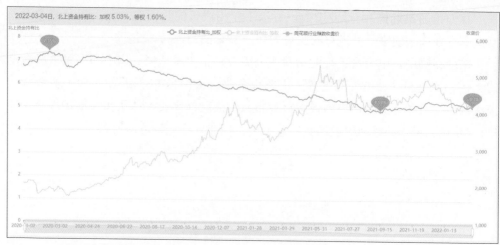

图23-5 2020/03/04—2022/03/04饮料制造行业指数和北上资金净流入走势

数据来源：乌龟量化

我们再看一下同花顺中半导体行业指数。从2018年以来半导体行业就话题不断，业绩也不错。图23-6为2020年3月4日—2022年3月4日半导体行业指数和北上资金净流入走势。

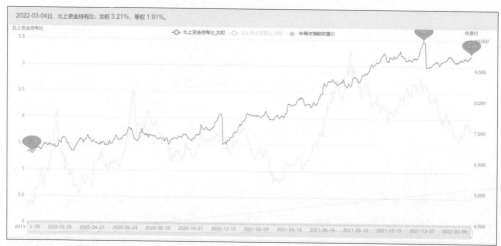

图23-6 2020/03/04—2022/03/04半导体行业指数和北上资金净流入走势

数据来源：乌龟量化

从图23-6可以看出，北上资金的决策似乎仍然比较独立，在2020年全年，北上资金持股水平和半导体行业指数都保持横盘水平。倒是从2021年初开始，北上资金表现为持续强势净流入，但半导体行业指数波动很大。从2021年第三季度开始至2022年3月初，半导体行业指数调整幅度为30%左右，但北上资金坚决持续净流入。在半导体行业，北上资金净流入和行业指数走势相关性似乎也不是很大，北上资金表现得比较特立独行，在市场对半导体行业充满怀疑的情况下，北上资金仍然坚持对半导体行业的未来充满信心。

综上所述，2022年3月4日，无论是北上资金当日净流入排名前10位的行业，还是市场上比较受关注的电力设备、饮料制造和半导体行业，最近两年的行业指数走势都说明北上资金的净流入和行业指数的短期表现关联度不大，北上资金整体上似乎更看重未来长周期的行业前景。即使行业指数出现重大调整，北上资金仍然能够坚持自己的长期判断，这一点和国内的其他资金形成了鲜明对比。

三、北上资金和个股股价的关系

我们看一下北上资金净流入和个股股价走势的关系，包括短期走势和长期走势。图23-7为2022年3月4日沪深两市北上资金净流入的上市公司TOP10及其股价走势。

北向	沪股通	深股通												
今日排行	3日排行	5日排行	10日排行	月排行	季排行	年排行								
					今日持股				今日增持估计					
序号	代码	名称	相关	今日收盘价	今日涨跌幅	股数	市值	占流通股比	占总股本比	股数	市值	市值增持	占流通股比	占总股本比	所属板块
1	300059	东方财富 详细 数据		26.00	-2.77%	8.23亿	213.90亿	9.57%	7.94%	1905.75万	5.00亿	2.37%	2.17‰	1.80‰	互联网服务
2	603259	药明康德 详细 数据		101.91	-0.86%	1.79亿	182.64亿	7.04%	6.06%	378.58万	3.85亿	2.16%	1.47‰	1.27‰	医疗服务
3	601012	隆基股份 详细 数据		77.80	-0.88%	6.64亿	516.43亿	12.26%	12.26%	423.83万	3.31亿	0.64%	0.78‰	0.78‰	光伏设备
4	600141	兴发集团 详细 数据		37.95	-4.00%	5908.65万	22.42亿	6.06%	5.31%	701.42万	2.71亿	13.47%	7.04‰	6.18‰	化肥行业
5	002460	赣锋锂业 详细 数据		141.45	-1.51%	9420.72万	133.26亿	10.96%	6.55%	182.96万	2.62亿	1.98%	2.12‰	1.27‰	能源金属
6	002497	雅化集团 详细 数据		33.18	-4.71%	2406.78万	7.99亿	2.31%	2.09%	672.23万	2.28亿	38.76%	6.28‰	5.68‰	化学制品
7	000807	云铝股份 详细 数据		15.57	2.17%	1.75亿	27.19亿	6.21%	5.04%	1377.97万	2.15亿	8.57%	5.01‰	4.07‰	有色金属
8	600406	国电南瑞 详细 数据		33.43	-0.45%	8.23亿	275.09亿	14.93%	14.75%	601.84万	2.02亿	0.74%	1.09‰	1.08‰	电网设备
9	601838	成都银行 详细 数据		14.90	1.36%	2.08亿	30.92亿	5.76%	5.75%	1243.38万	1.85亿	6.37%	3.49‰	3.48‰	银行
10	002371	北方华创 详细 数据		292.05	2.70%	2875.13万	83.97亿	6.24%	5.47%	61.95万	1.81亿	2.20%	1.38‰	1.21‰	半导体

图23-7　2022年3月4日沪深两市北上资金净流入的上市公司TOP10及其股价走势

数据来源：东方财富

根据Wind和东方财富等数据服务商的信息，2022年3月4日北上资金当日净流入沪深两市最多的前10家上市公司分别是东方财富(49 549.41万元)、药明康德(38 581.4万元)、隆基股份(32 973.94万元)、兴发集团(26 618.74万元)、赣锋锂业(25 870.92万元)、雅化集团(22 304.55万元)、云铝股份(21 454.96万元)、国电南瑞(20 119.66万元)、成都银行(18 263.90万元)和北方华创(18 091.07万元)。但从这十家公司的股价走势看只有3家公司股价上涨，其余7家公司股价均出现下跌，甚至有的公司股价跌幅还比较大，如兴发集团跌幅4%，雅化集团跌幅4.71%，这告诉我们北上资金短期净流入和股价关联度也不是很大。

下面我们从以上10家公司中挑选排名前3的公司，看一下北上资金中长期净流入和公司股价的关系。例如，东方财富2020年3月4日—2022年3月4日两年北上资金净流入和股价走势之间的关系如图23-8所示。

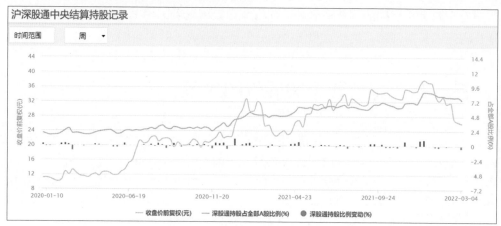

图23-8　2020/03/04—2022/03/04东方财富北上资金净流入及股价走势

数据来源：Choice数据

从图23-8可以看出，东方财富最近两年北上资金累计净流入趋势和股价的走势大体一致，但在2020年上半年北上资金没有明显净流入，似乎对东方财富第二季度末的突然大幅上涨未能提早判断。

2020年3月4日—2022年3月4日药明康德的北上资金净流入和股价走势之间的关系如图23-9所示。

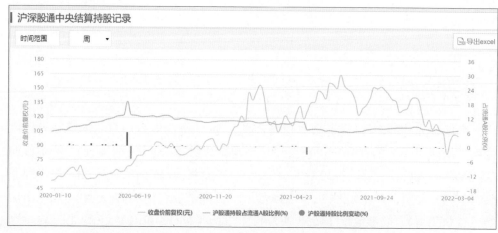

图23-9　2020/03/04—2022/03/04药明康德北上资金净流入及股价走势

数据来源：Choice数据

药明康德最近两年北上资金持股比例大体持平，但其股价却实现了翻番，中间最高涨幅曾经达到两倍，说明北上资金并没有对药明康德的股价做出准确的判断。

2020年3月4日—2022年3月4日隆基股份的北上资金净流入和股价走势之间的关系如图23-10所示。

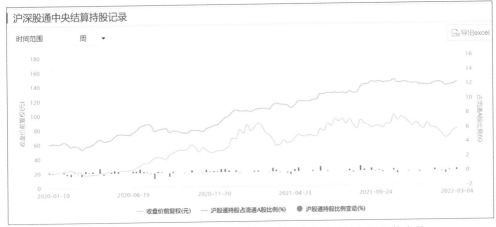

图23-10   2020/03/04—2022/03/04隆基股份北上资金净流入及股价走势

数据来源：Choice数据

隆基股份的北上资金净流入和股价走势基本一致，中间暂缓净流入或短暂净流出都对应了隆基股份股价的横盘或调整。

四、实证研究结论

北上资金对国内沪深A股整体上坚定看多，坚定做多，这也许就是港资看好内地股市核心资产的具体体现。然而，短期北上资金净流入无论对于大盘指数还是行业指数的参考意义都不是很大，但北上资金对大盘指数和行业板块指数的中长期判断准确率较高，值得关注。

北上资金一般只选择基本面出色的"好公司"股票，但其短期净流入对股价的影响并不显著，北上资金的投资风格更倾向于长期投资，这一点和国内的主力资金区别较大。

综合前文所述，关注短线机会，主力资金净流入数据的参考意义更大；关注长线机会，可以参考北上资金的净流入数据指引，相比主力资金的一阵风似的变化，北上资金表现得大智若愚。

24 | 股市见顶和见底的信号

股票市场是一个高风险市场，投资者在进入股票市场追求潜在高收益的同时，必须意识到自己无时无刻不在承担着比较高的风险。

股市的风险用直观的语言来表达，表现为股价或指数的波动性，这种波动性既频繁，幅度通常又比较大。对于大众投资者来说，进入股票市场就像在一个波涛汹涌的海面上冲浪，有必要对波峰和波谷做出基本的预判，尤其是大风大浪。

下面从量价关系、换手率和估值等多个角度进行分析，希望相关结论能给投资者以参考和启发。

一、判断大盘指数

"覆巢之下，安有完卵""在牛市里，鸡犬升天"，这些股票市场耳熟能详的俗话表达了对整体市场(俗称"大盘")判断的重要性。

股市通常用"大盘指数"来代表整体市场的温度，大众投资者最熟悉的大盘指数可能就是上证指数和深证成指，也许还有一些更专业的个人投资者会关注沪深300指数和创业板指数，这些都是大盘的基础性指数。判断大盘指数见顶或见底的方法是类似的，我们这里以上证指数为例来看一下股市见顶或见底的关键信号。

(一) 大盘指数见顶

所谓"顶部"，并非是某一天，而是一个区域的概念。我们先看一下截至2022年3月8日最近10年上证指数的几个代表性的"顶部"区域，如图24-1所示。

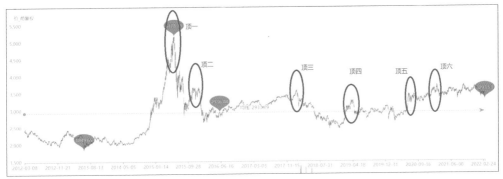

图24-1　上证指数最近10年典型顶部区域

数据来源：Wind、乌龟量化

从图24-1可以看出，从2012年3月8日—2022年3月8日最近10年时间，历史性的顶部发生在2015年6月份，即图24-1中顶一的位置。其他五个阶段性的顶部分别发生在2015年10月份(顶二的位置)、2018年1月份(顶三的位置)、2019年4月份(顶四的位置)、2020年9月份(顶五的位置)、2021年2月份(顶六的位置)。

这些位置之所以成了历史性或阶段性顶部，最主要是因为外在环境因素的影响，但从指数的走势看，也有内在的一些逻辑可循。下面我们看一下截至2022年3月8日最近10年上证指数的加权市盈率水平，如图24-2所示。

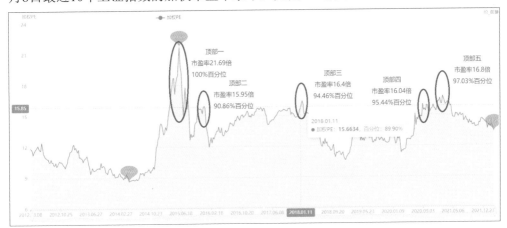

图24-2　上证指数最近10年加权市盈率水平

数据来源：Wind、乌龟量化

从图24-2可以看出，最近10年上证指数的市盈率在2015年6月达到历史性顶部，最高为21.69倍，市盈率水平处于最近10年100%的估值百分位，也就是最高的位置；第二个市盈率顶部发生在2015年11月—12月，上证指数的市盈率徘徊在15.95倍上下，处于最近10年90.86%的估值百分位；第三个市盈率顶部发生在2018

年1月中旬，上证指数的市盈率达到16.4倍，处于最近10年94.46%的估值百分位；第四个市盈率顶部发生在2020年9月，上证指数的市盈率达到16.04倍，处于最近10年95.44%的估值百分位；第五个市盈率顶部发生在2021年2月，上证指数的市盈率达到16.8倍，处于最近10年97.03%的估值百分位。

一般来说，无论是个股还是大盘指数，当市盈率估值水平处于最近10年90%以上百分位的区域时，都可以基本判断市场估值已经处于"估值天花板区域"，这时市场环境发生任何利空消息，都可能随时导致估值坍塌。上证指数最近10年90%的估值百分位临界值对应15.66倍的加权市盈率，今后随着时间的推移，90%的估值百分位对应的市盈率水平也是动态变化的，投资者不能刻舟求剑。

上证指数超过90%估值百分位的区域大体如图24-2所示，共有五个，这五个"估值天花板"区域正好对应上证指数点位的一次历史性顶部和四次阶段性顶部。虽然2019年4月上证指数的阶段性顶部并没有处于"估值天花板区域"，但用上证指数"估值天花板"的逻辑已经可以解释上证指数最近10年六次触顶机会中的五次，这个指标在具体操作的时候已经很有参考意义了。

以上实证经验告诉我们，一旦上证指数估值进入最近10年90%的"估值天花板区域"，从股票的具体操作上应该警惕风险，要开始动态止盈，减仓离场。这时候常常是在市场阶段性牛市的最后阶段，指数会出现大涨大跌、风云突变，散户最好不要"吃最后一节甘蔗"，要策略性地把筹码交出去，全身而退，静观其变。

(二) 大盘指数见底

和"顶部"的概念一样，大盘"见底"也并非指具体的某一天，而是一个区域的概念。我们同样以截至2022年3月8日最近10年上证指数的走势为例来看一下这10年典型的几个市场底部区域，如图24-3所示。

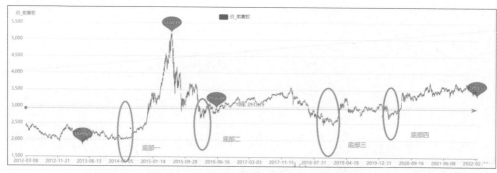

图24-3　上证指数最近10年典型底部区域

数据来源：Wind、乌龟量化

从图24-3可以看出，从2012年3月8日—2022年3月8日最近10年时间，上证指数有四个比较典型的底部区域，分别发生在2014年6月份(底部一)、2016年2月份(底部二)、2018年11—12月份(底部三)、2020年3月份(底部四)。

在判断大盘见顶的时候，我们使用大盘指数的"市盈率百分位"指标效果不错，但在判断大盘见底的时候，我们更倾向于使用"市净率百分位"这个指标。下面我们来看一下截至2022年3月8日最近10年上证指数的加权市净率估值水平走势，如图24-4所示。

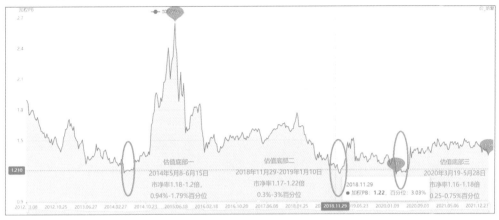

图24-4   上证指数最近10年加权市净率水平

数据来源：Wind、乌龟量化

从图24-4可以看出，最近10年上证指数有三个典型的市净率估值底部区域，分别发生在2014年5—6月份、2018年12月份和2020年3—5月份。这三个区域市净率的水平都在1.16倍到1.22倍之间，对应上证指数最近10年历史市净率均在3%以下的估值百分位。这个指标在10年内出现了三次，而且每次都确定性地对应着上证指数的一次阶段性大底部。这显然不是偶然的，说明这个指标在判断大盘阶段性见底的时候具有很好的指标意义。

为什么用最近10年"3%以下市净率百分位"来判断大盘见底有较好的参考意义呢？市净率指的是股价对应的每股净资产，如果大盘指数的市净率为1.16~1.22，意味着股价已经普遍非常接近公司的每股净资产。在并购重组和资产交易的市场，涉及国有资产交易的定价底线就是"不低于企业的净资产"，否则就涉嫌国有资产流失，在审批环节一般是通不过的。也就是说，在资产定价的市场中，"股价不低于净资产"是一个重要的参考，只有某一个或者几个行业出现"股价低于净资产"尚且可以理解和接受，但如果代表全部上市公司的大盘指数以及估值极其接近净资产，就说明整个市场已经有大量公司的股价跌破了净资产，全市场的估值已经触及估值的红线。这时候，相关"托市"的积极政策通常会出台，有经验的机构投资者无论从估值的角度还是从配合政策的角度，都会倾向于做多市场，市场也就出现了转机。

二、判断个股转折

个股的波动一般比大盘指数更频繁、振幅更大。影响个股股价波动和股价见顶、见底的因素更复杂多样，甚至一些偶然因素也会给股价带来意想不到的巨大影响。整体来说，对于个股股价见顶和见底的判断难度会更大一些，但关注几个重要指标会对判断有帮助。

(一) 大盘指数的信号

"覆巢之下，安有完卵"很形象地告诉我们大盘指数和个股的关系。在大盘见顶或者见底开启新的牛熊拐点的时候，大多数个股都难以幸免，尤其是权重股，明显表现出对大盘的跟随。我们看一下截至2022年3月8日最近三年上证指数和代表大盘蓝筹的权重股——贵州茅台股价的走势图，重点观察上证指数阶段性见顶和见底时贵州茅台的股价位置，如图24-5所示。

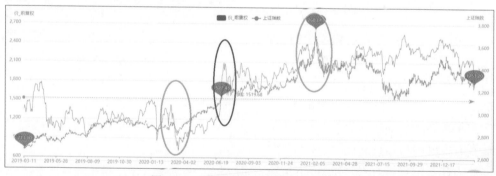

图24-5 上证指数和贵州茅台股价走势

数据来源：Wind、乌龟量化

从图24-5可以看出，最近三年上证指数在2021年2月中旬见顶，这也是最近三年的顶部，贵州茅台作为上证指数和沪深300指数重要的权重股之一，也是在这个时期见到了三年的顶部。另外，2020年7—9月份上证指数处于最近10年估值市盈率95.4%的百分位，指数阶段性见顶，贵州茅台的股价也基本上在这一时期阶段性见顶，然后横盘整理半年；2020年3月份上证指数市净率处于最近10年1%以下的百分位，也是最近三年指数的底部，这个位置基本上也是贵州茅台最近三年股价的底部区域。

以上现象绝非偶然，如果我们把沪深300指数和其中的权重股——贵州茅台、招商银行、五粮液、隆基股份、长江电力、兴业银行、海康威视等股价走势图放在一起，就会发现其大体走势和阶段见顶、见底的区域绝大部分是重合的。这告诉我们，上证指数、沪深300指数阶段性的见顶和见底信号对于指数权重股来说常常也具有操作层面的直接参考意义。

我们再选一只创业板权重股——宁德时代。截至2022年3月8日，最近三年创业板指数走势和代表科技成长的宁德时代的股价走势如图24-6所示。

从图24-6可以看出，创业板指数走势和宁德时代股价走势的相关性非常强。最近三年创业板指数的顶部也是宁德时代股价的顶部，创业板指数阶段性见顶的区域也是宁德时代股价阶段性见顶的区域，创业板指数最近三年的底部也是宁德时代股价最近三年的底部，创业板指数阶段性调整见底的区域也是宁德时代股价阶段性调整见底的底部区域。

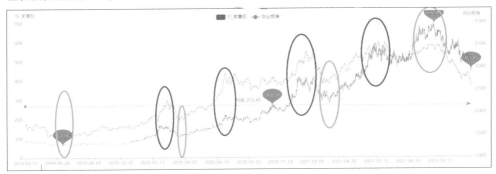

图24-6　创业板指数和宁德时代股价走势

数据来源：Wind、乌龟量化

以上现象绝非偶然，如果把创业板指数的其他一些权重股如东方财富、迈瑞医疗、阳光电源、亿纬锂能、汇川技术、智飞生物等最近三年的股价走势和创业板指数放在一起，也几乎呈现类似的高度拟合特征，尤其是在见顶、见底这些重大趋势性转折区域，一致性很高。

（二）量价多空转换信号

除了参考大盘指数之外，一些特殊的多空转换节奏和量价关系也是判断股票股价见顶的重要信号。我们仍然以贵州茅台为例，为了便于观察，截取2020年9月3日至2022年3月9日一年半时间的股价走势日线图，如图24-7所示。

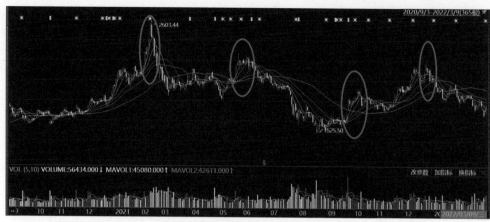

图24-7　贵州茅台股价见顶转折走势

数据来源：Choice数据

从图24-7可以看出，在一年半的时间内，贵州茅台的股价有四次比较典型的阶段性见顶调整的机会。进一步观察会发现，这四次股价见顶都呈现了类似的"快速放量拉升连续大阳线 + 突然放量下跌大阴线"的多空转换，而且都伴随着交易量的放大。如果再进行更细致地比较，就会发现除了这两个标志性的牛熊转换特征之外，在过程中还有一些不同，如2021年2月份是"连续放量大阳线—突然放量大阴线"的直接快速见顶转向，开启持续大幅调整；2021年6月份是"连续放量大阳线 + 一根长上影线 + 横盘无突破 + 突然放量大阴线"，开始进入调整；2021年10月份和12月份都是"连续放量大阳线 + 一根上影线 + 放量大阴线"，宣告阶段涨势结束。

我们再看另外两只大家比较熟悉的高科技股票——宁德时代和智飞生物的股价走势，它们大体上也有类似股价见顶的信号规律，如图24-8、图24-9所示。

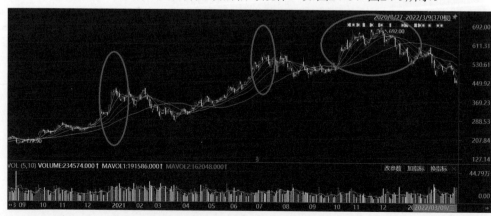

图24-8　宁德时代股价见顶转折走势

数据来源：Choice数据

图24-9 智飞生物股价见顶转折走势

数据来源：Choice数据

如果对换手率的信号比较敏感的话，一般股价见顶前快速拉升的换手率并不是特别高，但放量下跌大阴线的当天换手率要明显高于平时的水平，这也是一个值得警惕的信号。尤其是如果在放量大跌前一天出现了长上影线或尾盘无量拉升接近涨停等这些信号，都预示着机构准备派发筹码获利了结。

三、实证研究结论

股市见顶和见底对于大盘指数和个股有不同的判断依据。整体来说，历史估值百分位的极值区域是判断大盘指数见顶和见底比较有效的指标，对于个股来说，稍微复杂一点。

对于判断大盘指数见顶，我们一般使用"历史市盈率百分位"指标，估值水平达到最近10年90%以上市盈率百分位就是大盘指数即将阶段性见顶的信号，这时候需要减仓甚至动态止盈清仓离场，万不可贪婪加仓或追高买入。

对于判断大盘指数见底，我们一般使用"历史市净率百分位"指标，尤其在判断市场"大底"的时候这个指标非常有用。具体指标参考最近10年市净率3%以下百分位区间，极大的概率是市场指数已经处于否极泰来的阶段性底部，不排除仍可能会在底部徘徊一两个月时间，但这时候是建仓、重仓的重要窗口区域。

创业板指数、沪深300指数的权重成分股有较大的概率会受到对应大盘指数见顶和见底的影响，其走势大多数时期和大盘指数的走势密切相关。那种股票投资不看大盘的野路子，对于权重股来说是不可取的，"覆巢之下，安有完卵""在牛市里，鸡犬升天"是股票市场的基本特征。

　　对于普通股票来说，股价见顶有一个比较有趣的模式："快速放量拉升连续大阳线＋突然放量大跌大阴线"，而且放量大跌的时候换手率明显比日常高。这个模式虽然未必能够100%包含股票见顶的各种情况，但是一个可靠性相对较高的指标。

　　另外，对于个股来说，如果其对应公司的TTM市盈率在100倍以上，则基本上要止盈离场。这并不是说这样的公司股价就完全不会涨，而是外在的风吹草动很容易导致其突然大幅调整，同时，消化当前的高估值也需要较长的时间。

25 | 止损止盈，落袋为安

大多数个人投资者都有这样的体会：在股票市场每天面对几千只股票价格的波动，总觉得赚钱的概率至少也有50%以上。所以，他们经常不假思索随机买入一只"看上去不错"的股票。一旦买入，就越看越觉得自己的股票好，即使股价各种原因出现了明显的调整，也不愿意否定自己，对后市总是心存侥幸，最后跌得太多了，索性麻木了，彻底放弃了对这只股票的希望，甘心做起了股东。这些投资者最后给自己的安慰常常是：信奉价值投资，坚持长期持有。

还有不少投资者，做了不少功课，或者运气好的缘故，买入的股票刚刚入手就大幅上涨，但自己对这种上涨完全没有思想准备和应对方法，反而开始焦虑不安，生怕随时调整吞噬了利润，然后涨了5%左右就赶紧卖出，落袋为安。万万没想到的是，后市股价气势如虹，在一个周期内涨了60%，甚至更多，但卖出之后就再也不敢买了。这些投资者选到了"好公司"股票，但浅尝辄止，没有赚到钱，想想总是后悔。

还有一部分投资者，买入的股票大幅上涨，但对于什么时间卖出没有章法。眼看着从买入后股价涨了40%以上，但总觉得将来很有可能会翻番，结果股价开始调整，从赚40%，降到赚30%、20%、10%，最后更不愿意卖了，认为自己40%的收益都不满足，怎么可能只赚10%就认了呢？于是，股价跌回原点买入价，紧接着开始亏损10%、20%……最后坐了过山车，钱没赚到，还在"空想症"和"焦虑症"的支配下情绪越来越坏。这些投资者最大的问题就是不知道什么时间卖出股票，如果学不会这个技能，在股票市场就很难赚到钱。

解决这些问题的关键是建立起适合自己的"止损止盈"的投资纪律。一旦买入股票，就要把交易的决策权交给理性的投资纪律，而不是自己的情绪。

这是本书的结尾，在我看来也是最重要的内容。因为这里所揭示的现象正是大多数散户投资者在股票市场亏钱的重要原因，所提供的方法将帮助广大个人投资者养成一个能让自己长期在股市生存和盈利的良好习惯。

一、为什么必须止损止盈

价值投资者坚信"以便宜的价格，买入好公司，静待花开"，其实价值投资者也需要遵守止损止盈的投资纪律，而不是不假思索地长期持有。

价值投资的重要逻辑都是建立在"假设"的基础上。比如到底什么是"便宜的价格"？怎么能确定买入的一定是"好公司"的股票？所有的投资都是有期限的，企业也是有生命周期的，"静待花开"的时期到底是多久？"止损止盈"的投资纪律恰恰提供了一种可操作的具体方法，有助于投资者辨识和纠正"便宜的价格""好公司"，并最终把"静待花开"的结果落袋为安。

（一）"好公司"一年的股价波动

在多年的投资者教育经历中，我发现很多投资者有一种根深蒂固的误区：认为做价值投资时，选择了"好公司"，长期持有就行了，没必要做"止损止盈"这些"短线交易"。

下面我们看一下截至2022年3月9日最近一年3979家沪深A股区间最大涨幅超过200%的公司名单(剔除ST公司和一年内上市的次新公司)(表25-1)，同时对比一下持有一年没有任何操作的投资收益以及从股价最高点到2022年3月9日为止的调整幅度。

表25-1　最近一年沪深A股区间最大涨幅超过200%的公司名单

序号	证券代码	证券名称	区间最大涨跌幅 [起始交易日期] 2021年3月9日 [截止交易日期] 2022年3月9日 [复权方式]前复权 [单位]%	区间涨跌幅 [起始交易日期] 2021年3月9日 [截止交易日期] 2022年3月9日 [复权方式]前复权 [单位]%	区间自最高价以来 最大跌幅 [起始交易日期] 2021年3月9日 [截止交易日期] 2022年3月9日 [复权方式]前复权 [单位]%
1	002432.SZ	九安医疗	1,313.1399	543.1802	-49.5050
2	300343.SZ	联创股份	969.0909	356.3107	-57.6923
3	000422.SZ	湖北宜化	839.7222	398.5836	-53.3143
4	002326.SZ	永太科技	790.9618	206.3666	-67.6075
5	002487.SZ	大金重工	636.8008	294.3477	-42.0495
6	603396.SH	金辰股份	611.9890	165.9906	-66.4680
7	300619.SZ	金银河	590.4839	319.4041	-55.2124
8	300671.SZ	富满微	580.6267	202.4877	-65.3173

(续表)

序号	证券代码	证券名称	区间最大涨跌幅 [起始交易日期] 2021年3月9日 [截止交易日期] 2022年3月9日 [复权方式]前复权 [单位]%	区间涨跌幅 [起始交易日期] 2021年3月9日 [截止交易日期] 2022年3月9日 [复权方式]前复权 [单位]%	区间自最高价以来 最大跌幅 [起始交易日期] 2021年3月9日 [截止交易日期] 2022年3月9日 [复权方式]前复权 [单位]%
9	300437.SZ	清水源	571.4286	177.9463	−60.6676
10	300827.SZ	上能电气	566.0184	210.8116	−64.8054
11	300077.SZ	国民技术	563.4069	187.5186	−56.1051
12	603399.SH	吉翔股份	548.1297	336.0738	−10.7349
13	000537.SZ	广宇发展	547.5973	243.4244	−39.3482
14	688699.SH	明微电子	546.2972	135.9755	−69.1671
15	000762.SZ	西藏矿业	535.8098	196.7399	−55.2705
16	600860.SH	京城股份	531.0748	306.1927	−52.6042
17	688068.SH	热景生物	524.5941	287.8213	−50.0000
18	300432.SZ	富临精工	524.2775	134.4900	−63.4441
19	002006.SZ	精功科技	521.9081	234.4828	−48.5227
20	002667.SZ	鞍重股份	520.6070	244.0549	−69.7507
21	300769.SZ	德方纳米	510.9527	356.6938	−33.7758
22	300261.SZ	雅本化学	501.7033	251.1868	−36.5667
23	300339.SZ	润和软件	493.9099	131.1288	−64.7619
24	002176.SZ	江特电机	489.9614	304.8872	−51.8428
25	603260.SH	合盛硅业	486.9806	202.4597	−60.9546
26	603026.SH	石大胜华	483.6631	122.0857	−61.9640
27	300745.SZ	欣锐科技	478.3267	147.7876	−54.9494
28	300052.SZ	中青宝	475.2907	178.9731	−50.5982
29	300672.SZ	国科微	473.0782	102.3804	−63.9993
30	300584.SZ	海辰药业	458.4053	259.4101	−28.5935
31	688599.SH	天合光能	451.5175	289.6575	−37.3540
32	002529.SZ	海源复材	443.4439	207.3487	−45.4139
33	603518.SH	锦泓集团	442.0202	81.6288	−67.3646
34	002374.SZ	中锐股份	430.5310	98.3673	−63.4749
35	600338.SH	西藏珠峰	426.2658	206.6876	−48.3592
36	600096.SH	云天化	421.0604	192.0354	−55.9732
37	002192.SZ	融捷股份	417.6406	169.7041	−54.9665
38	300390.SZ	天华超净	407.6607	153.9208	−54.4549

（续表）

序号	证券代码	证券名称	区间最大涨跌幅 [起始交易日期] 2021年3月9日 [截止交易日期] 2022年3月9日 [复权方式]前复权 [单位]%	区间涨跌幅 [起始交易日期] 2021年3月9日 [截止交易日期] 2022年3月9日 [复权方式]前复权 [单位]%	区间自最高价以来 最大跌幅 [起始交易日期] 2021年3月9日 [截止交易日期] 2022年3月9日 [复权方式]前复权 [单位]%
39	002455.SZ	百川股份	407.6242	95.7587	−59.5142
40	688556.SH	高测股份	405.7758	253.6053	−42.1988
41	000683.SZ	远兴能源	404.2636	248.2890	−52.6588
42	002895.SZ	川恒股份	404.0816	89.4046	−60.4171
43	002738.SZ	中矿资源	401.9471	290.7096	−18.3767
44	002265.SZ	西仪股份	395.7586	129.5107	−53.6129
45	000829.SZ	天音控股	390.6296	119.8909	−56.3375
46	002349.SZ	精华制药	386.8542	198.1948	−49.6659
47	300199.SZ	翰宇药业	380.6452	213.0282	−51.0407
48	300712.SZ	永福股份	378.8111	68.8398	−67.7540
49	600071.SH	凤凰光学	378.6169	167.8827	−42.1728
50	000408.SZ	藏格矿业	375.6381	289.6396	−31.7213
51	300772.SZ	运达股份	375.2125	128.7409	−53.1939
52	601969.SH	海南矿业	373.7828	73.4622	−63.1847
53	002256.SZ	兆新股份	371.5328	147.9452	−51.4970
54	600610.SH	中毅达	361.2836	176.0331	−46.4655
55	603123.SH	翠微股份	359.2834	155.5441	−46.5574
56	002865.SZ	钧达股份	353.9503	301.9905	−15.6734
57	600702.SH	舍得酒业	351.3090	196.6993	−38.6441
58	601127.SH	小康股份	348.0672	91.7014	−55.1235
59	688356.SH	键凯科技	347.4686	147.4399	−51.8496
60	300809.SZ	华辰装备	345.9790	163.5506	−50.8568
61	600773.SH	西藏城投	345.6974	152.7440	−48.2228
62	601126.SH	四方股份	344.3358	141.1354	−49.5742
63	300393.SZ	中来股份	342.7596	290.8287	−13.4994
64	300264.SZ	佳创视讯	342.3948	133.6111	−53.1378
65	688559.SH	海目星	341.5512	83.2589	−53.9535
66	603876.SH	鼎胜新材	340.9372	177.7595	−36.4048
67	002900.SZ	哈三联	340.0510	89.1590	−60.0244
68	300681.SZ	英搏尔	335.1820	184.5026	−38.1288

(续表)

序号	证券代码	证券名称	区间最大涨跌幅 [起始交易日期] 2021年3月9日 [截止交易日期] 2022年3月9日 [复权方式]前复权 [单位]%	区间涨跌幅 [起始交易日期] 2021年3月9日 [截止交易日期] 2022年3月9日 [复权方式]前复权 [单位]%	区间自最高价以来 最大跌幅 [起始交易日期] 2021年3月9日 [截止交易日期] 2022年3月9日 [复权方式]前复权 [单位]%
69	603098.SH	森特股份	332.6422	288.7529	−34.0797
70	603938.SH	三孚股份	332.3597	157.9584	−63.0766
71	603665.SH	康隆达	330.7899	138.7317	−11.0065
72	688516.SH	奥特维	327.4995	183.6984	−38.4541
73	002759.SZ	天际股份	327.4007	30.9446	−58.2847
74	600141.SH	兴发集团	324.0985	160.3363	−49.1607
75	002762.SZ	金发拉比	322.7642	147.8182	−61.9212
76	688518.SH	联赢激光	321.7102	103.2575	−50.6454
77	600238.SH	海南椰岛	317.0157	64.2677	−62.4161
78	002411.SZ	延安必康	316.0671	98.6667	−57.3096
79	300655.SZ	晶瑞电材	315.9675	121.0574	−50.8469
80	603688.SH	石英股份	314.5445	221.2620	−32.1998
81	002011.SZ	盾安环境	314.5119	167.7665	−38.8480
82	300458.SZ	全志科技	312.5896	69.8456	−58.9915
83	000812.SZ	陕西金叶	311.2211	66.6667	−53.1300
84	300260.SZ	新莱应材	310.4991	269.9526	−9.1711
85	002453.SZ	华软科技	310.2119	194.0741	−36.9155
86	002459.SZ	晶澳科技	308.2101	211.8200	−31.5922
87	002943.SZ	宇晶股份	306.7568	98.2670	−56.0952
88	002466.SZ	天齐锂业	306.4737	109.3558	−46.7556
89	600172.SH	黄河旋风	306.2914	167.7116	−43.1388
90	002141.SZ	贤丰控股	305.2174	115.0000	−51.9131
91	300438.SZ	鹏辉能源	304.0252	142.9439	−45.8676
92	300763.SZ	锦浪科技	303.9625	192.8818	−45.7249
93	603897.SH	长城科技	303.6870	107.8029	−51.0526
94	002472.SZ	双环传动	302.1469	127.2594	−39.6147
95	300093.SZ	金刚玻璃	300.3656	217.3561	−39.0348
96	300350.SZ	华鹏飞	299.7512	41.5449	−60.9074
97	600596.SH	新安股份	298.2523	100.4819	−55.1579
98	003022.SZ	联泓新科	297.8819	25.4485	−68.5152

（续表）

序号	证券代码	证券名称	区间最大涨跌幅 [起始交易日期] 2021年3月9日 [截止交易日期] 2022年3月9日 [复权方式]前复权 [单位]%	区间涨跌幅 [起始交易日期] 2021年3月9日 [截止交易日期] 2022年3月9日 [复权方式]前复权 [单位]%	区间自最高价以来 最大跌幅 [起始交易日期] 2021年3月9日 [截止交易日期] 2022年3月9日 [复权方式]前复权 [单位]%
99	002709.SZ	天赐材料	297.6112	70.9078	−51.3166
100	603906.SH	龙蟠科技	297.2753	35.8876	−65.8221
101	002240.SZ	盛新锂能	297.1104	142.3116	−44.2957
102	300631.SZ	久吾高科	297.0566	98.2845	−51.9248
103	300568.SZ	星源材质	296.9117	113.5171	−51.4542
104	300035.SZ	中科电气	295.9076	204.8282	−38.5000
105	300471.SZ	厚普股份	291.3652	123.6674	−46.6977
106	688357.SH	建龙微纳	291.1394	133.4336	−44.6429
107	603063.SH	禾望电气	288.4638	124.4836	−18.9420
108	600367.SH	红星发展	287.6436	168.1750	−30.4073
109	002201.SZ	正威新材	287.5365	93.4162	−50.2832
110	300061.SZ	旗天科技	286.9822	120.0483	−42.4911
111	300604.SZ	长川科技	285.9429	125.1823	−41.1579
112	000665.SZ	湖北广电	284.6875	64.1026	−54.1538
113	600328.SH	中盐化工	284.0290	73.1701	−54.5806
114	002922.SZ	伊戈尔	283.5074	125.7329	−50.8213
115	300382.SZ	斯莱克	280.3204	68.3628	−57.2923
116	002756.SZ	永兴材料	278.6309	201.4771	−28.5022
117	000838.SZ	财信发展	277.6316	231.6548	−38.8462
118	300364.SZ	中文在线	277.2727	37.5000	−56.1368
119	300490.SZ	华自科技	277.0448	62.3631	−58.8740
120	300751.SZ	迈为股份	276.8890	122.1883	−45.1471
121	002268.SZ	卫士通	275.7257	137.7111	−42.7133
122	300508.SZ	维宏股份	274.7388	57.1003	−59.0044
123	000819.SZ	岳阳兴长	274.1611	78.7424	−55.4831
124	300505.SZ	川金诺	273.8568	73.5650	−53.4139
125	600110.SH	诺德股份	271.3018	60.4478	−53.1067
126	688037.SH	芯源微	270.1132	91.3370	−60.1488
127	300811.SZ	铂科新材	269.6120	93.1258	−45.4421
128	300354.SZ	东华测试	268.4858	115.9903	−40.6842

(续表)

序号	证券代码	证券名称	区间最大涨跌幅 [起始交易日期] 2021年3月9日 [截止交易日期] 2022年3月9日 [复权方式]前复权 [单位]%	区间涨跌幅 [起始交易日期] 2021年3月9日 [截止交易日期] 2022年3月9日 [复权方式]前复权 [单位]%	区间自最高价以来 最大跌幅 [起始交易日期] 2021年3月9日 [截止交易日期] 2022年3月9日 [复权方式]前复权 [单位]%
129	002518.SZ	科士达	267.4051	86.1613	−51.5181
130	300204.SZ	舒泰神	265.7997	146.2185	−47.9397
131	688078.SH	龙软科技	265.7636	85.0121	−51.1148
132	688301.SH	奕瑞科技	264.5366	111.5198	−36.6970
133	300223.SZ	北京君正	263.8107	58.0207	−51.3727
134	603055.SH	台华新材	263.0352	100.5319	−43.5277
135	000519.SZ	中兵红箭	261.4319	100.1100	−46.0543
136	000503.SZ	国新健康	261.1765	53.4153	−50.8349
137	000155.SZ	川能动力	259.7115	85.8714	−49.7962
138	603985.SH	恒润股份	259.3791	88.0031	−36.2675
139	601101.SH	昊华能源	259.2708	151.9215	−48.6851
140	688116.SH	天奈科技	259.2291	125.1099	−31.5217
141	300850.SZ	新强联	257.1031	74.1354	−51.1508
142	002269.SZ	美邦服饰	256.3910	68.3453	−58.5799
143	002245.SZ	蔚蓝锂芯	255.4710	84.4623	−48.3680
144	300153.SZ	科泰电源	255.4192	56.1497	−54.0000
145	605369.SH	拱东医疗	254.8479	166.9614	−22.5578
146	002280.SZ	联络互动	254.7619	30.7692	−67.1321
147	300472.SZ	新元科技	252.5943	35.5234	−63.0435
148	600111.SH	北方稀土	250.8439	85.1540	−40.3060
149	000966.SZ	长源电力	250.7692	46.8503	−61.1328
150	688368.SH	晶丰明源	250.4596	6.9067	−65.3276
151	600976.SH	健民集团	249.8597	112.0616	−38.9260
152	300693.SZ	盛弘股份	249.6129	56.0196	−55.5414
153	601567.SH	三星医疗	249.2337	67.7767	−54.1050
154	300582.SZ	英飞特	247.7549	32.6753	−61.8313
155	000831.SZ	五矿稀土	246.8082	47.3274	−50.1505
156	603297.SH	永新光学	245.9184	163.2177	−32.6232
157	603982.SH	泉峰汽车	245.3199	57.9212	−53.3874
158	600698.SH	湖南天雁	244.8276	106.3025	−49.2083

序号	证券代码	证券名称	区间最大涨跌幅 [起始交易日期] 2021年3月9日 [截止交易日期] 2022年3月9日 [复权方式]前复权 [单位]%	区间涨跌幅 [起始交易日期] 2021年3月9日 [截止交易日期] 2022年3月9日 [复权方式]前复权 [单位]%	区间自最高价以来 最大跌幅 [起始交易日期] 2021年3月9日 [截止交易日期] 2022年3月9日 [复权方式]前复权 [单位]%
159	000056.SZ	皇庭国际	244.7876	180.6569	−26.8817
160	300171.SZ	东富龙	244.5794	125.1850	−45.5882
161	688390.SH	固德威	243.9329	101.2033	−49.6835
162	002407.SZ	多氟多	241.3780	65.9101	−47.1299
163	600771.SH	广誉远	240.2423	92.9720	−50.6107
164	688298.SH	东方生物	238.3950	82.3215	−52.2909
165	000983.SZ	山西焦煤	237.7905	121.1118	−54.8175
166	000815.SZ	美利云	237.5527	205.7654	−22.2287
167	002371.SZ	北方华创	237.0999	78.2426	−47.4093
168	605337.SH	李子园	236.9922	52.7341	−55.5556
169	601699.SH	潞安环能	235.5590	178.1546	−46.4159
170	000822.SZ	山东海化	235.1741	35.2942	−61.3750
171	000982.SZ	中银绒业	234.4538	109.6774	−41.9664
172	000009.SZ	中国宝安	234.2166	30.9390	−62.2432
173	688202.SH	美迪西	233.6893	49.5302	−61.2367
174	002824.SZ	和胜股份	232.9990	112.8518	−36.6346
175	600884.SH	杉杉股份	232.5947	57.9266	−43.8826
176	002750.SZ	龙津药业	232.5513	52.1040	−53.3087
177	300479.SZ	神思电子	232.4062	87.3815	−47.2117
178	002232.SZ	启明信息	231.9058	33.3411	−55.7049
179	603800.SH	道森股份	231.7359	209.4680	−12.5043
180	300821.SZ	东岳硅材	231.2643	81.9731	−50.7927
181	688680.SH	海优新材	230.9648	65.7059	−50.3051
182	600348.SH	华阳股份	230.8079	144.3305	−40.6748
183	600995.SH	文山电力	230.5553	108.4458	−38.4407
184	002779.SZ	中坚科技	230.4008	186.9270	−11.3485
185	600277.SH	亿利洁能	230.3539	209.7068	−8.0519
186	300249.SZ	依米康	229.8361	184.1808	−22.3902
187	300688.SZ	创业黑马	229.7054	62.8641	−52.7793
188	603659.SH	璞泰来	229.6436	94.8006	−42.0173

(续表)

序号	证券代码	证券名称	区间最大涨跌幅 [起始交易日期] 2021年3月9日 [截止交易日期] 2022年3月9日 [复权方式]前复权 [单位]%	区间涨跌幅 [起始交易日期] 2021年3月9日 [截止交易日期] 2022年3月9日 [复权方式]前复权 [单位]%	区间自最高价以来 最大跌幅 [起始交易日期] 2021年3月9日 [截止交易日期] 2022年3月9日 [复权方式]前复权 [单位]%
189	688128.SH	中国电研	229.2000	36.8118	-60.4857
190	002104.SZ	恒宝股份	228.9065	72.7393	-44.8276
191	600499.SH	科达制造	227.6736	116.1256	-34.2046
192	002037.SZ	保利联合	226.6552	88.4622	-41.4938
193	300320.SZ	海达股份	226.1508	184.2102	-33.0810
194	300065.SZ	海兰信	225.4774	83.2394	-44.4191
195	600389.SH	江山股份	224.8037	95.9425	-48.3204
196	603077.SH	和邦生物	224.3243	137.0130	-39.1389
197	300477.SZ	合纵科技	223.3945	53.2225	-53.9651
198	600256.SH	广汇能源	223.2975	159.5070	-39.0558
199	600188.SH	兖矿能源	223.0862	194.6683	-16.1706
200	601919.SH	中远海控	222.7723	122.3333	-43.7873
201	300842.SZ	帝科股份	222.6673	18.1468	-59.5762
202	000893.SZ	亚钾国际	222.6496	170.6511	-15.0794
203	002622.SZ	融钰集团	222.3301	42.4370	-54.3509
204	603088.SH	宁波精达	222.2627	115.5899	-45.4100
205	600765.SH	中航重机	222.1909	147.2256	-29.6166
206	000301.SZ	东方盛虹	221.7978	19.0337	-65.6659
207	600481.SH	双良节能	221.5106	168.5901	-34.4538
208	605399.SH	晨光新材	221.4147	186.2358	-31.5742
209	601001.SH	晋控煤业	221.4137	183.2677	-46.0759
210	300546.SZ	雄帝科技	220.8738	96.5443	-44.1741
211	000937.SZ	冀中能源	220.5179	124.2831	-52.7358
212	300075.SZ	数字政通	220.3785	135.6795	-43.0909
213	300082.SZ	奥克股份	219.0400	1.0955	-63.4465
214	300648.SZ	星云股份	218.7312	56.3446	-47.3390
215	600641.SH	万业企业	218.0997	70.2021	-43.1847
216	603606.SH	东方电缆	217.9894	154.8044	-19.0647
217	603348.SH	文灿股份	217.8525	56.3913	-50.4648
218	603169.SH	兰石重装	217.8117	105.9633	-45.3640

（续表）

序号	证券代码	证券名称	区间最大涨跌幅 [起始交易日期] 2021年3月9日 [截止交易日期] 2022年3月9日 [复权方式]前复权 [单位]%	区间涨跌幅 [起始交易日期] 2021年3月9日 [截止交易日期] 2022年3月9日 [复权方式]前复权 [单位]%	区间自最高价以来 最大跌幅 [起始交易日期] 2021年3月9日 [截止交易日期] 2022年3月9日 [复权方式]前复权 [单位]%
219	300346.SZ	南大光电	217.5262	40.1234	−52.2613
220	002629.SZ	仁智股份	217.3184	90.2655	−45.8333
221	300412.SZ	迦南科技	216.5816	96.2345	−51.2868
222	002248.SZ	华东数控	215.2809	73.0689	−47.6123
223	300820.SZ	英杰电气	214.9860	97.8205	−42.3007
224	002335.SZ	科华数据	214.8755	65.4995	−43.1884
225	300079.SZ	数码视讯	214.4357	56.9007	−49.7946
226	600753.SH	东方银星	214.2037	−25.8485	−72.0215
227	002386.SZ	天原股份	213.8937	60.7813	−48.9669
228	300919.SZ	中伟股份	213.6875	55.2500	−52.2466
229	600696.SH	岩石股份	213.6612	75.6203	−50.2129
230	603596.SH	伯特利	213.5027	122.2539	−29.9230
231	002694.SZ	顾地科技	212.6126	98.7179	−43.2653
232	300443.SZ	金雷股份	212.3149	19.8628	−51.9618
233	002850.SZ	科达利	211.9887	92.4019	−37.7667
234	603197.SH	保隆科技	211.9687	71.3176	−46.7831
235	688595.SH	芯海科技	211.3199	46.4847	−45.8874
236	002009.SZ	天奇股份	211.1692	132.0431	−38.7510
237	002724.SZ	海洋王	210.8982	109.8401	−37.7727
238	002761.SZ	浙江建投	210.7812	175.7874	−14.6751
239	002897.SZ	意华股份	210.1918	67.9137	−45.2653
240	300480.SZ	光力科技	210.1292	86.6044	−40.2304
241	688022.SH	瀚川智能	209.7298	64.4480	−48.5320
242	300118.SZ	东方日升	209.7021	110.9705	−46.6430
243	603667.SH	五洲新春	208.9788	80.2979	−44.4597
244	603738.SH	泰晶科技	208.9714	91.6216	−41.2533
245	003031.SZ	中瓷电子	208.4534	122.3469	−19.8201
246	002655.SZ	共达电声	208.3591	81.6176	−41.7969
247	002531.SZ	天顺风能	208.0122	144.9334	−32.1926
248	002885.SZ	京泉华	207.3974	52.2144	−53.5307

（续表）

序号	证券代码	证券名称	区间最大涨跌幅 [起始交易日期] 2021年3月9日 [截止交易日期] 2022年3月9日 [复权方式]前复权 [单位]%	区间涨跌幅 [起始交易日期] 2021年3月9日 [截止交易日期] 2022年3月9日 [复权方式]前复权 [单位]%	区间自最高价以来 最大跌幅 [起始交易日期] 2021年3月9日 [截止交易日期] 2022年3月9日 [复权方式]前复权 [单位]%
249	300402.SZ	宝色股份	207.3936	51.5573	-47.9728
250	000615.SZ	奥园美谷	207.1806	-26.7913	-76.8280
251	000993.SZ	闽东电力	206.6351	71.3860	-47.3237
252	300488.SZ	恒锋工具	206.5944	60.4308	-46.3399
253	300534.SZ	陇神戎发	206.5764	143.2781	-28.6857
254	603505.SH	金石资源	206.2414	52.6395	-50.4707
255	603693.SH	江苏新能	205.9669	89.6967	-40.8696
256	603398.SH	沐邦高科	205.0772	168.6100	-39.5639
257	600295.SH	鄂尔多斯	204.8434	16.1517	-53.1709
258	300663.SZ	科蓝软件	204.7502	52.3993	-52.5091
259	002585.SZ	双星新材	204.3743	83.3062	-39.7761
260	002881.SZ	美格智能	203.9671	140.0433	-34.5828
261	002599.SZ	盛通股份	203.3426	58.2902	-53.1028
262	603917.SH	合力科技	203.1285	66.8190	-46.4426
263	688005.SH	容百科技	202.8600	109.5304	-38.3143
264	002136.SZ	安纳达	202.7495	70.8729	-50.5718
265	002639.SZ	雪人股份	202.6270	88.3446	-49.4851
266	000731.SZ	四川美丰	202.4070	89.4515	-47.0708
267	600821.SH	金开新能	202.3095	86.6071	-42.4060
268	603595.SH	东尼电子	201.6613	54.5086	-45.2823
269	600331.SH	宏达股份	201.5957	57.0732	-53.0579
270	688233.SH	神工股份	201.2062	124.1204	-40.3467
271	600691.SH	阳煤化工	201.1494	52.6882	-52.7812
272	688668.SH	鼎通科技	200.6972	69.0093	-45.4815
273	000825.SZ	太钢不锈	200.6536	84.5529	-48.4308
274	603290.SH	斯达半导	200.2426	96.4052	-43.5259
275	300332.SZ	天壕环境	200.0695	83.5830	-34.6405

数据来源：Choice数据

　　截至2022年3月9日最近一年时间，上证指数涨幅-3.68%，深成指涨幅-10.96%，沪深300指数涨幅-15.46%，创业板指数涨幅-3.44%。虽然大盘行情不好，但仍然有275家公司在这一年间最大涨幅超过200%，其中95家最大涨幅超过300%，43家涨幅超过400%，22家涨幅超过500%。应该说这些公司过去一年在整个市场表现得最亮眼，具有给投资者带来较大回报的潜力，如果投资者能够在此期间选择购买这些公司的股票，就会成为市场的大赢家。

通过进一步观察可以发现，如果在过去的一年时间，从持有这些公司的股票开始，没有任何止盈操作，则其中128家公司的回报率不到100%，甚至还有一些公司是亏损的。例如，奥园美谷区间最大涨幅207%，但如果从始至终没有任何止盈操作，竟然亏损26%；东方银星区间最大涨幅214%，但如果从始至终没有任何止盈操作，也会亏损25%。

再进一步观察，会有更惊心动魄的发现。即使在过去的一年，从潜在回报率的角度您有幸购买了这些A股市场"最好"的公司的股票，但如果买入的时机并不是最好，或者说在最高点追高买入了这些当时全市场表现最出色的公司的股票，没有任何止损操作，持有到今天，也会发现竟然有127家公司的股票亏损超过50%，有38家公司亏损超过60%，甚至还有两家公司亏损超过70%。

以上鲜活的数据告诉我们，即使投资者在过去的一年时间买入了整个市场潜在回报率最高的"好公司"的股票，但如果没有遵守"止损止盈"的投资纪律，也未必能够获得好的回报，甚至还会有大幅亏损。通过这些实证数据，我想您已经认识到对于股票投资者来说，比买入好公司的股票更重要的是养成"止损止盈"的好习惯。

(二)"十年十倍股"也需要止损止盈

美国著名的基金经理彼得·林奇在管理基金的时候，很注重发现十年涨十倍的股票，因为只要组合里有一只这样的股票，就可以显著地提高全部投资组合的收益率。后来，"十年十倍股"成了投资界定义"牛股"的一个重要特征，也是投资者追求的目标。

中泰证券研究所研究员王晓东曾经做过一个统计分析，发现在中国A股市场，"十年十倍股"其实也不少，但绝大多数投资者很难骑上这些"千里马"。

一方面，因为"十年十倍股"的波动性太大，股价涨得最快的时期，骑在马背上的多数人恐高晕眩，急于下马；股价涨得慢的时候，有些人虽仍然骑在马上，但发现自己骑的已经是瘸马而不是千里马。另一方面，在十年中的绝大多数年份这些股票的表现都泯然众人，投资者是否会多年如一日蹲守这些长期表现平凡的股票，或者说这样的长期蹲守是否是科学理性的投资策略呢？2005—2020年A股市场"十年十倍股"的具体特征包括每年出现的数量、扣除涨幅最大的两年后其余八年的每年平均涨幅，以及十年之后继续持有五年的平均每年的投资回报率，如图25-1所示。

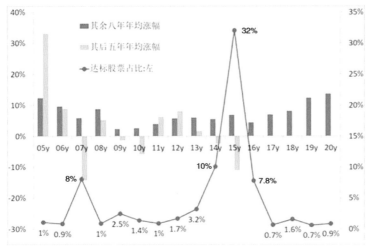

图25-1 2005—2020年"十年十倍股"分布特征

数据来源：Wind 中泰证券

例如，2006年初，全市场约有1300只股票，到2015年末，十年间，股价涨幅超过十倍的股票有410多只，占比达32%(经历了2007年、2015年两轮大牛市)。但扣除每只股票涨幅最大的两年后，其余八年的平均涨幅只有7%，且其后的五年间(2016年初至2020年9月)，年平均跌幅高达11%。

又如，1998年初至2007年末这十年间，共有50多只股票十年涨十倍，占比达8%。但扣除各自涨幅最大的两年之后，其余八年的平均涨幅只有5%，且其后五年间(2008年初至2012年末)的平均跌幅达到14%。

再如，1996年初至2020年9月这25年，全市场十年涨十倍的股票占比大约为5%(有的多次)，但这些股票的年均涨幅中位数只有8.6%(相当于十年130%的涨幅)，其中只有10%的股票年均涨幅超越19.5%(相当于十年五倍的涨幅)。

也许，在很多投资者的想象中，"十年十倍股"应该是十年如一日气势如虹地一路上涨。但通过以上这些数据可以发现，从理性的角度看，"十年十倍股"最需要持有的是其中的两年时间，其他八年时间基本上没有回报，绝大多数投资者也不需要继续持有；另外，在十年时间里实现了十倍上涨的股票，在此后的五年时间如果继续持有，不少会出现连续的大幅亏损。

投资者即使抓住了"十年十倍股"，也需要"止损止盈"，否则有较大的概率是坐了过山车，甚至亏损；或者在八年的时间里忍受投资业绩平平的煎熬，这个时间对大多数投资者来说都太长了。

二、怎么止损止盈

所有的投资都是风险和收益的平衡，我们买入股票之前做了很多功课，大多数都是为了最大概率"以便宜的价格，买入好公司的股票"，但既然是概率，就会有差错和疏漏。另外，市场瞬息万变，尤其是2020年以来黑天鹅事件接二连三，不要说一只个股会在突然的风暴中毫无征兆地改变走势，就是大盘指数也常常风雨飘摇。前文第一部分内容告诉我们在短短的一年时间内，即使涨势最好的公司，其股价波动幅度之大也令人咂舌。"止损止盈"操作就是在面对市场的瞬息万变的时候，及时纠正误判，降低持有股票的亏损风险，同时最大限度地保证区间的盈利能够落袋为安。

(一) 股价下跌止损和持有时间止损

股票投资有两个成本：资金和时间。止损也需要有两个考量：股价下跌止损和持有时间止损。

(1) 股价下跌止损。买入一只股票后，不论任何原因股价下跌达到一个比例，如10%，就需要坚决止损清仓，这是一个基本的止损框架。止损位10%是一个假设的数据，其背后的逻辑既考虑了一个人承受损失的合理底线，也暗含了一只股票如果跌幅超过了10%，有较大的概率股价会发生阶段性方向转变的判断。

投资者要根据自己的风险承受能力具体设定止损位，如一些新入股市的投资者，可以把止损位设置得稍微低一点，如5%左右，但不宜太低，因为市场的股价单日波动几个百分点是经常性的，如果止损位太低，就可能频频触及止损位，导致被动的频繁交易，但实际上几个百分点的波动并不意味着趋势性的扭转。也不可把止损位设置得太高，如20%甚至更高，这样既起不到控制亏损的作用，也容易在一些判断错误的股票上浪费太多机会成本。

一些有经验的投资者会把止损和补仓结合在一起操作。例如，投资者根据本书前文的章节做足功课后，初步筛选了投资标的，计划买入某公司股票100万元。先试仓买入10~20万元，如果公司股价按照自己预先设定的方向发展，在连续2~3天保持上涨趋势，或者买入后出现放量上涨，则再加仓买入20~30万元，如果上涨趋势继续保持，观察一周左右，再加仓买入剩余的50%资金，这是比较顺利的试仓、加仓操作，还不涉及止损的问题。但如果设定的止损位为5%，试仓买入后，股价各种原因跌幅达到5%，这时候如果自己判断此前买入的逻辑没有变化，大盘的趋势也没有变化，可以选择补仓20~30万元，以此摊低持仓成本，使持有的股票资产的收益保持在5%止损位以上，但如果股价持续下跌，与最初买入价相比又跌了5%，则不建议再继续补仓摊低成本，而是要选择止损清仓。

设定合理的止损位，并坚决止损，既是匹配自己的风险承受能力，也是一种对股票买入决策的纠错机制，更是对股市潜在不确定风险的防范机制。大多数个人投资者在做股票投资的时候，对市场波动和事件常常放大贪婪和恐惧的情绪，导致交易过于情绪化。制定止损的投资纪律实际上是让我们的股票交易更加理性、冷静，更加有章法。

(2) 持有时间止损。投资是有机会成本的，投资者经过研究初步计划买入一只股票时，要对股票价格在未来一段时间的催化条件做充分的考虑，也就是说买入后大约多长时间股价会有表现的机会，然后根据分析判断，设定一个机会成本止损时间，如一个半月，如果到时候股价还纹丝不动，说明此前的分析判断有问题，就要考虑换一下赛道或者标的了。也就是说，止损除了考虑股价的调整因素外，还要考虑持有的时间成本因素。

一般来说，大众投资者在分析和筛选投资标的的时候，除了要考虑未来一年甚至两年公司的成长性前景，还要判断最近一个月，最长一个季度公司股价是否有上涨的机会，如果没有机会，就放在股票池继续观望，而不要急于买入。这是因为股市变化太快，虽然投资者做出了对未来一年、两年的长周期判断，但可能一个月的时间就会有过山车似的行情变化。

最后需要说明的是，止损卖出的股票并不等于不是好股票，也不等于不再需要关注了。如果投资者研究发现这些股票具有长期的成长逻辑，那么止损后股价经过调整重新企稳，或者出现了放量上涨的迹象时，经过评估公司基本面、估值水平、未来股价催化条件、主力资金、北上资金等因素后，仍然可以继续买入，长期跟踪。

(二) 目标价止盈和动态止盈

止盈的目的是买入股价上涨的股票时能够最终落袋为安，不至于浅尝辄止，也不会坐过山车。止盈的操作主要分两种：目标价止盈和动态止盈。

目标价止盈的操作相对比较简单。在买入股票的时候，根据对公司基本面的分析，参考券商等研究机构的专业分析师的一致判断，确定一个盈利的目标，如25%，那么当股价涨幅达到25%的目标位时，就落袋为安。目标价止盈的基本思路是：只要赚到了预期的钱，股价之后的走势就和自己无关了。

但是，在股票市场"牛市不言顶"，股价的演绎通常受情绪的影响较大，这些情绪是无法量化分析的，也很难准确地体现到"目标价位"里。确定了止盈的目标价位后，一种情况是，如目标价是25%收益止盈，但股价涨了22%，然后就停止了，开始调整，那么这时候是应该继续持有还是落袋为安呢？另外一种情况是，股价涨了25%，但丝毫没有调整的迹象，持续上攻，这时候是落袋为安还是继续持有呢？

为了解决以上固定目标价止盈的纠结和遗憾，专业投资者总结了一种更有效的动态止盈方案。动态止盈的目标价位是根据股价的演绎动态调整的，但止盈卖出的具体参考依据是确定的。

例如，投资者买入一只股票，假设股价为10元，止盈目标设置为20%收益，也就是目标价12元。当股价涨到20%目标价位时，并不急于卖出，而是把12元作为卖出的底线，止盈目标跟着股价继续向上移动10%，目标价定在13.2元。也就是说，如果股价回落到12元，则止盈卖出，如果股价触及13.2元，则继续向上移动止盈目标价10%，目标价定在14.5元，把13.2元作为卖出的底线。如果股价调整回落到13.2元，则止盈卖出，如果股价继续上涨到达14.5元，则继续向上移动止盈目标10%，目标价定在15.9元，把14.5元作为卖出的底线……通过这样的动态止盈设计，如果一只股票在短期内快速大幅上涨，如涨幅100%甚至更高，就可以依靠动态止盈的操作纪律骑在马背上而不至于中途掉落马下。如果没有这样的动态止盈纪律，投资者面对股价大幅快速上涨的时候就很容易焦虑和恐高，当情绪决定交易的时候，基本上就已经和"牛股"说再见了。

如果买入一只股票，假设股价10元，止盈目标设置为20%收益，即目标价12元。但是各种原因，股价涨了18%到11.8元止步，然后开始调整，这时候要设置一个卖出低价的底线，如10%盈利点，也就是股价回调到11元底线时，也要动态止盈卖出，部分锁定上涨的收益。如果运气不好，股价涨了8%就止步了，还远没有达到20%的止盈目标价，就需要确保在盈亏平衡点以上止盈卖出。也就是说，对于上涨产生收益的股票，最后的底线是盈亏平衡卖出，而不可以亏损清仓。

无论止损还是止盈卖出的股票，都不等于不再关注，或者不再买入了。实际上如果熟悉了一些好公司的股票，经过长期跟踪，对它们的股性也比较了解，只要它们符合自己买入股票的标准，仍然可以在条件具备的时候，毫不犹豫地买入自己曾经卖出的股票。